KALASHATRA GOVINDA

Im Licht

Spirituelle Führung bis zur Meisterschaft

südwest

Inhalt

Der spirituelle Weg führt zu mehr Ausgeglichenheit und Gesundheit im täglichen Leben.

Ist das Ziel des Yoga-Weges erreicht, gelingt die spirituelle Vereinigung des Individuums mit dem Universum.

Dieses Erkennungssymbol führt Sie zu den Übungen in diesem Buch. Eine ausführliche Liste sämtlicher Übungen – Yoga-, Meditations- und Atemtechniken – finden Sie obendrein im Register auf den Seiten 237 und 238.

Sind Sie auf dem spirituellen Weg schon fortgeschritten, können Sie Ihre Fähigkeiten nützen und zum Wohl anderer einsetzen.

Eine stabile und entspannte Sitzhaltung ermöglicht einen guten Kontakt zu den Kräften der Erde und lässt Atem und Energie frei fließen.

Der Weg
ins Licht
Aus dem Licht treten wir
ins Dunkel
und sind beständig
auf der Suche
nach dem Licht.

Entdecken Sie Ihr inneres Licht

Licht und Dunkelheit sind Phänomene, die alle Lebewesen beeinflussen – insbesondere auch den Menschen. Licht und Dunkelheit spielen nicht nur in der physischen Welt – etwa im Lauf der Jahreszeiten oder im steten Wechsel zwischen Tag und Nacht – eine entscheidende Rolle. Sie haben auch eine starke Wirkung auf die Stimmungen des Menschen, auf sein Gemüt und sein Seelenleben.

Zu allen Zeiten und in allen Kulturen wurden die lichten Kräfte mit Sicherheit und Geborgenheit, mit Klarheit und Freude in Verbindung gebracht. Im Gegensatz dazu führen Ängste und Sorgen, Verwirrung und Niedergeschlagenheit dazu, dass Dunkelheit das Leben beherrscht.

Machen Sie sich mit diesem Buch auf den Weg von der Dunkelheit ins Licht. Schritt für Schritt können Sie Ihr inneres Licht entdecken, das Sie zu Glück und tiefer Erfüllung, »von der Unwirklichkeit zur Wahrheit« und »vom Tod zur Unsterblichkeit« führen wird, wie es in den Upanishaden – den heiligen Texten Indiens – heißt.

Licht ist ein physikalisches, aber auch ein spirituelles Phänomen. In allen Religionen spielen Lichterfahrungen eine zentrale Rolle. Im Buddhismus beispielsweise wird der befreite Mensch als Erleuchteter bezeichnet. In den Upanishaden ist vom inneren Licht die Rede, durch das die Seele mit Brahman – dem höchsten Sein – eins wird. Im Hinduismus werden strahlende Lichtwesen als Devas bezeichnet. Auch das Christentum kennt solche Wesen und bezeichnet sie als Engel.

Die Heiligenscheine auf Darstellungen göttlicher Boten sowie heiliger Frauen und Männer sind nichts anderes als Hinweise auf die Verbindung von Weisheit und Licht. In der Bibel, im Buch Genesis, Kap. 1, heißt es: »Es werde Licht«, und im Neuen Testament wird Jesus Christus mit dem Licht Gottes gleichgesetzt, das die Menschen aus der Dunkelheit erlöst.

In diesem Buch werden Sie erfahren, dass jeder Mensch, unabhängig von seiner Religion oder seinem Glauben, die Fähigkeit besitzt, erleuchtet zu werden, zu seinem inneren Selbst vorzudringen und das göttliche Licht in sich zu erfahren.

Kalashatra Govinda

»Führe mich aus der Unwirklichkeit zur Wahrheit. Führe mich aus der Dunkelheit ins Licht. Führe mich vom Tod zur Unsterblichkeit.«
Brihad-Aranyaka Upanishad

Das dunkle Zeitalter

Gerade in der heutigen Zeit ist es von besonders großer Bedeutung, dass sich möglichst viele Menschen für spirituelle Wege öffnen und sich auf die Suche nach ihrer wahren Quelle machen. Denn davon hängt nicht nur das Glück jedes Einzelnen ab – es ist auch richtungsweisend für die Zukunft der Erde.

Hindernis und Chance

Laut der Prophezeiung aus dem Vishnu-Purana – einem der ältesten Texte Indiens aus dem vierten Jahrhundert – leben die Menschen heute in dem letzten von vier großen Zeitaltern: dem Kali Yuga. In der hinduistischen Kosmologie entspricht Kali Yuga dem Winter. Der Begriff leitet sich von *kali*, dem schwarzen Dämon der Zerstörung, ab, während *yuga* der Ausdruck für Weltalter ist. Daher wird Kali Yuga auch häufig als »Zeitalter der Dunkelheit« übersetzt.

Jeder Mensch kann zur Veränderung beitragen, indem er sich bewusst dafür entscheidet, Mitgefühl, Offenheit, Frieden und Liebe zu pflegen, und indem er den lichten Kräften in seinem Leben Tag für Tag mehr Raum gibt, sich zu entfalten.

Innerhalb dieser Zeitspanne – die einen Zeitraum von etwa 2 500 Jahren umfasst – beherrschen dunkle Kräfte die Erde. Vernichtende Naturkräfte, dramatische Klimaveränderungen und die sichtbare weltweite Zerstörung der natürlichen Umwelt sind einige der offensichtlichen Auswirkungen des Kali Yuga.

Doch auch die innere Dunkelheit hat erschreckende Ausmaße angenommen: Gewalt, Gier und Intoleranz beherrschen die Seelen der Menschen. Neben einer einseitigen Orientierung an materiellen Werten und einer Verrohung der Gesellschaft lässt sich auch eine deutliche Zunahme von seelischem Leid, von Einsamkeit, Schwermut und dem Gefühl der Sinnlosigkeit feststellen.

Doch trotz dieser ernüchternden Beobachtungen birgt das dunkle Zeitalter auch eine große Chance. Denn ebenso wie auf den Winter der Frühling folgt, wird Kali Yuga durch das goldene Zeitalter abgelöst werden, in dem die verwandelnden Kräfte des Lichtes offenbar werden. Vieles deutet darauf hin, dass die Menschheit bereits an der Schwelle zu diesem neuen Zeitalter steht.

Die Lichtnatur des Menschen

Im alten Indien verbrachten zahlreiche Generationen von Rishis – Sehern und Weisen – ihr Leben damit, auf dem inneren Weg voranzuschreiten. Durch Askese, Meditation, Selbstergründung, durch Atem- und Yoga-Techniken sowie durch die Arbeit mit subtilen Energien konnten sie mit der Zeit einen klaren Blick auf die Wirklichkeit entwickeln.

Eine der wichtigsten Erkenntnisse innerhalb der Yoga-Philosophie lautet, dass das göttliche Licht niemals erlischt und dass jeder Mensch längst inmitten des strahlenden Lichts steht. Es gibt also nichts, was Sie hinzufügen müssten – alles ist bereits vollkommen. Sie brauchen lediglich den Schleier der Täuschung zu lüften. Denn es ist die Illusion, die die Herzen verdunkelt und die den Menschen glauben macht, er sei ein vom Rest des Seins abgetrenntes, isoliertes Wesen, eine Art Einzelkämpfer gegen den Rest der Welt.

»Wer sein Denken und seine Sinne aufwärts lenkt, wer in sich selbst das ewige Leben sucht, (...) der findet das große Licht.« ... »Wer dieses strahlende Licht erkennt, erkennt zugleich das allerhöchste Urprinzip.« Upanishaden

Um die Wirklichkeit zu erkennen, sollten Sie auf keinen Fall in den negativen Denkmustern stecken bleiben, die den Alltag prägen. Wollen Sie inneren Frieden und wahre Freude erfahren, müssen Sie lernen, tiefer zu blicken. Dazu ist es nötig die Fähigkeit zu entwickeln, Ihren Blick nicht nur auf das Grobstoffliche, sondern auch auf das Feinstoffliche, auf das Subtile zu richten.

In den folgenden Kapiteln werden Sie zahlreiche Techniken kennen lernen, die Sie von der Illusion in die Wirklichkeit und von der Dunkelheit zum Licht führen können. Auf diesem Weg werden Sie Kontakt zu Ihrem Energiefeld aufnehmen. Obendrein werden Sie lernen, mit Schwingungen zu arbeiten. Sie werden Ihr Gespür dafür verfeinern, ob jemand eine gute Ausstrahlung hat, ob irgendwo schlechte Schwingungen herrschen und ob bei einem Menschen oder bei einem Plan, den Sie verfolgen, die Energie stimmt.

Sie werden sich auch damit vertraut machen, heilende Kräfte zu entwickeln, Ihr Energiefeld zu reinigen und Blockaden abzubauen. Und dabei werden Sie die großen Stufen auf dem Weg des Lichts kennen lernen – die Stufen des Suchenden, des Adepten und schließlich die des Lehrers und des Meisters.

Vom Umgang mit diesem Buch

Auch wenn ein Lehrer mitunter wichtig sein mag, kommt es auf dem inneren Weg doch vor allem auf die Übung an. Vom Yoga-Meister und Lehrer Swami Sivananda stammt der Satz, dass ein Gramm Praxis mehr wiegt als eine Tonne Theorie. Wer also seine Spiritualität entwickeln möchte, sollte dabei nicht den Kopf die Führung übernehmen lassen. Die entscheidenden Fortschritte ermöglicht alleine das Herz, während der analysierende Verstand leicht in eine Sackgasse führt.

Nützen Sie dieses Buch als Kompaktkurs in angewandter Spiritualität. Wie lange Sie sich dafür Zeit nehmen wollen, liegt bei Ihnen. Sie entscheiden auch, ob Sie sich mit anderen austauschen und sogar gemeinsam üben wollen oder Ihren Weg lieber alleine gehen und wie Ihr Geheimnis hüten möchten.

Trotzdem werden Sie in diesem Buch einige esoterische Grundlagen kennen lernen, die Ihnen dabei helfen sollen, die Zusammenhänge besser zu verstehen. Die Betonung liegt jedoch immer auf der Praxis. Behalten Sie auch beim Lesen der theoretischen Abschnitte stets im Auge, wie Sie das Wissen um feinstoffliche Energien, übersinnliche Phänomene oder die Bedeutung der sieben Lebensalter in Ihre konkreten Erfahrungen einbinden können.

Auf den einzelnen Stufen der Entwicklung werden Sie Schritt für Schritt lernen,

- wie Sie Ihr spirituelles Potenzial erweitern und von einem Suchenden zu einem Meister auf dem inneren Weg werden können;
- dass es verschiedene Methoden gibt, mit feinstofflichen Energien zu arbeiten und die Wahrnehmung zu verfeinern;
- wie Sie mit Ihren eigenen Energien arbeiten und schließlich dazu übergehen können, diese auch zur Heilung einzusetzen;
- wie Sie Ihre Herzensziele entdecken und erkennen können, was für Ihr Leben wirklich wesentlich ist;
- warum Ihr Karma dafür die Verantwortung trägt, dass Sie bestimmte Probleme haben und wie Sie Ihr Karma positiv beeinflussen können;
- wie Sie sich von negativen Gedanken- und Gefühlsmustern, beispielsweise Sorgen, Sucht, Ängsten, Hass oder Minderwertigkeitsgefühlen befreien können, um mehr Gelassenheit, Freude und Licht in Ihr Leben zu bringen;

Bei der Entwicklung der Spiritualität ist die Praxis von besonderer Bedeutung. Der Yoga-Lehrer Swami Sivananda meint, dass ein Gramm Praxis mehr wiegt als eine Tonne Theorien.

- wie Sie Vertrauen zu sich selbst gewinnen und Ihre innere Stimme zu Ihrem Lehrer machen können.

Sie finden in diesem Buch Tests zu Ihrem spirituellen Entwicklungsstand. Diese dienen keineswegs dazu, Sie zu bewerten oder zu vergleichen, sondern sind lediglich ein Ausgangspunkt, von dem aus Sie sich weiterentwickeln können.

Vor allem finden Sie in diesem Buch Übungen: Spirituelle Körper- und Atemtechniken, Yoga-Stellungen, Pranayama-, Chakra- und Aura-Übungen sowie Meditations- und Heilmethoden. Und Sie erhalten jeweils eine Einführung in die verschiedenen spirituellen Methoden.

Alle diese Übungen sind nur Angebote. Denn auf dem inneren Weg gibt es keine eisernen Regeln, lediglich viele interessante Möglichkeiten. Alle Techniken bauen von außen nach innen auf, von den Grundlagen – beispielsweise Körper- und Atemübungen – zu subtilen Meditationstechniken. Obwohl Sie auch anders vorgehen können, sichert ein Weg, der vom Körper zum Atem und schließlich zum Geist fortschreitet, nicht nur ein gutes Fundament, sondern sorgt auch dafür, dass Sie sowohl in kurzer Zeit als auch sicher ans Ziel kommen.

Ebenso wie ein Lehrer wird Ihnen dieses Buch die Schritte zeigen, die Sie aus der Dunkelheit, einseitigem Materialismus und körperlichen oder seelischen Leiden befreien können. Doch der Einzige, der diesen Weg gehen kann, sind Sie selbst.

Wichtige Fragen

»Brauche ich auf meinem Weg einen Lehrer oder Guru, um Fortschritte machen zu können?«

Es ist besser, der eigenen Intuition zu vertrauen und seine eigenen Erfahrungen mit spirituellen Übungen zu sammeln, als jemandem zu folgen, der nicht über die nötige Erfahrung verfügt.

In früheren Zeiten wäre es undenkbar gewesen, sich ohne Führer auf den Weg nach innen zu begeben. Heutzutage jedoch steht die Menschheit an der Schwelle zu einem neuen Zeitalter. Immer mehr Menschen beschäftigen sich mit esoterischen Themen, interessieren sich für Yoga, Buddhismus und Meditation und sind auf der Suche nach Alternativen für ihr Leben. Der Mensch hat einen Punkt erreicht, von wo aus er sich getrost von seinem inneren Licht leiten lassen kann.
Selbstverständlich gibt es in allen Bereichen der spirituellen Schulen auch herausragende geistige Führer. Und natürlich können Sie auch die Hilfe von Lehrern, Therapeuten oder Meistern in Anspruch nehmen. Bevor Sie sich allerdings in die Hände eines geistigen Führers begeben, sollte dieser einer sehr genauen Prüfung standhalten. Prüfen Sie den Hintergrund, den Lebensstil und die Ausstrahlung Ihres Lehrers genau.

»In diesem Buch sind viele Übungen über drei große Stufen verteilt. Muss ich mich an die Reihenfolge halten?«

Vertrauen Sie Ihrem Gefühl. Nehmen Sie das, was die Tests in diesem Buch über Sie verraten, als Hilfe. Es gibt viele Ausgangspunkte, die zum gleichen Ziel führen.
Doch es ist in jedem Fall sinnvoll, zuerst einführende und danach fortgeschrittene Atemtechniken zu erlernen oder sich zuerst mit den Chakras – ab Seite 55 beschrieben – und erst später mit Heilung zu beschäftigen. Letztlich allerdings muss jeder seinen persönlichen Weg finden. Vor allem, wenn Sie konkrete Probleme haben oder in einer Krise stecken, sollten Sie flexibel sein. Bei Beziehungsproblemen beispielsweise arbeiten Sie besonders intensiv mit dem Herzchakra. Haben Sie das Gefühl, neben sich zu stehen und den Kontakt zu Ihrem Körper verloren zu haben, ist es besonders wichtig, sich mit verschiedenen Yoga-Übungen wieder zu zentrieren.

Bauen Sie einen Turm ins Licht: Sie schaffen zuerst ein solides Fundament und fügen dann einen Stein auf den anderen. Die Reihenfolge der Übungen hat also durchaus einen Sinn.

»Wie lange ist der spirituelle Weg zur Meisterschaft?«

Das kommt ganz darauf an, welche Voraussetzungen Sie mitbringen und wie intensiv Sie sich mit den jeweiligen Themenbereichen beschäftigen möchten. Es warten jedoch weder eine Medaille noch ein Zeugnis auf Sie, wenn Sie die Meisterstufe erreicht haben. Mit anderen Worten: Lassen Sie sich Zeit. Und lassen Sie sich keinesfalls verunsichern: Wahrscheinlich werden Sie für den Anfang etwas länger brauchen und sich mit der ersten Stufe länger aufhalten als mit der zweiten oder der dritten. Sie können übrigens auch mit verschiedenen Techniken gleichzeitig arbeiten.

Der Weg ist das Ziel – das gilt erst recht, wenn Sie auf dem Weg nach innen sind.

»Kann ich Heilübungen einsetzen, um anderen zu helfen?«

Natürlich, das sollten Sie sogar. Doch bevor Sie Energien auf Freunde oder Familienmitglieder übertragen, sollten Sie sie zunächst sehr genau selbst spüren und lenken können. Auch sollten Sie nur helfen, wenn Sie um Hilfe gebeten werden. Denken Sie auch an die Rechtslage: In Deutschland beispielsweise ist es verboten, mit Heilversprechungen zu werben. Und beachten Sie unbedingt, dass Sie für Heilbehandlungen kein Honorar verlangen dürfen, sofern Sie kein Arzt oder Heilpraktiker sind. Zu guter Letzt hängt alles, was Sie für den anderen tun können, von seiner Aufnahmefähigkeit und nicht zuletzt auch von seinem Karma ab.

Bieten Sie Ihre Hilfe nur an, wenn wirklich Bedarf danach besteht und man Sie ausdrücklich darum bittet.

»Was kann ich beim Üben falsch machen?«

Sie können gar nichts falsch machen. Folgen Sie einfach den Anleitungen in diesem Buch, und finden Sie heraus, was Ihnen guttut und was nicht. Vertrauen Sie Ihrer Intuition und Ihrem Gefühl. Ihr Gefühl wird Ihnen jederzeit sagen, was für Sie förderlich und positiv ist, und ob es richtig ist, bestimmte Übungen fortzusetzen oder nicht.

Sie können auch deshalb nichts falsch machen, weil alle Praktiken, die Sie in diesem Buch kennen lernen werden, Ihre Konzentration auf positive Qualitäten richten. Sie arbeiten mit Energien wie Kraft, Liebe, Freude und Verbundenheit – von all dem kann man nie genug haben. Außerdem wirken sich sämtliche Übungen positiv auf den Körper, auf Ihr Immunsystem und Ihre Zellen aus.

Üben Sie nicht oberflächlich, seien Sie mit Kopf und Herz bei der Sache. Wollen Sie nicht zu viel, seien Sie nicht zu ehrgeizig oder ungeduldig.

TEST: Wo stehen Sie auf Ihrem spirituellen Weg?

Testen Sie, wo Sie momentan auf Ihrem spirituellen Weg stehen. Sind Sie ein Suchender oder haben Sie bereits die Stufe des Meisters oder des Erleuchteten erreicht?

Im folgenden Test können Sie einiges über Ihren derzeitigen Entwicklungsstand herausfinden. Seien Sie aber dabei ganz gelassen – es gibt nichts zu gewinnen oder zu verlieren, und es werden keine Noten vergeben. Ihr Entwicklungsstand ist lediglich eine Momentaufnahme und sagt nichts über Ihr Potenzial aus – oder darüber, wie schnell Sie Fortschritte machen werden.

Beantworten Sie die folgenden Fragen möglichst spontan, ohne allzu lange darüber nachzudenken.

1. Haben Sie schon einmal Ihre Religion gewechselt, und hat sich Ihr Glauben mit der Zeit gewandelt?

a) Immer wieder, mindestens dreimal.

b) Nein. Im Prinzip hat sich daran nichts geändert.

b) Ja, aber nur ein- oder zweimal.

2. Wo liegt für Sie persönlich das Zentrum der Gefühle?

a) Im Herzen.

b) Im Kopf.

c) Im Bauch.

3. Wenn Sie Zeige- und Mittelfinger auf den Punkt zwei Fingerbreit oberhalb der Nasenwurzel auf die Stirn legen und die Augen schließen, was spüren Sie dann?

a) Gar nichts.

b) Es fühlt sich ein wenig unangenehm an.

c) Ein Vibrieren, ein Kribbeln oder ein Licht.

4. Kneifen Sie Ihre Augen ein wenig zusammen, und sehen Sie einen Menschen unfokussiert an. Was sehen Sie?

a) Einfach nur einen Menschen, aber unscharf.

b) Einen schwachen Lichthof, so als ob seine Grenzen verschwimmen.

c) Ein oder mehrere farbige Lichthöfe, besonders deutlich in der Kopfregion.

5. Angenommen, Sie sehen einen Bettler, der auf der Straße sitzt – was tun Sie?

a) Wenn ich guter Laune bin, werfe ich ein paar kleine Münzen in seinen Hut.

b) Es schmerzt mich, sodass ich meistens wegsehe und weitergehe, mich danach aber etwas unwohl fühle.

c) Ich spreche mit ihm und gebe ihm ein wenig Geld.

6. Glauben Sie persönlich daran, dass es eine höhere Macht im Universum gibt?

a) Darüber habe ich mir noch nie Gedanken gemacht.

b) Ja, das ist doch klar.

c) Die Frage beschäftigt mich, aber ich weiß es nicht.

8. Können Sie sich gut an Ihre Träume erinnern?

a) Nein. Nur, wenn ich schlecht schlafe.

b) Manchmal. Ich finde Träume ganz interessant.

c) Ja. Träume sind für mich sehr wichtig.

7. Haben Sie irgendwann in Ihrem Leben mit dem Gedanken gespielt, Mönch, Nonne oder Priester zu werden oder für längere Zeit in ein Kloster oder in einen Ashram zu gehen?

a) Nein, niemals.

b) Ich habe nur mal daran gedacht.

c) Ja, das habe ich schon ausprobiert; beziehungsweise wäre das möglicherweise wirklich etwas für mich gewesen.

9. Haben Sie sich bereits mit Spiritualität und spiritueller Literatur befasst?

a) Selten, beziehungsweise nie.

b) Ich habe sehr viel dazu gelesen.

c) Ja, ich habe ein paar Sachen gelesen; aber ich suche jetzt vor allem mit meinem Herzen.

10. Haben Sie schon einmal Kontakt mit einem spirituellen Meister gehabt?

a) Nein.

b) Sogar mit mehreren.

c) Ja.

11. Schließen Sie Ihre Augen, und führen Sie ganz langsam Ihre Handflächen zueinander. Was spüren Sie, wenn sich die Handflächen einander annähern?

a) Nichts, vielleicht ein wenig Wärme, wenn sie ganz nahe beieinander sind.
b) Ein deutliches Wärmegefühl, wenn sie ungefähr eine Handbreit voneinander entfernt sind, möglicherweise so etwas wie ein leichtes Kribbeln, wenn sie sich ganz nah sind.
c) Sobald sich die Handflächen beinahe berühren, scheint eine Energie zwischen ihnen zu fließen. Wenn ich sie nah aufeinander zu bewege, spüre ich einen leichten Widerstand.

12. Wie sehen Sie Ihre eigene Stellung im Universum?
a) Als ein ganz unbedeutendes Rädchen.
b) Als das Zentrum.
c) Das Universum und ich selbst sind nicht wirklich getrennt voneinander.

Auswertung

Zur Veranschaulichung Ihres Testergebnisses füllen Sie die auf der rechten Seite abgebildete Säule von unten nach oben aus. So erhalten Sie einen Eindruck, auf welcher Entwicklungsstufe Sie sich derzeit befinden.

Füllen Sie das abgebildete Gefäß von unten nach oben: Für jede mit »b« beantwortete Frage füllen Sie ein waagerechtes Segment mit einem Stift aus – beispielsweise mit einem Farb- oder Bleistift. Für jede mit »c« beantwortete Frage füllen Sie zwei Segmente aus.
Für die folgenden Antworten malen Sie jeweils noch ein zusätzliches Segment aus: 3b, 3c, 4c, 5c, 7b, 7c, 11b, 11c, 12c.
Wenn Sie die Segmente entsprechend ausgefüllt haben, können Sie erkennen, wie weit Ihr spirituelles Gefäß bereits gefüllt ist. Sind Sie noch ein Suchender oder eher ein Adept? Oder haben Sie bereits die Stufe des Lehrers, Meisters oder sogar des Erleuchteten erreicht?
Wie immer Ihre Auswertung ausfällt – denken Sie daran, dass dies nur ein erster Orientierungstest ist, der Ihrer komplexen Persönlichkeit niemals ganz gerecht werden kann. Die folgenden Erläuterungen sind daher auch keine Bewertungen, sondern lediglich Anregungen, die Sie zum Nachdenken und Nachspüren bewegen und Ihnen eine Hilfe auf Ihrem Weg sein sollen.
Vielleicht grübeln Sie über den Sinn oder die Auswertung mancher Fragen nach. Lassen Sie das Grübeln. Wenn Sie dieses Buch durchgearbeitet haben, werden sich Ihre Fragen von selbst klären.

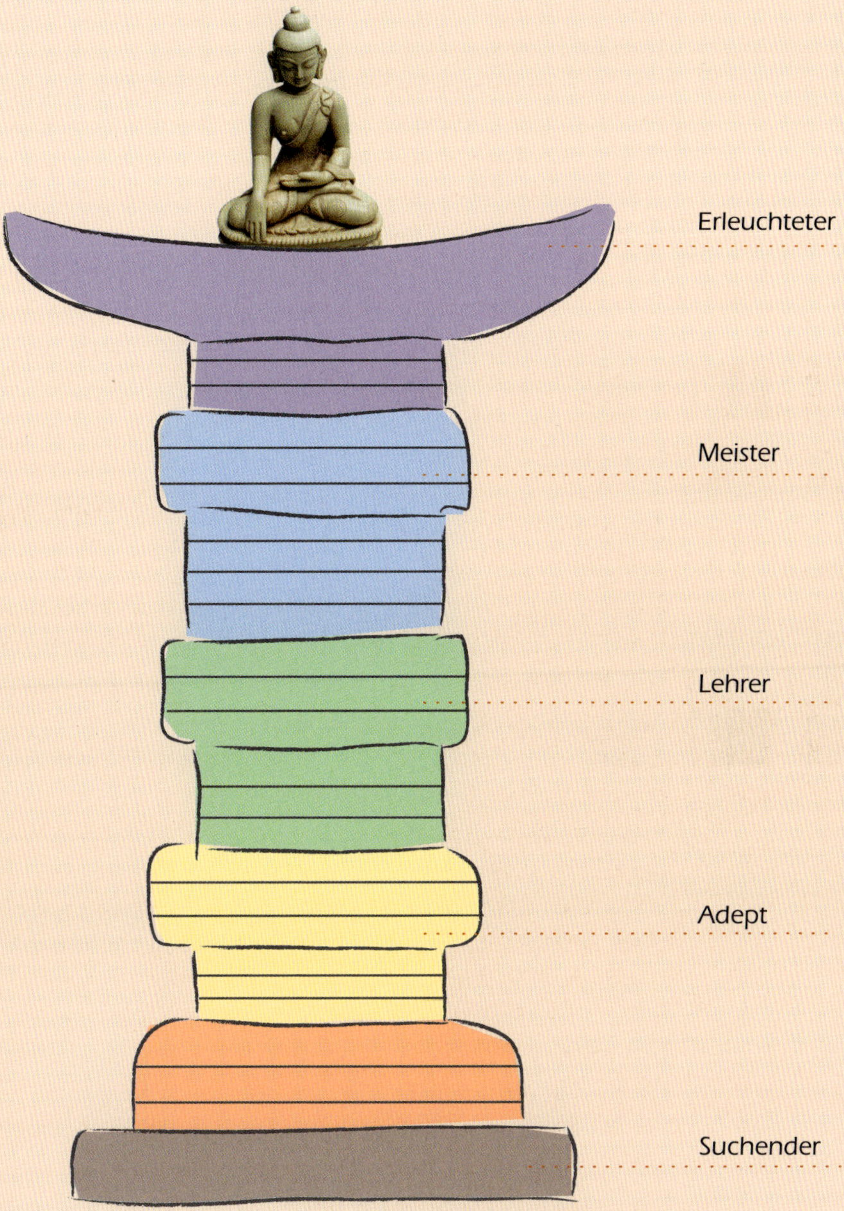
Erleuchteter
Meister
Lehrer
Adept
Suchender

Der Suchende

Der Suchende Spirituellem und Feinstofflichem stehen Sie möglicherweise noch ein wenig skeptisch gegenüber. Das ist nicht schlecht, sofern es Ihnen gelingt, bei aller Skepsis Offenheit zu bewahren.

Die Stufe des Suchenden ist auf dem geistigen Weg wohl die wichtigste. Sie können Ihren Blick auf die Welt jederzeit erweitern und vertiefen. Dazu müssen Sie weder Ihre Religion noch das kritisch-naturwissenschaftliche Denken aufgeben. Wenn Sie sich neuen Erfahrungen öffnen, erweitern Sie Ihre Möglichkeiten und Chancen.

Kritisch und zugleich offen zu sein ist eine hervorragende Voraussetzung für den geistigen Weg. Setzen Sie Ihre Kritikfähigkeit als Werkzeug ein, aber vertrauen Sie vor allem auf das, was Sie auf dem Übungsweg mit Ihren Sinnen und Ihrem Geist wahrnehmen und erfahren werden.

Nutzen Sie den Geist des Suchens – die Neugier, das Interesse und die Aufgeschlossenheit, über die nur Menschen verfügen, die ahnen, dass es jenseits des Offensichtlichen noch mehr geben muss. Gehen Sie auf Entdeckungsreise.

Der Adept

Der Adept Vermutlich haben Sie längst erkannt, dass es in Ihrem Leben und in Ihnen wesentlich mehr gibt als das, was greifbar, messbar und wägbar ist.

Ob es Ihnen bewusst ist oder nicht – Sie haben bereits wichtige Schritte in das unbekannte Land Ihrer inneren Welt gemacht. Möglicherweise waren Ihre Erfahrungen dabei gemischt – vielleicht hatten Sie auch schon öfter Zweifel, ob Sie überhaupt auf dem richtigen Weg sind.

Auf der Stufe des Adepten ist es wichtig, die Zweifel und den Glauben voneinander zu trennen. Es ist nicht nötig, eins von beidem aufzugeben, nur vermischt sollten sie nie werden.

Zweifel und Skepsis haben durchaus ihre Berechtigung. Sie sind ein wichtiger Teil von Ihnen, denn sie bewahren Sie vor Irrwegen. Doch während Sie handeln, üben oder einen neuen Weg ausprobieren, sollten Sie jegliches Misstrauen ablegen und nicht schwanken, sondern mit ganzem Herzen auf die Reise gehen.

Der Lehrer

Der Lehrer Sie sind ein spiritueller Mensch, auch wenn Sie das nicht bewusst so erleben.

Die geistige Welt ist für Sie eine selbstverständliche Realität. Sie sind zu Einsichten gekommen, zu denen nicht jeder Mensch ohne Weiteres gelangt. Es wird ein Gewinn für Sie sein, wenn Sie Ihre Einsichten, lehrend, ohne zu belehren, weitergeben.

Doch freilich ist ein Lehrer immer noch ein Suchender. Manches ist Ihnen noch unklar. Das kann Sie verunsichern und an sich selbst und Ihrem Weg zweifeln lassen. Seien Sie beruhigt: Auch diese Zweifel gehören zum geistigen Weg. Sie sind sogar ein wichtiger Teil davon. Lassen Sie sich nicht beirren, erkunden Sie das weite Land des Geistigen – und lassen Sie andere an Ihrem Weg teilhaben.

Der Meister

Wahrscheinlich haben Sie schon festgestellt, dass Sie anderen Menschen viel geben können. Ihr Rat ist anderen eine große Hilfe. Sie schweigen, wenn es nichts zu sagen gibt und sprechen das Notwendige aus.
Dennoch haben Sie das Gefühl, dass Ihnen noch etwas fehlt. Ihr Gefühl trügt Sie nicht. Es ist für Sie besonders wichtig, sich mit anderen Menschen auszutauschen. Sie gehen der Befreiung entgegen. Und jede Begegnung, bei der Sie Ihre Erkenntnisse mit anderen teilen, bringt Sie ein Stückchen weiter. Aber Vorsicht: Sie könnten der Illusion erliegen, bereits am Ziel angelangt zu sein. Doch es gibt kein Ziel: Der Weg ist das Ziel.
Machen Sie sich bewusst, dass die Tatsache, dass Sie mehr als andere Menschen erkennen, nicht bedeutet, dass Sie alles erkennen. Werden Sie sich Ihrer Grenzen bewusst. Dann können Sie sich diesen Grenzen nähern und Sie schließlich überschreiten.

Der Meister Ihnen ist die Welt des Geistigen sehr vertraut. Sie sind über das Ahnen hinausgelangt zum Wissen. Wahrscheinlich haben Sie sich ganz bewusst auf den spirituellen Weg begeben und spüren, dass Sie auf dem richtigen Pfad sind.

Der Erleuchtete

Falls Sie sich einen Spaß daraus gemacht haben, so zu antworten, dass Sie dieses Testergebnis bekommen, lassen Sie sich sagen, dass Ihr Humor ein kaum zu überschätzendes Mittel auf dem spirituellen Weg ist. Humor ist Spiritualität. Sollten Sie den Test einfach aus Neugier gemacht haben und überrascht über das Resultat sein: Lassen Sie sich das nicht zu Kopf steigen.
Es ist bewundernswert, dass Sie diese Stufe ganz aus sich heraus erreicht haben. Vielleicht können Sie das Buch dennoch nutzen, um Ihre Erfahrungen zu vertiefen und zu untermauern. Bleiben Sie neugierig. Tragen Sie Ihr Licht in die Welt.

Der Erleuchtete Sie haben den spirituellen Weg nicht nur erkundet, sondern sind eins mit ihm geworden. Sie haben Erfahrungen gemacht, die nur in Metaphern, Kunst und vor allem im alltäglich gelebten Tun vermittelbar sind.

Der Suchende

Der Suchende ist jemand,
der bereit ist, den geistigen Weg
zu gehen, weil er aufgewacht ist.
Er spürt eine unbestimmte
Sehnsucht, die ihn bei
seiner Suche antreibt.

Grundstufe 1 – die ersten Schritte

In diesem Abschnitt werden die Grundlagen für den geistigen Weg gelegt. Sie werden Ihre spirituelle Intelligenz testen, die Gesetze der geistigen Reinigung kennen lernen und erfahren, wie Sie Ihr Bewusstsein im Alltag verfeinern können. Einfache Körperübungen vermitteln Ihnen ein Gespür für das Energiefeld Ihres Körpers und die nötige Flexibilität, die Sie für fortgeschrittene Yoga-Übungen benötigen. Dabei werden Blockaden des Energieflusses aufgelöst. Obendrein erfahren Sie mehr über die verwandelnde Kraft des Atems und lernen Meditation als Möglichkeit kennen, um eine Brücke nach innen – nach oben – zu bauen, Probleme des Alltags hinter sich zu lassen und im eigenen Zentrum zu ruhen.

Vielleicht sieht der Suchende seinen Weg noch nicht klar vor sich, doch in seinem Herzen weiß er längst, dass es tief in seiner Seele einen Schatz zu bergen gibt, der wertvoller ist, als alle Schätze dieser Welt es je sein können.

Testen Sie Ihre spirituelle Intelligenz

Spirituelle Intelligenz ist keine Frage des Schicksals oder vollendete Tatsache – sie verändert sich im Laufe des Lebens immer wieder und setzt sich aus einzelnen Fähigkeiten zusammen, die erweitert und kultiviert werden können. Dazu gehören:

Mitgefühl – die Fähigkeit, sich in das Leiden anderer hineinzuversetzen;
Selbstwahrnehmung – die Fähigkeit, seine Aufmerksamkeit auf sich selbst und die subtilen Empfindungen von Körper, Seele und Geist zu lenken;
Gespür für Transzendenz – die Fähigkeit, seine göttliche Quelle zu entdecken, Schönheit und Poesie wahrzunehmen und sich der Unendlichkeit des Universums bewusst zu werden;
Kontrolle der Emotionen – die Fähigkeit, sich bewusst gegen die Herrschaft negativer Gefühlsmuster in Form von Sorgsucht, Neid, Gier oder Zorn zu entscheiden und sich zu positivem Fühlen zu erziehen;
Kontrolle des Handelns – die Fähigkeit, sich der Tragweite seiner Handlungen bewusst zu werden und sein inneres Wachstum in äußere Aktion zu verwandeln.

In der Yogaphilosophie wird davon ausgegangen, dass man Weisheit nicht geschenkt bekommt, sondern gezielt üben kann. Werden Sie sich also Ihres Potenzials bewusst, anstatt – nur – auf eine höhere Macht zu vertrauen.

TEST: Wie steht es um Ihre spirituelle Intelligenz?

Im folgenden Test geht es um Ihre spirituelle Intelligenz, also um die Frage, wie gut Sie spirituelle Vorgänge erfassen und verarbeiten können. Denken Sie jedoch wie bei allen Tests daran, dass es nicht wichtig ist, eine besonders hohe Punktzahl zu erzielen. Es geht einzig darum, sich selbst besser kennen zu lernen und sich seiner eigenen Schwächen und Stärken bewusst zu werden. Je besser die Selbsterkenntnis, desto schneller werden Sie auf Ihrem spirituellen Weg vorankommen.
Beantworten Sie die Fragen ganz spontan, und überlegen Sie nicht, welche Antwort besser ist – geben Sie *Ihre* Antwort. Wenn Sie sich nicht zwischen zwei Antworten entscheiden können, wenn Ihnen die Frage unklar ist oder sie nicht ganz auf Sie zutrifft, hören Sie auf Ihre Intuition und markieren die Antwort, die am ehesten passt.

1. Fühlen Sie Leiden und Freuden anderer Menschen manchmal beinahe so, als ob Sie sie selbst erleben würden?
A) Ja.
B) Nein.

2. Tun Sie aktiv etwas, um das Leiden anderer Menschen – oder Tiere – zu lindern?
A) Ja.
B) Nicht wirklich.

3. »Das Wesentliche ist für das Auge unsichtbar.«
A) Stimmt genau.
B) Was sollte das sein?

4. Haben Sie einen grünen Daumen?
A) Ja.
B) Gärtnern und dergleichen liegt mir weniger.

5. Was verbinden Sie spontan – ohne nachzudenken – eher mit dem Begriff Liebe?
A) Seelenharmonie.
B) Sexualität.

6. Hat Ihr Interesse für Spiritualität deutliche Auswirkungen auf Ihren Alltag?
A) Ja.
B) Nein, zumindest nicht sehr stark.

7. Erkennen Sie die Bedürfnisse Ihrer Freunde, auch wenn diese nicht darüber sprechen?

A) Ja.

B) Ich weiß nicht.

8. »Menschen werden durch das Alter weise.«

A) Nein, alt werden reicht nicht.

B) Ja, bestimmt.

9. Welche Farbe spricht Sie eher an?

A) Rot.

B) Blau.

10. Welche Farbe spricht Sie eher an?

A) Orange.

B) Gelb.

11. Welche Farbe spricht Sie eher an?

A) Lila.

B) Rosa.

12. Können Sie sich auch in Menschen, die Ihnen unsympathisch sind, zumindest teilweise einfühlen – beispielsweise in Politiker, Kriminelle oder Terroristen?

A) Ja, zumindest ansatzweise.

B) Nein, bei manchen Menschen geht das gar nicht.

13. Welche der folgenden Materialien bevorzugen Sie bei der Gestaltung Ihres Lebensraumes?

A) Holz, Stein.

B) Glas, Metall.

14. Hatten Sie schon einmal Herzprobleme – Herzrhythmusstörungen, Herzstechen, Herzinfarkt?

A) Ja.

B) Nein.

15. Gehen Sie regelmäßig in einen Tempel, eine Kirche, Synagoge oder Moschee?

A) Ja.

B) Nein.

16. Kennen Sie alle – oder die meisten – Ihrer Nachbarn persönlich?

A) Ja.

B) Nein.

17. Glauben Sie, dass schlechte Menschen ihre Strafe im Jenseits erhalten?

A) Nein.

B) Ja.

18. Sind Sie manchmal von der Fülle der Bilder und Klänge der heutigen Zeit überwältigt?

A) Ja.

B) Nein.

19. »Mutterliebe ist die stärkste Liebe.«
A) Da bin ich mir nicht sicher.
B) Das stimmt auf jeden Fall.

20. Leben Sie vegetarisch?
A) Ja, zumindest in der Regel.
B) Nein.

21. Erkennen Sie sofort, wenn jemand lügt?
A) Ja.
B) Nein.

22. Malen Sie gern?
A) Ja.
B) Nein.

23. Spielen Sie ein Musikinstrument, oder singen Sie gerne?
A) Ja.
B) Nein.

24. Haben Sie schon einmal den Tod eines geliebten Wesens – eines Menschen oder eines Haustieres – hautnah miterlebt?
A) Ja.
B) Nein.

25. »In jedem, wirklich jedem Menschen steckt ein guter Kern.«
A) Ja.
B) Nein, das ist doch offensichtlich nicht so.

26. »Im Grunde ist es unwesentlich, ob es ein Leben nach dem Tod gibt.«
A) Das sehe ich auch so.
B) Nein, das macht schon einen gewaltigen Unterschied.

27. Lachen Sie oft?
A) Ja.
B) Nein.

28. Was bewirkt mehr?
A) Das Herz.
B) Der Verstand.

Auswertung

Der Test hat vier Dimensionen: Emotion, Wahrnehmung, Handeln und Wachstum – in dem nachstehenden Auswertungsbild werden sie durch Herz, Auge, Hand und Baum symbolisiert.
Zählen Sie für jede Dimension – siehe linke Spalte – die mit A beantworteten Fragen – aus der mittleren Spalte – zusammen, und tragen Sie das Ergebnis in die rechte Spalte ein. Dann zählen Sie alle zusammen.

Dimension	Fragen	Anzahl der mit A beantworteten Fragen
Emotion	1, 5, 9, 12, 14, 19, 28	
Wahrnehmung	3, 7, 11, 16, 18, 21, 25	
Handeln	2, 6, 10, 15, 20, 23, 26	
Wachstum	4, 8, 13, 17, 22, 24, 27	
SUMME	alle Fragen	

Visualisieren Sie die Auswertung

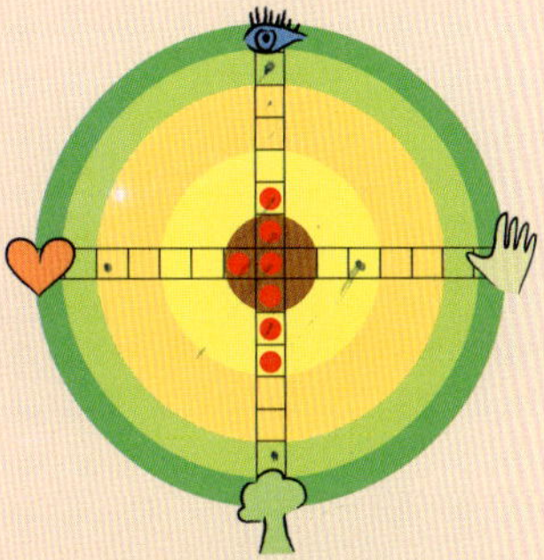

In dem folgenden Auswertungsbild füllen Sie für jede mit A beantwortete Frage ein Kästchen aus – für jede Dimension extra. Beginnen Sie stets in der Mitte. Das mittlere Kästchen wird also mehrmals ausgefüllt – außer wenn Sie keine oder nur eine einzige Frage mit A beantwortet haben. Ein Beispiel: Wenn Sie in der Dimension »Emotion« 2 Punkte, bei »Wahrnehmung« 3 Punkte, bei »Handeln« 1 Punkt und bei »Wachstum« 4 Punkte haben, sieht Ihr Auswertungsbild nach dem Ausfüllen so aus, wie in dem oberen Beispiel rechts zu sehen.

Um dann noch Ihren spirituellen IQ zu ermitteln, nehmen Sie die Summe aller mit A beantworteten Fragen mal 3 und zählen 75 hinzu. In dem obigen Beispiel betrüge der spirituelle IQ also 105. Um das zu visualisieren, schraffieren Sie den Bereich – und alle darunter liegenden Bereiche. In dem Beispiel sähe das dann so aus, wie im unteren Beispiel rechts gezeigt.

Gesamtpunktzahl	Beschreibung	Ring
Unter 90	Weltliebe	1
90-109	Aufbruch	2
110-129	Erkenntnis	3
130-149	Hellsichtigkeit	4
Ab 150	Weisheit	5

Ihr Auswertungsbild

Anhand Ihres Auswertungsbildes können Sie schon intuitiv erkennen, wie stark Ihre Spiritualität entwickelt ist, welche Bereiche am meisten zu Ihrer spirituellen Intelligenz beitragen und wo in Ihnen die meisten Entwicklungsmöglichkeiten stecken.

Weltliebe

Ganz in die Welt einzutauchen ist eine unerlässliche Voraussetzung dafür, den geistigen Weg zu gehen. Denn erst wer die Genüsse der Welt auskostet, die Sinnesreize in allen Ausprägungen erfährt und die Farben und Klänge der Welt in sich aufsaugt, kann erkennen, dass das alleine nicht ausreicht.

Wer sich bewusst wird, dass die Welt der Reize nicht wirklich glücklich machen kann, ist bereit, einen Schritt weiter zu gehen. Erst wenn der Mensch das erkannt hat, wird ihn eine tiefere Sehnsucht antreiben – eine Sehnsucht, die sich weder durch Genuss, Besitz oder Erfolg stillen lässt. Wer sich jedoch zu früh auf den geistigen Weg macht, muss eines Tages zurückkehren und dann umso tiefer in die Welt eintauchen. Die Welt zu lieben ist gut und wichtig, doch ist dies nur ein Ausgangspunkt und nicht das Ziel.

Die Begriffe »Weltliebe«, »Aufbruch«, »Erkenntnis«, »Hellsichtigkeit« und »Weisheit« sind nur Versuche, Ihren derzeitigen Zustand zu umschreiben.

Aufbruch

Jede noch so lange Reise beginnt mit einem ersten Schritt. Es kann viele Gründe dafür geben, sich auf den spirituellen Weg zu begeben. Manche Menschen haben im Leben viele Enttäuschungen und viel Leiden erlebt und werden dadurch dazu bewegt, neue Pfade einzuschlagen. Anderen gelingt alles, sie haben einen gesunden Körper, sind beruflich erfolgreich und leben in einer wunderbaren Beziehung oder Familie. Trotzdem fehlt ihnen irgendetwas. Und so brechen die Menschen auf. Sie werden zu Suchenden und öffnen sich für die verschiedenen Möglichkeiten der Führung auf dem inneren Weg.

Erkenntnis

Auf der Stufe der Erkenntnis wächst die Gewissheit, in welche Richtung Sie gehen und was – oder wen – Sie meiden sollten. Nachdem Sie begonnen haben, Ihre Erfahrungen ernst zu nehmen, erkennen Sie immer klarer, was Ihr Herz braucht und wie Sie handeln müssen, um Gutes für sich selbst und andere zu bewirken – und damit gutes Karma zu schaffen. Sie erkennen den Weg, der ins Licht führt, immer klarer, und Ihr Kontakt zur feinstofflichen Welt wird immer stärker.

Hellsichtigkeit

Auf der Stufe der Hellsichtigkeit sind Sie – bewusst oder unbewusst – schon weit auf Ihrem spirituellen Weg fortgeschritten. Nicht immer ist es ein Übungsweg, der es möglich macht, hinter die Dinge zu sehen. Manchmal sind es auch Lebenserfahrungen – nicht nur aus diesem, sondern auch aus früheren Leben –, die die Sinne derart verfeinert haben, dass man esoterische Phänomene nicht als Theorien, sondern als ganz konkrete Erlebnisse erfahren kann.

Übersinnliche Wahrnehmungen wie die Fähigkeit, Gedanken zu lesen, die Aura zu sehen oder zukünftige Ereignisse vorauszuspüren, gehören zu den typischen Anzeichen. Doch auch intensive Träume, Visionen für die Zukunft oder eine zunehmende Sensitivität in Bezug auf das Handeln, Denken und Fühlen deuten darauf hin, dass Sie sich auf der Stufe der Hellsichtigkeit befinden.

Selbst wenn Sie die Stufe der Weisheit erreicht haben, können Sie sich weiter entwickeln. Vor allem sollten Sie Ihr inneres Licht dazu nutzen, andere Menschen aus dem Dunkel zu begleiten.

Weisheit

Der Weise hat das Wesentliche erkannt. Er hat seine Quelle gefunden und entdeckt, dass diese Quelle eins mit dem Göttlichen ist. Auf der Stufe der Weisheit haben Sie Ihr Ziel verwirklicht.

Dennoch kann es wichtig sein, die Tatsache, dass alles bereits vollkommen ist, tief im eigenen Bewusstsein zu verankern. Weisheit muss nicht mit Hellsichtigkeit einhergehen. Es gibt Menschen, die tiefe Weisheit erlangt haben, ohne übersinnliche Wahrnehmungen zu haben. Ebenso gibt es Menschen, die über aufregende übersinnliche Phänomene berichten, ohne dass sie deswegen weise wären.

Der Weise blickt über das Übersinnliche hinaus. Er ruht inmitten des Lichts. Gelassenheit, Urvertrauen, Glückseligkeit, Liebe und Heiterkeit sind klare Anzeichen für Menschen, die die Stufe der Weisheit erreicht haben.

Doch auch für den Weisen gilt, dass Entwicklung weiterhin möglich ist. Zwar geht es dabei nicht mehr um die Befreiung von der Dunkelheit, wohl aber darum, sein inneres Licht immer heller erstrahlen zu lassen und seine spirituellen Kräfte zu nutzen, um andere Menschen aus der Dunkelheit zu führen.

Die Gesetze der geistigen Reinigung

Um die spirituelle Meisterschaft zu erlangen, muss der Geist eine tief gehende Reinigung durchlaufen. Die ethischen Grundlagen der spirituellen Praxis – *Yamas* und *Niyamas* – werden in der westlichen Welt häufig als Regeln oder Einschränkungen aufgefasst, dabei handelt es sich lediglich um edle Eigenschaften, die die Menschen auszeichnen, die auf dem Weg ins Licht bereits weit fortgeschritten sind.

Auf dem geistigen Weg geht es nicht darum, sich eisern an Verhaltensregeln zu halten. Zwang und Unterdrückung bewirken Druck und Anspannung und führen nicht in die Freiheit. Wenn also im Folgenden beispielsweise von Gewaltlosigkeit oder Nicht-Stehlen die Rede ist, heißt das: Ein Mensch auf der Stufe der Meisterschaft lebt, ohne Gewalt anzuwenden und ohne zu lügen.

Nutzen Sie die Yamas und Niyamas folglich nicht im Sinne von Geboten, sondern um sich selbst zu überprüfen. Sie werden Ihnen wertvolle Helfer dabei sein, das Wesentliche vom Unwesentlichen zu unterscheiden, sich von den Impulsen Ihres Egos zu lösen und all das loszulassen, was Ihre Aura verdunkelt.

In den Yoga-Sutras – den zentralen Ursprungstexten des Yoga des indischen Gelehrten Patanjali – werden die Faktoren, die die innere Reinigung unterstützen, als »Yama« und »Niyama« bezeichnet.

Wenn Sie den spirituellen Weg gehen möchten, muss erst einmal der Geist gereinigt werden.

Ein Beispiel: Werden Sie sich dessen bewusst, wenn Sie schnell aggressiv oder wütend werden. Der Zwang »ich darf nicht aggressiv sein« wäre nur eine weitere Form von Gewalt. Beobachten Sie sich statt dessen selbst – Ihr Denken, Ihre Worte und Handlungen –, und machen Sie sich anhand der Yamas und Niyamas klar, welche Faktoren es Ihnen erschweren, im Licht zu leben.

Die Yamas

Die fünf Yamas – der Begriff »Yama« kommt aus dem Sanskrit und bedeutet soviel wie Enthaltung oder Selbstkontrolle – bilden eine Art Verhaltenskodex. Sie legen Ihnen nahe, sich vor verdunkelnden Gewohnheiten in Acht zu nehmen.

Ahimsa

In welchen Situationen neigen Sie dazu, mit Zorn oder Wut zu reagieren?

Der erste Yama – Gewaltlosigkeit oder Nicht-Schädigen – bezieht sich auf jede Form der Gewaltanwendung – ob in Gedanken, Worten oder Taten. Darüber hinaus fordert Ahimsa dazu auf, allen Wesen offen und freundlich zu begegnen. Beantworten Sie folgende Fragen: »Wende ich anderen oder mir gegenüber Gewalt an? Führen Zorn, Wut und Abneigung dazu, dass ich Dinge denke, sage oder tue, die andere verletzen?«

Satya

Machen Sie anderen oder sich selbst etwas vor, oder bleiben Sie anderen und sich treu?

Der zweite Yama – Wahrhaftigkeit oder Freiheit von Lüge und Täuschung – bezieht sich auf bewusste Lügen sowie auf die Neigung, andere hinters Licht führen zu wollen oder nicht offen zu sein. Fragen Sie sich: »Bleibe ich wirklich im Sein – oder versuche ich, den Schein zu wahren? Können andere sich auf das, was ich sage, voll und ganz verlassen?«

Asteya

Wahren Sie im Umgang mit anderen Fairness, oder lassen Sie sich von Gier leiten?

Der dritte Yama – Nicht-Stehlen oder Ehrlichkeit – heißt, dass man nichts an sich nimmt, was anderen gehört. Schätze, die auf unehrliche Weise erworben werden, werden nur Leid bewirken – beim Bestohlenen und bei einem selbst. Die Frage lautet: »Sind Nehmen und Geben bei mir im Gleichgewicht? Respektiere ich den Besitz oder den Erfolg anderer?«

Brahmacharya

Der vierte Yama – Enthaltsamkeit oder Mäßigung – bedeutet »sich auf das Wesentliche zubewegen«. Es geht darum, sich nicht von Sucht und Trieben lenken zu lassen. Sinnlichkeit, Zärtlichkeit und Nähe sind unerlässlich in der Partnerschaft, doch Genusssucht, Oberflächlichkeit und Machtspiele hindern daran, die Sexualität zu transzendieren und Sie aus den Ketten des Egos zu befreien. Fragen Sie sich: »Verbinde ich Sexualität nur mit Triebbefriedigung, und zwinge ich anderen meinen Willen auf? Oder kann ich mich von egoistischen Wünschen befreien?«

Können Sie die einfühlsame sexuelle Begegnung mit Ihrem Partner nutzen, um Vertrauen, Liebe und Achtsamkeit zu entwickeln?

Aparigraha

Der fünfte Yama bedeutet Genügsamkeit oder Besitzlosigkeit. Deshalb sollen Sie kein Bettelmönch werden; selbstverständlich können Sie Dinge besitzen. Doch wenn Ihr Besitz Sie besitzt, werden Sie unfrei. Hinterfragen Sie sich: »Identifiziere ich mich zu sehr mit dem, was ich habe? Neigen meine Wünsche dazu auszuufern? Neige ich dazu, zu viele Dinge anzusammeln?«

Können Sie gut zwischen Herzensbedürfnissen und Gier unterscheiden? Könnten Sie ohne Luxus glücklich sein?

Die Niyamas

Die Niyamas legen Ihnen nahe, erleuchtende Faktoren zu pflegen. Sie fassen positive Eigenschaften und Tugenden zusammen, die an Menschen zu beobachten sind, die bereits die Stufe der Meisterschaft erlangt haben.

Shauca

Der erste Niyama – Reinheit oder Klarheit bzw. Geklärtheit –, bezieht sich auf Körper und Geist. Körperhygiene, natürliche Ernährung und ausreichende Bewegung sind Voraussetzungen dafür, dass sich der physische Körper von Giftstoffen befreien kann. Auch mentale Gifte gilt es abzubauen – allen voran negative Gefühlsmuster wie Gier, Angst, Neid, Rachsucht usw. Auch der Umgang mit Menschen, die Sie negativ beeinflussen, erschwert die Klarheit und verdunkelt Ihre Aura. Fragen Sie sich: »Gebe ich Körper, Seele und Geist genug Gelegenheit, sich zu reinigen?«

Welche Faktoren erschweren Ihren Reinigungsprozess: äußere – Nahrungs- oder Genussmittel, Chemikalien – oder innere – belastende Gefühle, Gedanken oder Beziehungen?

Santosha

Neigen Sie dazu, zu jammern und sich als Opfer zu sehen? Oder können Sie erkennen, dass Sie nur Ihr Inneres ändern müssen, um glücklich zu sein?

Der zweite Niyama – Zufriedenheit – ist das beste Mittel gegen negative Geisteszustände. Zufriedenheit ist die Kunst, in sich selbst zu ruhen, auch wenn nicht alles nach Ihren Wünschen läuft und Hindernisse und Schwierigkeiten auftauchen. Dazu ist die Einsicht nötig, dass alles die Wirkung von Ursachen ist, die Sie (mit-)verantwortet haben, und so, wie es ist, bereits völlig in Ordnung ist. Fragen Sie sich: »Lasse ich mich von meinen Erwartungen leiten, von dem, was ich will und was sein sollte? Akzeptiere ich, was ist? Neige ich dazu, das Glück im Außen zu suchen?«

Tapas

In welchen Situationen brauchen Sie mehr Selbstdisziplin, um sich innerlich weiterentwickeln zu können?

Selbstdisziplin oder Askese, der dritte Niyama, hilft Ihnen, den Geist zu sammeln und innere Kraft zu entwickeln. Es geht nicht um Kasteiung, sondern darum, keine Energien zu verschwenden, indem Sie sie auf Unwesentliches richten. Selbstdisziplin hat mit Willenskraft, vor allem aber mit einer Entscheidung zu tun. Fragen Sie sich: »Bin ich bereit, meinen Geist gezielt auf positive und lichte Kräfte zu lenken und Ablenkungen wenigstens während des Übens abzuschalten? Sind Zerstreuungen ein Problem für mich, fällt es mir schwer, mich zu konzentrieren?«

Svadhyaya

Können Sie erkennen, wo Sie stehen? Beobachten Sie Ihr eigenes Denken und Handeln, und können Sie Muster entdecken, die Sie behindern?

Der vierte Niyama bedeutet Selbststudium und Erforschung der Heiligen Schriften. Er fordert Sie auf, sich selbst zu erforschen und wichtige Werke der Weisheitsliteratur zu lesen, etwa die Bhagavad Gita – den Gesang Gottes, eine der zentralen Schriften des Hinduismus –, die Upanishaden, die Bibel oder das Daodejing – das Buch vom Sinn und Leben des chinesischen Philosophen Laozi. Es reicht nicht, den spirituellen Weg nur mit dem Herzen zu beschreiten. Sie sollten auch Ihr Denken und Ihre Reflexionsfähigkeit nutzen, um geistige Erkenntnisse zu gewinnen. Fragen Sie sich: »Nehme ich mir genug Zeit für das Studium heiliger Texte? Nehme ich mir Zeit, über philosophische Fragen nachzudenken?«

Ishvara-Pranidhana

Der fünfte Niyama – die Hingabe an das Göttliche oder die Hinwendung zu Gott – gehört zweifellos zu den Tugenden, die auf schnellstem Weg zu geistigem Fortschritt führen. Ob im Gebet, in der Meditation, in Yoga-, Atem- oder Visualisierungsübungen oder einfach mitten im Alltag – man sollte jederzeit versuchen, sein Ego hinter sich zu lassen, sich für das Größere zu öffnen und Kontakt mit dem Göttlichen aufzunehmen. Stellen Sie sich folgende Fragen: »Kann ich mich von Selbstsucht und weltlichem Begehren befreien und in die göttliche Dimension eintauchen? Gibt es Augenblicke, in denen ich wunschlos glücklich bin?«

Gibt es Momente, in denen Sie vollkommen auf die göttliche Allmacht vertrauen und sich ganz und gar geborgen fühlen?

Spirituelle Körperübungen

Der Körper spielt für das geistige Wachstum eine sehr viel größere Rolle, als die meisten Menschen annehmen. Was den Körper betrifft, so besteht heutzutage ein seltsames Paradox: Während kaum jemand sich des Potenzials seines Körpers bewusst ist, hat der Körperkult eine Dimension erreicht, die in früheren Zeiten wahrscheinlich unvorstellbar gewesen wäre.

Gleichzeitig aber ist den Menschen ihr eigener Körper fremd geworden. Sie betrachten den Körper als eine Art Maschine, die vor allem funktionieren muss. Für die meisten Menschen ist es wichtiger, einen jungen und schönen Körper als einen lebendigen, beseelten Körper zu haben.

Auf dem Weg zur spirituellen Meisterschaft werden Sie lernen, Ihren Körper als ein göttliches Geschenk und als einen hilfreichen Gefährten zu erfahren.

In den östlichen Traditionen wurde die Bedeutung des Körpers für die spirituelle Entwicklung schon vor Jahrtausenden betont. Ein lebendiger, energiedurchpulster Körper ist das Medium, durch das feinstoffliche Phänomene überhaupt erst erkannt werden können. Auch der Begriff »Inkarnation« deutet darauf hin, wie sehr die Menschwerdung mit Verkörperung und Leiblichkeit zu tun hat.

Ihr Körper kann nur dann flexibel und vital – und somit auch jung und schön – bleiben, wenn Sie ihn als das begreifen, was er ist – als einen intelligenten Organismus und als Tempel der Seele und des Geistes.

Ein wichtiger Hinweis vorab

Spirituelle Körperübungen sind kein Leistungssport. Es geht nicht um Können, sondern um Sein. Daher sollten Sie stets auf Ihre Grenzen achten. Führen Sie keine Übungen aus, die Sie überfordern. Verzichten Sie bei chronischen Erkrankungen oder akuten Infektionen ebenso auf das Üben wie nach Operationen. Vertrauen Sie auf die Intelligenz Ihres Körpers, und beachten Sie unbedingt seine Signale. Schmerzen, Unwohlsein, Schwindel beispielsweise zeigen Ihnen, dass Sie zu viel wollen. Angenehme Körperempfindungen und positive Gefühle dagegen sind Zeichen dafür, dass Sie auf dem richtigen Weg sind.

Yoga-Praxis – den Boden bereiten

In diesem Buch werden Sie zahlreiche Körperübungen, vor allem in Form von Yoga-Stellungen, kennen lernen. Diese Techniken haben weit reichende Wirkungen – nicht nur körperliche, sondern auch seelische und geistige. Alle Übungen wirken entgiftend und vitalisierend. Sie regen den Stoffwechsel und den Kreislauf an, halten den Körper beweglich und stärken das Immunsystem. Regelmäßiges Üben verbessert die Konzentrationsfähigkeit und verhilft zu Gelassenheit und innerer Ruhe. Auch regen die Übungen den Energiefluss in den feinstofflichen Bahnen und in den Chakras an, wodurch Blockaden im Körper und im Fühlen abgebaut werden. Nicht zuletzt haben die Übungen eine reinigende Wirkung auf die Aura und die Ausstrahlung.

Am besten üben Sie morgens vor dem Frühstück und abends vor dem Zubettgehen. Lassen Sie sich dabei Zeit.

Wichtig ist, die Übungen nicht als reine Körper- oder Leibesübungen aufzufassen. Bei jeder Übung geht es darum, zu spüren, sich einzuleben, bewusst, achtsam und mit dem Geist dabei zu sein. Obwohl Sie mit sehr einfachen Übungen beginnen werden, sind einfache Übungen immer auch schwere Übungen. Mechanisch durchgeführte Gymnastik bringt Sie nicht weiter: Ob Körper-, Atem- oder Meditationsübungen – alle Techniken in diesem Buch bieten Ihnen die Chance, aufzuwachen und sich selbst – und damit auch Ihren Körper – als Energiefeld zu erfahren.

Wie Sie üben sollten

Sie können die folgenden Yoga-Übungen einzeln oder in der vorgestellten Reihenfolge als kurzes Programm durchführen. Die besten Übungszeiten sind morgens vor dem Frühstück und abends vor dem Zubettgehen. Üben Sie ohne Eile, meditativ, wach und gelassen. Nutzen Sie die Übungen als Vorbereitung für anspruchsvollere Techniken oder auch für sich genommen – beispielsweise um zwischendurch Energie zu gewinnen oder sich von Spannungen oder Stress zu befreien.

Die Tiefenentspannung

ÜBUNG

Viele Menschen leiden unter körperlichen und geistigen Anspannungen. Häufig sind Erschöpfung, Gereiztheit und Stimmungsschwankungen die Folgen, denn sie haben verlernt, sich gründlich zu entspannen. Die folgende Übung hilft Ihnen dabei, Entspannung wieder neu zu erlernen und sich von Stress, Überlastung und Nervosität zu befreien.

- Legen Sie sich flach auf den Rücken. Öffnen Sie die Beine ein wenig, so dass die Füße locker nach außen fallen können. Die Arme werden entspannt neben den Körper gelegt, die Handflächen weisen nach oben. Die Augen sind geschlossen.
- Atmen Sie einige Male tief durch die Nase. Versuchen Sie, alle Gedanken an den Alltag hinter sich zu lassen. Kommen Sie ganz ins Hier und Jetzt.
- Spüren Sie Ihren Körper. Spüren Sie sein Gewicht. Können Sie körperliche Spannungen wahrnehmen? Gibt es Gedanken oder Gefühle, die Sie belasten? Spüren Sie das alles, ohne es beeinflussen zu wollen.
- Atmen Sie weiterhin entspannt durch die Nase. Vertiefen Sie die Ausatmung um ein oder zwei Sekunden, und versuchen Sie, Anspannungen mit jedem Ausatmen loszulassen. Wiederholen Sie das einige Male.
- Konzentrieren Sie sich auf Ihr rechtes Bein. Heben Sie es ein ganz kleines Stück vom Boden ab – nur wenige Zentimeter. Während Sie das Bein heben, spannen Sie die Muskulatur des rechten Oberschenkels, der Wade und die Fußmuskeln fest an. Halten Sie diese Spannung kurz, ohne dabei den Atem anzuhalten. Zählen Sie innerlich langsam bis vier – dann lassen Sie das Bein plötzlich locker fallen. Entspannen Sie dann das rechte Bein wieder. Wiederholen Sie dies noch 2-mal.

Auch wenn sich Ihr Körper bei dieser Übung sehr tief entspannen wird – bleiben Sie dennoch mit Ihrem Geist stets aufmerksam.

Anfangs können Sie bei der Tiefenentspannung gelegentlich einschlafen. Doch mit der Zeit wird Ihnen die richtige Balance zwischen Entspannung und Wachheit immer besser gelingen.

- Lenken Sie Ihre Aufmerksamkeit jetzt in das linke Bein. Heben Sie es wenige Zentimeter vom Boden ab. Gleichzeitig spannen Sie die Muskulatur von Oberschenkel, Wade und Fuß kräftig an. Halten Sie die Spannung, während Sie innerlich bis vier zählen. Dann lassen Sie das Bein entspannt zu Boden fallen. Wiederholen Sie das noch 2-mal.
- Spannen Sie Ihr Gesäß an. Während Sie einatmen, halten Sie die Spannung und zählen langsam bis vier. Dann entspannen Sie Ihre Gesäßmuskulatur und spüren die Entspannung in Po und Becken. Wiederholen Sie den Wechsel zwischen An- und Entspannung noch weitere 2-mal.
- Konzentrieren Sie sich nun auf Ihren rechten Arm. Heben Sie ihn einige Zentimeter vom Boden ab, machen Sie eine Faust, und spannen Sie Unter- und Oberarm kräftig an. Halten Sie die Spannung vier Sekunden lang, und lassen Sie den Arm dann plötzlich locker fallen. Wiederholen Sie das 2-mal.
- Führen Sie die gleiche Technik auch mit dem linken Arm durch.
- Lenken Sie Ihre Aufmerksamkeit jetzt zu Ihrem Bauch und Becken. Drücken Sie den unteren Rücken kräftig in Richtung Boden, und spannen Sie zugleich die Bauchmuskeln an. Zählen Sie innerlich bis vier, und halten Sie die Anspannung so lange. Anschließend lassen Sie alle Spannungen in den Bauch- und Rückenmuskeln sowie im Becken schlagartig los. Wiederholen Sie das noch 2-mal.
- Lenken Sie Ihr Bewusstsein nun zu Ihren Schultern. Ziehen Sie die Schultern am Boden entlang nach oben in Richtung Ohren. Halten Sie die Spannung vier Sekunden lang, und lassen Sie Ihre Schultern dann wieder entspannt nach unten sinken. Spüren Sie die Entspannung ganz bewusst. Wiederholen Sie den Wechsel zwischen An- und Entspannung noch 2-mal.
- Heben Sie abschließend Ihren Kopf ein winziges Stück vom Boden ab. Dabei spannen sich die Nackenmuskeln automatisch an. Spannen Sie gleichzeitig alle Gesichtsmuskeln an, und machen Sie ein hässliches Gesicht. Dann entspannen Sie Nacken und Gesicht schlagartig, während Sie Ihren Kopf sanft zu Boden sinken lassen. Wiederholen Sie das noch 2-mal.

- Spüren Sie Ihren Körper nun noch einmal als Ganzes. Spüren Sie den Kontakt zum Boden und die angenehme Schwere oder Wärme Ihres Körpers. Dann gehen Sie noch einen Schritt weiter:
- Versuchen Sie, Ihren Körper als Energiefeld zu empfinden – möglicherweise können Sie ein Pulsieren, ein Schwingen oder Lichtphänomene wahrnehmen. Möglicherweise möchten Sie sich Ihren Körper auch als leuchtende Aura vorstellen, die in hellen, klaren Farben strahlt. Folgen Sie dabei einfach Ihrem Gefühl.
- Abschließend spüren Sie noch einmal die Schwere Ihres Körpers. Kommen Sie ganz in das Hier und Jetzt zurück.
- Stellen Sie sich den Raum, in dem Sie liegen, kurz vor, bevor Sie die Augen öffnen. Dehnen Sie sich dann gründlich durch, um die Übung zu beenden.

Die Kreuzstellung

ÜBUNG

Die folgende Übung ist eine sanfte Dehntechnik für den ganzen Körper. Sie führt zu einer Vertiefung der Atmung, verbessert die Sauerstoffzufuhr und löst Anspannungen – vor allem im Rücken- und Nackenbereich. Außerdem hilft die Übung dabei, das Bewusstsein für die eigenen Körpergrenzen zu schärfen und über diese Grenzen hinauszuspüren.

- Legen Sie sich ganz entspannt auf den Rücken. Legen Sie die Arme nach oben neben den Kopf, und spreizen Sie sie in V-Stellung nach oben. Die Handflächen zeigen nach oben. Die Beine werden ebenfalls gespreizt.
- Machen Sie sich die beiden Diagonalen, die durch Ihren Körper laufen, bewusst: Die eine führt von Ihrem rechten Fuß zur linken Hand, die andere vom linken Fuß zur rechten Hand. Von oben betrachtet gleicht die Körperhaltung einem Andreaskreuz. Achten Sie darauf, dass der Kopf gerade bleibt und in der Mittelstellung liegt, und schließen Sie die Augen.
- Spüren Sie Ihren Körper. Spüren Sie den Kontakt zum Boden, und spüren Sie vor allem, wo dieser Kontakt besonders deutlich ist. Atmen Sie ein paar Mal entspannt durch die Nase.

Die Kreuzstellung ist eine sanfte, aber sehr wirkungsvolle Übung. Durch die Dehnungen werden die Atmung verbessert, Spannungen gelöst und das Bewusstsein für die eigenen Körpergrenzen geschärft.

• Nutzen Sie jetzt Ihre Atmung, um mit der aktiven Dehnung zu beginnen: Atmen Sie tief ein, und dehnen Sie dabei den rechten Arm – lassen Sie den Arm so lang wie möglich werden, ohne ihn jedoch vom Boden abzuheben. Spüren Sie über Ihre Körpergrenze hinaus, indem Sie sich vorstellen, dass ein Lichtstrahl aus Ihren Fingern in die Ecke des Raumes strahlt. Dann atmen Sie wieder aus und entspannen sich wieder.

Während Sie Ihren Körper über Kreuz dehnen, stellen Sie sich vor, Ihr Körper strahle wie ein Stern.

• Führen Sie das auch mit dem linken Arm durch – dehnen Sie ihn mit dem Einatmen.

• Dehnen Sie nun Ihr rechtes Bein. Mit dem Einatmen lassen Sie es ganz lang werden und schieben die Ferse nach vorne. Stellen Sie sich einen Lichtstrahl vor, der von Ihrer Ferse in die Zimmerecke strahlt. Dann atmen Sie aus und entspannen wieder.

• Führen Sie die Dehnung auch mit dem linken Bein durch.

• Mit der nächsten Einatmung dehnen Sie gleichzeitig die rechte Ferse nach vorne und die linke Hand schräg nach hinten. Arm und Bein bleiben in Bodenkontakt und werden nicht abgehoben. Spüren Sie die Streckung in der Diagonalen, und nutzen Sie Ihre Vorstellungskraft, um über Ihre Körpergrenzen hinauszuwachsen.

• Dann atmen Sie wieder aus und entspannen sich erneut.

• Führen Sie die Dehnung auch über die andere Diagonale durch – also vom linken Fuß bis zur rechten Hand. Atmen Sie dabei tief ein. Beim Ausatmen lassen Sie Arm und Bein wieder entspannt am Boden liegen.

• Zum Abschluss dehnen Sie dann den ganzen Körper über die Diagonale – vom rechten Fuß zur linken Hand und gleichzeitig vom linken Fuß zur rechten Hand. Während Sie tief einatmen, können Sie sich vorstellen, dass Ihr Körper wie ein Stern strahlt.

• Beim Ausatmen lösen Sie die Dehnung und entspannen Ihren ganzen Körper. Schließen Sie die Beine, legen Sie die Arme neben den Körper, und entspannen Sie sich, während Sie den Atem locker ein- und ausströmen lassen.

• Um die Übung zu beenden, öffnen Sie die Augen und dehnen sich noch einmal kurz durch.

Die Katze

ÜBUNG

Mit dieser Übung können Sie die Beweglichkeit der Wirbelsäule verbessern. Eine flexible und zugleich starke Wirbelsäule ist sowohl bei der Entwicklung der Chakras – der Energie- und Bewusstseinszentren im Körper – als auch für die Sitzhaltung bei Meditationsübungen von großem Vorteil. Schon wenige Minuten genügen, um Blockaden abzubauen und den Energiefluss in der Wirbelsäule anzuregen. **Vorsicht:** Falls Sie Rücken- oder Nackenprobleme haben, sollten Sie diese Übung besonders behutsam durchführen und nur minimale Bewegungen machen.

Die Katze wird im Vierfüßlerstand durchgeführt. Achten Sie darauf, dass nur die Handflächen, Knie, Unterschenkel und Fußrücken den Boden berühren. Die Finger zeigen nach vorne, Ihre Hände stehen direkt unter den Schultern. Ober- und Unterschenkel bilden einen rechten Winkel. Blicken Sie in der Ausgangsstellung zum Boden, und halten Sie die Wirbelsäule möglichst waagrecht.

- Atmen Sie vorbereitend tief aus. Mit dem nächsten Einatmen machen Sie einen Pferderücken: Lassen Sie den unteren Rücken dazu leicht in Richtung Boden einsinken – Sie gehen also ein wenig ins Hohlkreuz. Gleichzeitig heben Sie den Kopf etwas an, bis Ihr Blick nach schräg oben gerichtet ist. Führen Sie die Bewegung des Rückens und Kopfes sehr langsam aus – und atmen Sie entsprechend langsam ein.

Sie wechseln vom Pferderücken zum Katzenbuckel. Beim Pferderücken atmen Sie ein, beim Katzenbuckel aus. Bei jedem Mal sollte Ihr Atem tiefer fließen.

Für den Katzenbuckel wölben Sie den Rücken, beim Pferderücken lassen Sie den Rücken durchhängen.

• Dann atmen Sie langsam aus und machen Ihren Rücken möglichst rund – wie einen Katzenbuckel. Während Sie den Rücken wölben, kippen Sie Ihr Becken leicht nach vorne und ziehen den Kopf etwas ein. Das Kinn bewegt sich dabei in Richtung Brust.
• Wechseln Sie nun einige Male zwischen diesen beiden Stellungen hin und her. Achten Sie darauf, ausschließlich durch die Nase zu atmen und die Bewegung des Rückens sanft und rhythmisch durchzuführen.
• Immer, wenn Sie den Pferderücken machen und leicht ins Hohlkreuz gehen, atmen Sie ein. Wenn Sie in den Katzenbuckel wechseln, atmen Sie aus. Versuchen Sie, Ihren Atem mit jeder Wiederholung tiefer werden zu lassen.
• Abschließend legen Sie sich kurz auf den Rücken und entspannen den ganzen Körper.

ÜBUNG

Das Rückenrollen

Diese Übung regt alle Energiezonen entlang der Wirbelsäule an, verbessert die Durchblutung der Rückenmuskulatur und lockert den Körper. Beim Rückenrollen führen Sie eine Abrollbewegung durch: Je entspannter und runder der Rücken dabei ist, desto besser. Achten Sie auf Ihre natürlichen Grenzen – die Übung ist auch dann wirksam, wenn Sie nur kleine Rollbewegungen durchführen.

Beim Rückenrollen rollen Sie einige Male sanft auf und ab.

• Setzen Sie sich auf den Boden. Ziehen Sie die geschlossenen Beine so weit an, dass Sie Ihre Hände unter den Kniekehlen verschränken können.
• Heben Sie die Füße einige Zentimeter vom Boden, sodass Sie nur noch mit den Sitzbeinhöckern Kontakt zum Boden haben. Versuchen Sie, in dieser Haltung das Gleichgewicht zu halten, ohne nach vorne oder hinten zu kippen.
• Sobald Sie sicher sitzen, ziehen Sie das Kinn vorsichtig zur Brust und machen den Rücken so rund wie möglich – wie einen Ball. Dann beginnen Sie, leichte Schaukelbewegungen durchzuführen.
• Rollen Sie zunächst leicht nach vorne und dann mit etwas Schwung nach hinten, bis nur noch der

obere Rücken in Bodenkontakt ist. Aus der Endstellung rollen Sie dann gleich wieder nach vorne zurück, bis Sie wieder auf dem Gesäß sitzen.

- Wiederholen Sie dies einige Male: Rollen Sie immer wieder sanft nach hinten und wieder zurück nach vorne. Probieren Sie aus, wie es sich anfühlt, etwas schneller zu rollen. Und probieren Sie auch das Gegenteil, und versuchen Sie, wie in Zeitlupe zu rollen. Je kontrollierter Sie die Übung ausführen können, desto besser.
- Nach einigen Wiederholungen können Sie noch einen Schritt weitergehen: Stellen Sie sich Ihren Körper dazu als Lichtkugel oder als einen Ball aus strahlendem Licht vor. Versuchen Sie den Unterschied zu spüren, je nachdem, ob Sie sich beim Rollen auf die materielle oder die energetische Ebene Ihres Körpers konzentrieren.
- Beenden Sie die Übung, indem Sie die Handstellung lösen und sich entspannt auf den Rücken legen. Spüren Sie den Wirkungen der Übung noch ein wenig nach.

In Phase eins der Rückenrollübung halten Sie die Balance mit rundem Rücken und angezogenen Beinen. Dann rollen Sie schwungvoll nach hinten und schließlich wieder nach vorne.

Die Himmelsstreckung

ÜBUNG

Die folgende Übung dehnt den ganzen Körper, lässt Sie über sich hinauswachsen und verbessert das Gleichgewicht und die Standfestigkeit. Die Übung hilft außerdem, die Atemräume zu erweitern, da sie mit der Atmung synchronisiert wird.

- Die Übung wird im Stehen durchgeführt. Die Füße sind etwa hüftbreit auseinander, die Zehen zeigen nach vorne, und die Knie bleiben locker.
- Legen Sie die verschränkten Hände auf den Kopf, die Handflächen zeigen nach oben, die Handrücken berühren den Kopf. Atmen Sie einige Male entspannt durch.
- Atmen Sie dann vorbereitend tief aus. Mit dem nächsten Einatmen stellen Sie sich auf die Zehen und strecken gleichzeitig die Arme langsam senkrecht zur Decke. Der Blick folgt den Händen. Halten Sie den Atem kurz an, und versuchen Sie, sich so weit wie möglich durchzustrecken, ohne dabei aus dem Gleichgewicht zu kommen.
- Mit dem nächsten Ausatmen kehren Sie wieder in die Ausgangsstellung zurück und legen die Handrücken wieder auf den Kopf. Wiederholen Sie den Ablauf mindestens 3-mal.

- Sie können die Wirkungen der Übung vertiefen, indem Sie sich in der gestreckten Haltung vorstellen, dass von Ihren Handflächen aus Lichtstrahlen in den Himmel – oder an die Decke – leuchten. Verbinden Sie sich dabei innerlich mit der Offenheit, der Weite und Unendlichkeit des Himmels.

Abschließend führen Sie die Hände wieder entspannt nach unten, lassen die Arme passiv neben dem Körper hängen und entspannen sich noch kurz im Stehen.

Meditation im Sitzen

Sie werden in diesem Buch Meditationstechniken und Visualisierungen kennen lernen, die im Sitzen durchgeführt werden. Im Yoga wird der richtigen Sitzhaltung eine große Bedeutung beigemessen. In den Yoga-Sutras, dem Leitfaden des Yoga, beschreibt ihr Verfasser Patanjali die aufrechte Sitzhaltung als die einzige *Asana*, das heißt Körperhaltung. Zahlreiche andere Asanas, die man heute mit Yoga gleichsetzt – etwa der Kopfstand oder die Kobra –, sind erst Jahrhunderte später entstanden.

Die Beschreibung, die Patanjali zum Sitzen gibt, ist sehr knapp: »Asana ist, was stabil und bequem ist.« Damit dürfte klar sein, dass es nie im Sinne des Yoga sein kann, sich in eine unangenehme, schmerzhafte Haltung zu zwängen.

Achten Sie darauf, dass Sie bei den Übungen stets bequem sitzen, und zwingen Sie sich nicht in eine unangenehme Position.

Warum wird ausgerechnet dem Sitzen im Yoga und im Buddhismus eine derart große Bedeutung beigemessen? Neben der langen Tradition des Sitzens auf dem Boden hat eine stabile und zugleich entspannte Sitzhaltung Vorteile: Wenn Sie lernen, aufrecht und locker auf dem Boden zu sitzen, können Sie einen guten Kontakt zu den Kräften der Erde herstellen. In der aufrechten Haltung kann die Energie frei durch alle Chakras fließen, und die Atmung wird nicht behindert.

Wenn Sie gut sitzen, werden Sie sich stark und stabil fühlen – lebendig wie ein Baum, der mit der Erde verwurzelt ist, und unerschütterlich wie ein Fels in der Brandung. Die Fähigkeit, ohne Anstrengung vollkommen unbeweglich sitzen zu können, hilft auch dem Geist, still zu werden.

Aufrecht Sitzen

ÜBUNG

Um zentriert und gesammelt sitzen zu können, sollten Sie einige Regeln beachten:

- Sitzen Sie aufrecht, ohne sich anzulehnen. Halten Sie die Wirbelsäule bewusst in der natürlichen Streckung, und sinken Sie nicht in sich zusammen.
- Entspannen Sie Gesicht, Schultern und Hände. Vermeiden Sie es vor allem, die Schultern hochzuziehen. Öffnen Sie die Brust – lassen Sie die Schultern nicht nach vorne fallen.
- Stellen Sie sich eine Sonne in der Mitte Ihrer Brust vor, die nach vorne und leicht nach oben, nicht jedoch nach unten scheint.
- Halten Sie Ihren Kopf genau in der Mitte – Nabel und Nasenspitze sollten auf einer senkrechten Linie liegen. Ihr Blick zeigt schräg nach unten, als würden Sie einen Punkt auf dem Boden fixieren, der etwa einen Meter entfernt ist. Achten Sie darauf, dass Ihr Nacken sanft gedehnt ist und das Kinn etwas angezogen wird.
- Sitzen Sie von unten nach oben – das heißt, dass Ihr Körperschwerpunkt im Bauch sein sollte und Sie nach oben hin leichter werden. Visualisieren Sie beim Sitzen beispielsweise das Bild eines Felsens oder einer Pyramide.

Natürlich können Sie auch auf einem Stuhl sitzen. Das ist vor allem einen gute Möglichkeit für Menschen, die sehr unbeweglich sind oder Probleme mit den Hüften und den Knien haben. Doch auch wenn Sie auf einem Stuhl sitzen, sollten Sie frei sitzen und sich nicht anlehnen. Ihre Füße sollten den Boden mit der ganzen Fußsohle berühren, und der Stuhl sollte obendrein hoch genug sein, damit das Becken höher ist als die Knie.

Auch beim Sitzen auf dem Boden sollte das Becken höher sein als die Knie. Benutzen Sie dazu beispielsweise ein festes Meditationskissen, um Ihr Becken zu erhöhen, da sonst die Gefahr besteht, dass Sie im unteren Rücken einsinken.

Für Atemübungen, Visualisierungen und Meditationen werden Ihnen im Folgenden eine Reihe von Sitzhaltungen vorgestellt, die ganz besonders empfehlenswert sind.

Sitzen Sie aufrecht, ohne sich anzulehnen und die Schultern hochzuziehen. Der Körperschwerpunkt ist im Bauch, der Kopf wird in der Mitte gehalten, der Blick weist leicht nach unten.

Der halbe Lotossitz ist mit etwas Übung schnell erlernt.

Der halbe Lotossitz

Der halbe Lotussitz ist deutlich leichter einzunehmen als der volle Lotossitz, und er ist genauso stabil.

- Winkeln Sie das rechte Bein an, und ziehen Sie den rechten Fuß so nah wie möglich an den Körper heran.
- Winkeln Sie anschließend das linke Bein an, und legen Sie Ihren linken Fußrücken möglichst hoch auf den rechten Oberschenkel. Achten Sie jedoch unbedingt auf Ihre Dehngrenze, und übertreiben Sie nicht.
- Wenn es Ihnen leichter fällt, können Sie die Beinstellung auch umkehren. Wenn möglich sollten jedoch beide Knie den Boden berühren – doch wahrscheinlich wird Ihnen das erst nach einiger Übung gelingen.
- Die Hände können Sie entweder mit den Handflächen nach unten entspannt auf die Oberschenkel legen, oder bestimmte Mudras – Fingerstellungen – einnehmen, die jeweils genau beschrieben werden.

ÜBUNG

Der Fersensitz

Für viele Menschen ist der Fersensitz besonders leicht einzunehmen. Noch leichter fällt er, wenn Sie ein Meditationsbänkchen verwenden, um die Knie zu entlasten. Knien Sie sich mit geschlossenen Beinen auf den Boden, und setzen sich auf die Fersen. Probieren Sie aus, ob Ihnen die Haltung leichter fällt, wenn Sie die Knie etwas öffnen. Die Füße sollten jedoch so nah nebeneinander auf dem Boden liegen, dass sich die großen Zehen berühren. Falls Sie ohne Bänkchen üben, sollten Sie sich ein Kissen zwischen Gesäß und Unterschenkel legen, um den Druck auf die Knie zu mindern.

Achten Sie auf eine weiche Unterlage. Sitzen Sie beispielsweise auf einer Yogamatte oder einer zusammengefalteten Decke. Die Handflächen liegen entspannt auf den Oberschenkeln oder nehmen eine Mudra ein.

ÜBUNG

Der Schneidersitz

Vor allem für Anfänger ist der Schneidersitz zu empfehlen. Damit Sie im Schneidersitz aufrecht, entspannt und stabil sitzen können, sollten Sie auf einem dicken, festen Meditationskissen sitzen. Setzen Sie sich auf den Boden, und winkeln Sie die Beine an – dabei liegt die Außenseite des linken Unterschenkels über dem rechten Fußknöchel und der linke Fuß unter dem rechten Unterschenkel – oder umgekehrt. Die Handflächen liegen locker auf den Knien.

Die Kraft des Atems

Ebenso wie der Körper kann für Sie auch der Atem auf Ihrem spirituellen Weg zu einem wertvollen Begleiter werden. Schon auf der physiologischen Ebene ist der Atem von großer Bedeutung: Nur wenn Sie tief und gründlich atmen, können Sie genügend Sauerstoff aufnehmen, um die Energieversorgung der Milliarden von Zellen Ihres Körpers zu sichern. Eine flache Atmung führt dagegen zu einer Unterversorgung der Organe und schwächt die Immunabwehr. Außerdem werden Giftstoffe nur noch ungenügend abtransportiert.

Auch die Gefühle werden durch eine oberflächliche oder hektische Atmung negativ beeinflusst. Sie kommen außer Atem, wenn Sie in hektische Situationen geraten, und können frei durchatmen, wenn Sie sich auch seelisch ausgeglichen fühlen.

In vielen religiösen Traditionen spielt der Atem eine wichtige Rolle als Brücke – nicht nur zwischen Körper und Geist, sondern auch zwischen Mensch und Gott. Das Wort »Atem« ist mit dem Sanskritbegriff »Atman« verwandt, der ursprünglich Lebenshauch im weiteren Sinne, darüber hinaus aber auch die Seele und das individuelle Selbst meint. Auch der lateinische Begriff »Spiritus«, von dem sich das Wort »spirituell« herleitet, bezieht sich sowohl auf den Atem als auch auf den Lebensgeist.

Jede Atemübung bietet Ihnen die Gelegenheit, Prana aufzunehmen und im Körper zu verteilen. Es geht also um weit mehr als darum, Luft zu holen. Pranayama ist die Kunst, seine Lebensenergie zu beherrschen.

Sie werden in diesem und in den darauf folgenden Kapiteln verschiedene Atemtechniken kennen lernen. Diese Techniken helfen Ihnen dabei, zu einer natürlichen, ruhigen Atmung zurückzufinden. Dies ist besonders

Lassen Sie den Atem auf Ihrem spirituellen Weg zu einem wertvollen Begleiter werden.

wichtig, denn in der heutigen Zeit haben viele Menschen eine natürliche Atmung verlernt und neigen dazu, flach und unrhythmisch zu atmen.
Alle nachfolgenden Techniken haben zum Ziel, dass Sie sich Ihres Atems bewusster werden, entspannter atmen, Gifte in Körper und Seele besser abbauen und mehr Energie aufnehmen können.
Allerdings ist spirituelle Atemarbeit keine Atemgymnastik, wie sie etwa in der Physiotherapie eingesetzt wird. Im Yoga werden Atemtechniken als »Pranayama« bezeichnet. In der geistigen Yoga-Schulung kommt dem Atemvorgang vor allem die Aufgabe zu, Prana – die kosmische Lebensenergie – zu speichern. Als göttlicher Atem des Lebens und universelle Urenergie ist Prana sehr viel mehr als Sauerstoff.

Pranayama steht für die Atemtechniken des Yoga. Der Begriff kommt aus dem Sanskrit und leitet sich ab von Prana – kosmische Urenergie – und yama – Kontrolle oder Ausweitung.

Die folgenden, einfachen Atemübungen sind eine wichtige Vorbereitung für fortgeschrittene Techniken, wie sie beispielsweise in den Chakra-Yoga-Programmen zur Anwendung kommen. Durch die Übungen können Sie lernen, Ihren Atem zu vertiefen, innere Ruhe zu entwickeln sowie Erschöpfung zu vertreiben und sich mit neuer Energie aufzuladen. Grundsätzlich sind Atemtechniken auch wichtig, um Belastendes loszulassen, einen guten Kontakt zum Hier und Jetzt aufzunehmen und innere Klarheit zu gewinnen.

Atemräume kennen lernen

Bei der ersten Atemübung geht es darum, den Atem – oder besser gesagt die Räume, in die der Atem strömen kann – genau wahrzunehmen. Der Atem reagiert sehr lebendig auf den jeweiligen Gemütszustand sowie auf Veränderungen in der Außenwelt.

Diese Übung macht Sie mit mehreren Atemweisen vertraut: mit der unteren Atmung, der Bauchatmung, der mittleren Atmung, der Flankenatmung und der oberen Atmung, der Brust- oder Schlüsselbeinatmung.

In der Pranayama-Praxis ist es oft wichtig, den Atem zu lenken – doch der erste Schritt besteht darin, zu erfahren, welche Atemräume es überhaupt gibt. Die folgende Technik hilft Ihnen, Ihre Bauch-, Flanken- und Brust- oder Schlüsselbeinatmung kennen zu lernen. In der vollen Yoga-Atmung werden Sie diese drei Atemweisen miteinander kombinieren, um das Atemvolumen ganz und gar auszuschöpfen. Vorerst aber geht es darum, die untere, mittlere und obere Atmung isoliert zu beobachten und mehr Entfaltungsmöglichkeiten für Ihren Atem zu schaffen. Achten Sie darauf, dass Ihr Atem dabei so leise und sanft wie möglich ein- und ausströmen kann.

Bei dieser Übung geht es nicht darum, etwas zu machen. Lassen Sie Ihren Atem einfach entspannt kommen und gehen. Indem Sie einfach nur neutraler Beobachter bleiben, sammeln Sie am meisten Energie.

Energie sammeln

ÜBUNG

- Legen Sie sich entspannt auf den Rücken. Winkeln Sie Ihre Beine an, und stellen Sie die Füße auf. Die Arme liegen neben dem Körper, und die Augen sind geschlossen. Entspannen Sie sich, und richten Sie Ihre Konzentration ganz auf den jetzigen Augenblick.
- Legen Sie beide Handflächen sanft auf Ihren Bauch. Eine Hand sollte oberhalb, die andere unterhalb des Bauchnabels liegen. Spüren Sie einfach nur, wie Ihre Hände locker und schwer auf Ihrem Bauch liegen.
- Atmen Sie entspannt weiter. Beobachten Sie, was Ihr Atem macht. Können Sie spüren, wie er allmählich ganz von selbst in den Bauch wandert? Können Sie beobachten, wie Ihre Bauchdecke sich beim Einatmen sanft hebt – und wie sie beim Ausatmen wieder weich nach unten sinkt? Spüren Sie die Wellenbewegung im Bauch, und nehmen Sie sich ein paar Atemzüge Zeit, um sich ihrer bewusst zu werden. Stellen Sie sich vor, wie Sie mit jedem Atemzug Energie im Bauchraum sammeln.

• Lösen Sie nun die Hände vom Bauch, und legen Sie sie auf die Flanken. Die rechte Handfläche legen Sie auf den rechten, die linke auf den linken unteren Rippenbogen. Spüren Sie mit den Händen den Rippenbereich. Und dann verlagern Sie die Wahrnehmung, indem Sie mit den Flanken Ihre Hände spüren.

• Lassen Sie die Hände entspannt auf den Flanken liegen. Beobachten Sie, was mit Ihrem Atem geschieht. Vermutlich wird er allmählich immer deutlicher in die Seiten strömen. Beim Einatmen dehnen sich die Rippen leicht auseinander – beim Ausatmen sinken sie wieder sanft nach innen. Nehmen Sie mit jedem Atemzug mehr und mehr Energie in sich auf.

Indem Sie lernen, Ihren Atemstrom allmählich zu verlangsamen, werden Ihre Gedanken zur Ruhe kommen. Belastende Gefühle lösen sich ganz von selbst, und es wird Ihnen leichter fallen, sich mit den lichten Kräften Ihrer Seele zu verbinden.

• Legen Sie nun Ihre Hände flach auf den oberen Bereich Ihrer Brust. Dabei zeigen die Finger nach oben, und sie berühren sanft die Schlüsselbeine. Lassen Sie die Hände einfach locker auf Ihrem Brustkorb aufliegen. Spüren Sie die Brust mit den Händen. Spüren Sie dann auch mit der Brust, wie warm oder schwer Ihre Hände sind.

• Lassen Sie den Atem entspannt strömen – ohne etwas zu wollen oder zu machen. Mit der Zeit werden Sie wahrnehmen, wie er von selbst nach oben fließt. Beim Einatmen dehnt sich Ihr Brustkorb sanft – beim Ausatmen sinkt er wieder weich ein. Spüren Sie die Wellenbewegung im Brustbereich – das Kommen und Gehen. Stellen Sie sich vor, wie Sie mit jedem Atemzug frische Energie in Ihrem Brustraum sammeln.

• Legen Sie die Hände wieder entspannt auf den Boden. Lassen Sie Ihren Atem jetzt ganz frei fließen. Entspannen Sie Ihren Körper, und genießen Sie das Gefühl, wach und doch entspannt zu sein.

• Um die Übung zu beenden, atmen Sie einige Male tief durch, strecken den ganzen Körper und öffnen die Augen.

Die langsame Atmung wiederentdecken

Angst, Nervosität, Sorgen oder Zorn wirken sich negativ auf den Atem aus – er wird unruhig, oberflächlich und schnell. Positive Gefühlszustände hingegen führen dazu, dass der Atem tief und ruhig wird.

Yoga-Meister haben schon vor Jahrhunderten entdeckt, dass es umgekehrt genauso möglich ist, seine Gefühle über den Atem zu beruhigen. In der Hatha Yoga Pradipika, einer wichtigen Yoga-Schrift des indischen

Yogi Svami Svamarama aus dem 15. Jahrhundert, heißt es zu diesem Thema: »Den Atem zur Ruhe bringen heißt, den Geist zur Ruhe bringen.« Eine langsame, vollständige Atmung ist nicht nur im Alltag, sondern insbesondere bei der Ausübung von Yoga-Stellungen und Visualisierungen wichtig. Dennoch sollten Sie sich keinesfalls zu einer langsameren Atmung zwingen. Eine tiefe Atmung – die im entspannten Zustand vor allem eine Bauchatmung sein wird – ist für den Menschen eigentlich ganz natürlich. Kleine Kinder atmen noch ganz von selbst auf diese Weise. Sie müssen sich also nicht zu etwas Künstlichem erziehen, sondern lediglich Ihre ursprüngliche, langsam strömende Atmung wiederentdecken.

Durch positive Gefühle wird der Atem ruhig und tief. Umgekehrt können Gefühle durch gleichmäßigen, tiefen Atem beruhigt werden.

Die folgende Übung hilft dabei. Statt mit Willenskraft arbeiten Sie dabei mit Achtsamkeit. Sie beobachten den Weg Ihres Atems ganz genau. Die Folge ist, dass Ihr Atem automatisch ruhiger werden wird. Falls Ihnen dies nicht gleich gelingt, haben Sie ein wenig Geduld: Wiederholen Sie die Übung, die kaum länger als fünf Minuten dauert, an mindestens sieben aufeinander folgenden Tagen.

Den Atem zur Ruhe bringen

ÜBUNG

- Setzen Sie sich aufrecht auf einen Stuhl oder in eine Meditationshaltung. Schließen Sie die Augen, und legen Sie die Hände entspannt auf Ihre Oberschenkel. Lassen Sie alle Anspannungen in Gesicht und Schultern los, und lassen Sie auch Ihre Gedanken langsam zur Ruhe kommen.
- Richten Sie Ihre Achtsamkeit jetzt auf Ihren Atem: Spüren Sie, wie er immer wieder sanft durch die Nase ein- und ausströmt. Vielleicht können Sie beobachten, dass sich die Luft in der Nase beim Einatmen etwas kühler anfühlt als beim Ausatmen. Nehmen Sie den Luftstrom möglichst genau wahr – wach und entspannt.
- Konzentrieren Sie sich nun darauf, dem Atemstrom zu folgen: Spüren Sie, wie die Luft an den Nasenflügeln entlang tief in die Nasenhöhle, am Rachen vorbei bis in die feinen Verästelungen der Bronchien strömt. Falls Sie das nicht gleich wahrnehmen können, dann visualisieren Sie, wie die Luft sanft von der Nase in die Luftröhre und schließlich in die Lungen fließt.
- Folgen Sie auch dem Ausatemstrom ganz bewusst – von der Lunge in die Luftröhre und wieder durch die Nase nach außen.

- Bleiben Sie einige Minuten bei dieser Übung: Folgen Sie immer wieder dem Luftstrom. Sie müssen nichts machen – nur zuschauen. Falls störende Gedanken Sie ablenken, kehren Sie einfach wieder zum Atemstrom zurück. Können Sie spüren, dass Ihr Atem mit der Zeit immer sanfter und ruhiger wird? Je entspannter Ihr Geist ist, desto ruhiger wird auch der Atemstrom werden.
- Um die Übung zu beenden, lenken Sie Ihr Bewusstsein auf Ihren Körper – auf das Gesicht, die Schultern, den Rücken, Arme und Beine. Strecken Sie sich dann durch und öffnen Sie gleichzeitig die Augen.

Die Ausatmung verlängern

Während es bei den letzten beiden Übungen darum ging, dem natürlichen Atemrhythmus zu folgen, wird das Ausatmen in der folgenden Übung bewusst verlängert. Dadurch wird die verbrauchte Luft besser ausgeschieden, was die Voraussetzung dafür ist, dass Sie mit dem Einatmen genügend Prana aufnehmen können. Die Technik ist sehr einfach.

ÜBUNG

Belastungen ausatmen

- Atmen Sie doppelt so lange aus, wie Sie einatmen. Beginnen Sie damit, vier Sekunden lang ein – und acht Sekunden lang auszuatmen. Statt der Sekunde können Sie auch Ihren Pulsschlag als Zähleinheit einsetzen.
- Atmen Sie einige Minuten lang stets doppelt so lange aus wie ein. Atmen Sie dabei ausschließlich durch die Nase. Versuchen Sie so leise und sanft wie möglich zu atmen.
- Falls die Übung zu anstrengend ist, dann atmen Sie nur drei Sekunden ein und sechs Sekunden aus; falls sie Ihnen hingegen sehr leicht fällt, dann steigern Sie, und atmen Sie fünf Sekunden ein und zehn Sekunden aus.
- Versuchen Sie, sich allmählich vom Zählen der Atemzüge zu lösen. Es genügt, wenn das Ausatmen gefühlsmäßig etwa doppelt so lange dauert wie das Einatmen. Konzentrieren Sie sich darauf, mit jedem Ausatmen loszulassen, was Ihren Geist verdunkelt und Ihre Seele belastet.
- Um die Übung zu beenden, spüren Sie in Ihren Körper hinein. Nehmen Sie die Schwere der Beine, der Arme, des Rückens und des Kopfes wahr. Strecken Sie sich dann kurz durch, und öffnen Sie wieder die Augen.

Sie können jede Ausatmung nutzen, um negative Gedanken oder belastende Gefühle loszulassen.

Das Geheimnis der Meditation

Geistesruhe ist letzten Endes lediglich eine Frage der Übung. Auch Gelassenheit, Klarheit oder innerer Frieden stellen sich nicht rein zufällig ein. Vielmehr sind sie Geistes- und Gemütszustände, die Sie ganz gezielt kultivieren können.

Gehirnforscher können bestätigen, dass jeder Gedanke, den Sie hegen, Spuren in Ihrem Gehirn hinterlässt. Je öfter Sie beispielsweise wuterfüllte Gedanken zulassen, desto größer ist die Wahrscheinlichkeit, dass Ihr Denken und Fühlen – und schließlich auch Ihr Alltag – von Wut bestimmt werden.

Meditation ist die Essenz des Yoga, des Buddhismus und vieler anderer spiritueller Kulturen, die Freiheit und Glückseligkeit zum Ziel haben.

Um persönlich zu reifen und spirituell zu wachsen, um an Ihre göttliche Quelle zurückzukehren, müssen Sie dem, was ist, nicht das Geringste hinzufügen. Im Gegenteil. Je weniger Sie sich ablenken und zerstreuen lassen, je weniger Sie grübeln oder sich verkrampfen, desto leichter werden Sie – ganz von selbst – wieder in Ihre Mitte finden.

Die Methode, die Sie direkt in Ihr Zentrum führt, ist die Meditation. Dabei sind die Wirkungen der Meditation nicht nur spiritueller, sondern zum Großteil auch ganz weltlicher Natur: Wenn Sie regelmäßig meditieren,

Regelmäßige Meditation löst negative Gefühle auf, führt zu mehr Energie, Kreativität, Konzentration und Gesundheit.

werden sich Ängste, Anspannungen und Gereiztheit auflösen. Sie werden mehr Energie haben und sich besser konzentrieren können. Obendrein werden Sie kreativer und – wie aus aktuellen Studien hervorgeht – gesünder sein.

Gleich zu Beginn der Yoga-Sutras lüftet Patanjali das Geheimnis der yogischen Meditationsformen: »Yoga ist das Zur-Ruhe-Bringen der Bewegungen des Geistes«. Dies ist eine sehr einfache und klare Definition von Meditation.

Konzentration ist eine wichtige Vorstufe der Meditation, denn Sie müssen zunächst lernen, Ihren Geist zu fokussieren, bevor Sie in die Tiefe blicken können. Konzentration hilft obendrein dabei, das Denken zu beruhigen und den Geist zu stabilisieren.

Wenn Sie in die Meditation eintreten, müssen Sie nichts mehr tun. Sie brauchen nur noch zuzusehen. Es ist genauso, als ob Sie einen Stein ins Wasser werfen: Die Wellen werden sich ganz von alleine beruhigen, und die Wasseroberfläche wird von selbst wieder glatt.

»Yoga ist das Zur-Ruhe-Bringen der Bewegungen des Geistes«.
Yoga-Sutras des Patanjali

Das gleiche gilt auch für die Gedankenwellen. Sehen Sie einfach nur zu, wie Sie allmählich ruhiger werden, und vermeiden Sie es, neue Steine ins Wasser zu werfen und sich von Ihren Gedanken oder Gefühlen forttragen zu lassen.

Sie finden in diesem Buch viele unterschiedliche Meditationsmethoden. Dazu gehören Visualisierungen, Chakra-Meditationen und die folgende, grundlegende Meditationstechnik.

Am besten wäre es, Sie fassten jede Übung auf dem Weg nach innen als Meditation auf: Selbst einfache Atemübungen oder unkomplizierte Körperstellungen können zu einer Meditation werden, wenn Sie die Übung konzentriert ausführen, sich ganz auf die jeweilige Technik einlassen und zentriert bleiben. Auf diese Weise werden Sie am schnellsten Fortschritte machen.

ÜBUNG

Den Geist beobachten

- Setzen Sie sich aufrecht in Ihre bevorzugte Sitzstellung. Legen Sie die Handflächen entspannt auf die Oberschenkel, und schließen Sie dann die Augen.

In dieser Übung geht es darum, die Bewegungen des Geistes besser kennen zu lernen und sie allmählich zur Ruhe zu bringen.

- Kommen Sie mit Ihrer Aufmerksamkeit ganz in den gegenwärtigen Augenblick. Spüren Sie dabei, wie Ihre Beine oder Ihre Füße den Boden berühren.
- Entspannen Sie Ihre Hände, Ihre Arme, die Schultern und Ihr Gesicht. Lassen Sie den Atem kommen und gehen, ohne ihn zu beeinflussen.
- Beobachten Sie Ihre Gedanken. Leuchten Sie mit Ihrem Bewusstsein in Ihren Geist hinein. Was denken Sie? Ihre Gedanken können sehr unterschiedliche Formen annehmen. Möglichweise ...

... führen Sie innerlich Gespräche mit sich selbst oder einem Partner,
... sehen Sie Bilder,
... verfolgen Sie Pläne,
... hegen Sie Wünsche,
... denken Sie an Zukünftiges,
... denken Sie über Vergangenes nach,
...stellen Sie sich Angenehmes vor,
...stellen Sie sich Unangenehmes vor,
... hören Sie Melodien.

- Indem Sie Ihre Gedanken in bestimmte Kategorien einordnen, lernen Sie, sie klarer voneinander zu unterscheiden.
- Wann immer ein Gedanke Ihren inneren Wächter passiert – schauen Sie diesen Gedanken nur an. Lassen Sie sich nicht von ihm forttragen, und atmen Sie den Gedanken einfach wieder aus. Blicken Sie dann erneut in Ihren Geist.
- Bleiben Sie mindestens zehn Minuten lang bei dieser Meditation, bevor Sie die Augen wieder öffnen.

Manchmal scheint es, als würden Ihre Gedanken herumspringen wie wilde Affen. Tatsächlich geschieht dies auch dann, wenn Sie es nicht bemerken – was meistens der Fall ist.

Indem Sie jedoch hinschauen, werden Sie die Erfahrung machen, dass Ihr Denken ruhiger wird. Wahrscheinlich geschieht das noch nicht beim ersten oder zweiten Meditationsversuch – doch mit der Zeit werden Stille und Frieden in Ihren Geist einkehren.

Diese Übung ist eine grundlegende Meditationstechnik. Mit ihr können Sie Ihr Denken beruhigen. Als Folge werden Stille und Frieden in Ihren Geist einkehren.

Grundstufe 2 – die Anatomie der geistigen Welt

Im Folgenden lernen Sie, Ihre Chakras wahrzunehmen und zu harmonisieren. Chakras sind Energie- und Bewusstseinszentren im menschlichen Körper, die die vom Menschen aufgenommene Lebensenergie speichern und weiter in den ganzen Organismus verteilen. Durch traumatische Ereignisse, negative Erlebnisse, Krankheiten und vieles mehr können Chakras blockiert und geschwächt werden. Körperliche und seelisch-psychische Probleme können die Folgen sein. Doch genauso wie geschwächte oder blockierte Chakras können unverhältnismäßig dominante Chakras zu einem Ungleichgewicht in Seele und Körper führen.

Indem Sie ein Chakra nach dem anderen Schritt für Schritt entfalten und stärken, harmonisieren Sie Ihre persönliche und spirituelle Entwicklung. Körperliche Gesundheit und seelische Harmonie werden die Folgen sein.

Mit dem nachstehenden Test finden Sie heraus, welche Chakras bei Ihnen derzeit dominant sind und wo es möglicherweise Blockaden in Ihrem Energiehaushalt gibt. Als Vorbereitung für die Chakra-Arbeit lernen Sie, Ihren Blick für feinstoffliche Phänomene zu schärfen. Sie werden dabei Möglichkeiten kennen lernen, unter die Oberfläche zu blicken und einen Zugang in jene Wirklichkeit zu finden, die den Sinnen im Allgemeinen verschlossen bleibt.

Auch werden Sie Ihr Bewusstsein für spirituelle Erfahrungen erweitern. Dabei spielt nicht nur die feinstoffliche Wahrnehmung Ihrer Umwelt, sondern insbesondere auch das Erspüren des eigenen Körpers als Energiefeld eine große Rolle.

Im Mittelpunkt dieses Abschnitts steht jedoch die spirituelle Chakra-Arbeit. Sie werden die Bedeutung der sieben Hauptchakras in Theorie und Praxis genau kennen lernen und dazu zunächst einen Blick auf die Hintergründe jedes Chakras werfen. Im Anschluss daran folgen auf die einzelnen Chakras abgestimmte Chakra-Yoga-Programme – bestehend aus Yoga-Stellungen, einer Atemübung und einer Chakra-Meditation. Durch die regelmäßige Anwendung dieser Programme wird es Ihnen gelingen, den Energiefluss in Ihren Chakras gezielt zu aktivieren und Disharmonien auszugleichen, wodurch oft nicht nur gesundheitliche, sondern auch emotionale Schwierigkeiten gelöst werden können.

Die sieben Hauptchakras

Von den 88 000 Chakras, die in traditionellen Schriften überliefert sind, sind vor allem sieben von besonderer Bedeutung. Diese sieben werden auch als die sieben Hauptchakras bezeichnet. Diese energetischen Kraftzentren sind im menschlichen Körper entlang der Wirbelsäule angeordnet und durchstrahlen den ganzen Körper – vom Beckenboden bis zur Schädeldecke: Das erste Chakra – Wurzelchakra – liegt im Bereich des Steißbeins, das siebte – Kronenchakra – auf Höhe der Schädeldecke.
Es sind diese sieben Haupt-Energiezentren, die einen besonders großen Einfluss auf das Zusammenspiel von Körper, Seele und Geist haben. Traditionell werden ihnen bestimmte Symbole und Farben, Götter und Mantras – heilige Klänge – zugeordnet.

Jedes Chakra wirkt auf bestimmte innere Organe, seelische Kräfte und Zustände.

Chakrabezeichnung	Lage	Spirituelles Thema
7. Chakra – Kronenchakra (Sahasrara-Chakra)	Scheitel	Spiritualität, Selbstverwirklichung
6. Chakra – Stirnchakra (Ajna-Chakra)	Stirnmitte	Intuition, Selbsterkenntnis
5. Chakra – Halschakra (Vishuddha-Chakra)	Kehlkopf	Kommunikation, Kreativität
4. Chakra – Herzchakra (Anahata-Chakra)	Brustmitte	Liebe, Güte, Mitgefühl
3. Chakra – Nabelchakra (Manipura-Chakra)	drei Fingerbreit über dem Nabel	Willenskraft, Persönlichkeit
2. Chakra – Sakralchakra (Svadhisthana-Chakra)	drei Fingerbreit unter dem Nabel	Sinnlichkeit, schöpferische Energie
1. Chakra – Wurzelchakra (Muladhara-Chakra)	Steißbein	Überleben, Urvertrauen

TEST: Testen Sie Ihre Chakra-Energie

Der folgende Test gibt Ihnen einen ersten Überblick über die Aktivität Ihrer Chakras. Diese feinstofflichen Energiezentren beeinflussen nicht nur Ihren Körper, Ihre Gefühle und Gedanken, sondern auch Ihre spirituelle Entwicklung. Bevor Sie erfahren, wie Sie Ihre Chakras durch Übungen harmonisieren können, testen Sie zunächst einmal, ob bei Ihnen Chakras dominant oder blockiert sind oder ob Sie Ihr Potenzial bereits voll ausgeschöpft haben. Letzteres ist zwar wünschenswert, aber eher unwahrscheinlich.

Der Test wird Ihnen Anhaltspunkte dafür liefern, wie es derzeit um Ihre Chakras bestellt ist und welche Chakra-Yoga-Programme zurzeit besonders wichtig für Sie sein können. Beantworten Sie dazu die folgenden Fragen möglichst spontan und intuitiv mit »Ja« oder »Nein«:

1. Meistens habe ich das Gefühl, dass ich im Einklang mit dem Universum bin.
2. Auf meine Intuition kann ich mich im Allgemeinen gut verlassen.
3. Es fällt mir leicht, mich auszudrücken und anderen klarzumachen, was ich will und meine.
4. Ich habe viel Verständnis für die Probleme meiner Mitmenschen.
5. Im Zweifelsfall treffe ich Entscheidungen immer aus dem Bauch.
6. Ich bin lebenslustig und habe meistens genügend Energie, um meine Pläne zu verwirklichen.
7. Ich habe einen guten Kontakt zu meinem Körper und bewege mich gern und/oder treibe Sport.
8. Ich kann gut abschalten, und es fällt mir leicht, meditative Zustände zu erleben.
9. Meine Konzentrationsfähigkeit würde ich als überdurchschnittlich bezeichnen.
10. Im Kreise von anderen Menschen fühle ich mich meistens wohl und selbstsicher.
11. Der Gedanke, eines Tages allein und einsam sein zu müssen, beunruhigt mich sehr.

12. Essen bedeutet für mich einen großen Lustgewinn.
13. Ich finde in meinem Leben immer wieder Augenblicke, die ich voll und ganz genießen kann.
14. Ich mache mir nur selten Sorgen und neige auch nicht zum Grübeln.
15. Mir fällt es manchmal schwer, die Dinge, die in der äußeren Welt geschehen, wirklich ernst zu nehmen.
16. Ich mache mir viele Gedanken über Gott und die Welt.
17. Ich habe Freude an Diskussionen und an der Argumentation, und ich kann meine Gedanken gut in Worte kleiden.
18. Die wichtigste Kraft im Leben ist die Liebe.
19. Im Alltag ruhe ich meist gut in meiner Mitte, und es gibt nicht vieles, was mich aus der Bahn werfen kann.
20. Ich würde mich als sehr leidenschaftlich bezeichnen.
21. Ich liebe die Natur und fühle mich besonders wohl, wenn ich Zeit im Grünen verbringen kann.
22. Ich weiß, dass meine seelische Heimat jenseits der Welt der Dinge liegt.
23. Ich träume detailliert und intensiv, und ich kann mich oft gut an meine Träume erinnern.
24. Ich habe viele unterschiedliche Interessen.
25. Sowohl Kunst als auch Kreativität sind für mich sehr wichtig.
26. Ich spüre meine Gefühle meist sehr körperlich.
27. Ein Leben ohne Sexualität kann ich mir kaum vorstellen.
28. Ich vertraue dem Leben und fürchte mich nicht vor der Zukunft.

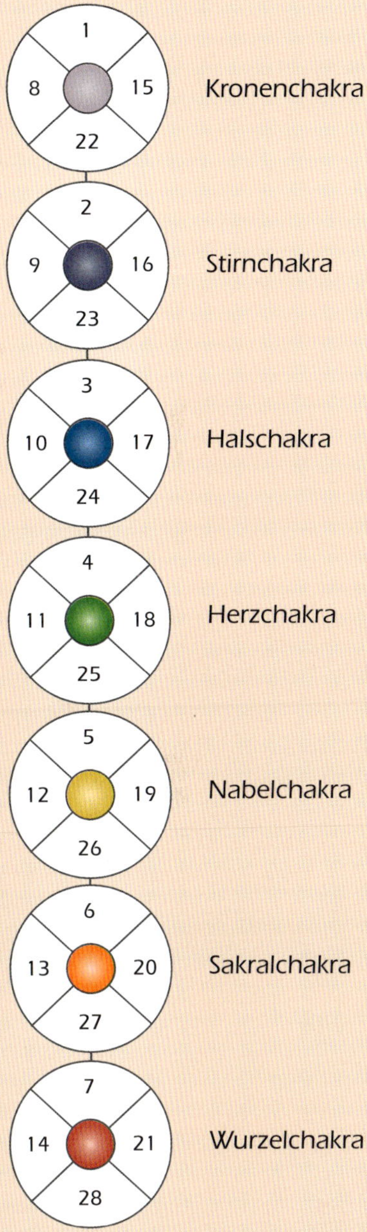

Auswertung

Auf der Grafik von Seite 57 sind die sieben Hauptchakras abgebildet. Jedes Chakra enthält vier Felder, jedes ist mit einer Zahl versehen. Die Zahlen entsprechen jeweils einer Frage. Malen Sie für jede Frage, die Sie mit »Ja« – oder »Das stimmt« – beantwortet haben, das entsprechende Feld – am besten farbig – aus.

Am offensichtlichsten wird das Ergebnis, wenn Sie dazu Buntstifte verwenden, die den Farben der jeweiligen Chakras entsprechen – also beispielsweise Rot für das Wurzelchakra und Grün für das Herzchakra. Dann können Sie bereits auf den ersten Blick erkennen, in welchen Ihrer Chakras die Energie besonders stark fließt oder welche Chakras blockiert sind. Orientieren Sie sich bei der Farbwahl einfach an den Farben im Zentrum der Chakra-Abbildungen von Seite 57.

Nachdem Sie die verschiedenen Segmente farbig ausgemalt haben, können Sie das Bild noch aussagekräftiger machen. Gehen Sie dazu noch einmal die 28 Fragen durch, und markieren Sie in Ihrem Bild all jene, auf die Sie – ohne zu zweifeln – mit »Nein« oder »Das stimmt nicht« geantwortet haben, mit einem schwarzen Kreis.

Die Fragen, die Sie ganz entschlossen mit »Nein« beantworten – und nur diese – weisen auf ernst zu nehmende Blockaden hin.

Beispiel 1

- Halschakra und Herzchakra sind hier dominant.
- Das Stirnchakra ist schwach ausgebildet.
- Das Nabelchakra hat eine sehr deutliche Blockade.

Beispiel 2

- Das Herzchakra ist hier zwar dominant, trotzdem ist es blockiert.
- Das Wurzelchakra ist ebenfalls blockiert.

Beispiel 3

- Alle Chakras sind hier sehr gleichmäßig entwickelt, und es sind keine Blockaden zu erkennen.

Unter die Oberfläche blicken

Auf Ihrem spirituellen Weg, der Sie zur Quelle Ihres inneren Lichts führen wird, ist die Fähigkeit, weit in die Tiefe schauen zu können, sehr wichtig. Zwar ist Hellsichtigkeit nicht das Ziel – dennoch ist es sehr wahrscheinlich, dass Ihre Sinne im Laufe der Zeit immer subtilere Erscheinungen wahrnehmen werden. Sämtliche in diesem Buch vorgestellten Visualisierungen, Entspannungsübungen, Atemtechniken und Yoga-Stellungen tragen dazu bei, dass Ihre Wahrnehmung für übersinnliche Phänomene geschärft wird. In den Yoga-Sutras des Patanjali heißt es dazu: »Konzentration auf das im Yoga-Sitz empfundene Licht führt zur Kenntnis feiner, verborgener und entfernter Dinge.« Mit Yoga-Sitz ist in diesem Zusammenhang nichts anderes als die Meditation gemeint, von der Sie verschiedene Varianten kennen lernen werden.

Eine Verfeinerung der Sinneswahrnehmungen lässt sich nur herbeiführen, wenn es gelingt, außergewöhnliche Bewusstseinszustände im eigenen Geist hervorzurufen. Konzentrations- und Atemtechniken können dabei helfen, Trance- oder Meditationszustände zu erfahren, die mitunter auch mit Visionen oder farbenfrohen Tagträumen einhergehen können. Oft werden solche Bewusstseinszustände als »entrückt« bezeichnet – und tatsächlich bieten sie auch die Chance, vom alltäglichen Bewusstsein abzurücken und dieses zu transzendieren.

Die durch spirituelle Praxis hervorgerufenen, feinstofflichen Erfahrungen sind nicht unbedingt Anzeichen für geistigen Fortschritt. Sie müssen nicht auftreten. Doch berichten Menschen, die einen geistigen Weg gehen, häufig von Hellsichtigkeit, Lichterfahrungen, Gedankenübertragungen und ähnlichen Phänomenen.

Die magische Dimension im Alltag entdecken

Seine Wahrnehmung für Übersinnliches zu schärfen und tiefes Schauen zu erlernen, ist nicht schwer. Es ist vor allem eine Frage der Geduld und hängt in erster Linie davon ab, wie sehr Sie sich darum bemühen. Sie werden im Weiteren eine Vielzahl von Möglichkeiten kennen lernen, mit Ihren Chakras und Ihrer Aura zu arbeiten.

Dabei ist es nicht unbedingt nötig, diese Energiezentren und -felder bildhaft vor sich zu sehen, denn die Übungen wirken auch über das Unterbewusstsein. Dennoch ist es hilfreich und motivierend, wenn Sie Ihren inneren Sinn für diese Phänomene entwickeln. Denn das, was der Mensch mit seinen Sinnen wahrnehmen kann, ist lediglich ein sehr kleiner Teil der Wirklichkeit. Bereits beim Blick durch eine Lupe, durch ein Fernglas, auf ein Röntgenbild oder auf den Monitor des Computertomographen zeigen sich ganz andere Bilder als die, die die Augen üblicherweise wahrnehmen.

Die folgende Übung wird Ihnen dabei helfen, Ihre Außenwelt auf eine neue Art zu betrachten.

ÜBUNG

Mit den Augen des Herzens sehen

In ruhigen Augenblicken Ihres Lebens – wenn Sie nicht von der Hektik des Alltags getrieben sind oder dies nicht zulassen – haben Sie die Möglichkeit, die Welt anzuhalten und das Wesentliche zu erkennen. Diese Übung hilft Ihnen dabei, in die Tiefe zu sehen.

Als Meditationsobjekt sollten Sie dafür ein Lebewesen, eine Naturerscheinung oder eine Landschaft – jedoch keinen Gegenstand – auswählen. Alles, was Sie brauchen, ist etwas Zeit, Abgeschiedenheit und ein Objekt, auf das Sie Ihre Wahrnehmung richten können.

Erfahrungsgemäß eignen sich Bäume, Blumen, Wiesen, Wolken oder Wasser dafür besonders gut. Doch auch der Sternenhimmel, ein schlafendes Kind, eine spielende Katze oder – falls er mitmacht – Ihr Partner kommen für diese Übung infrage.

> Wenn Sie lernen wollen, dem Wesen der Dinge auf den Grund zu gehen, sollten Sie sich eine entscheidende Frage stellen: »Ist das, was ich sehe, höre oder fühle, wirklich die ganze Wahrheit? Oder ist es nur der grobstoffliche, offensichtliche Teil der Realität? Was scheint durch das hindurch, was erscheint?«

- Nehmen Sie an, Sie haben eine Birke für Ihre Betrachtung ausgewählt. Setzen Sie sich aufrecht und entspannt in die Nähe des Baumes – wenn es nicht anders geht, können Sie die Übung auch im Stehen durchführen. Blicken Sie die Birke entspannt an – fixieren Sie Ihren Blick jedoch nicht auf einzelne Teile wie den Stamm oder einen bestimmten Zweig, sondern lassen Sie Ihren Blick ruhig auf dem Baum ruhen.
- Nehmen Sie sich vor allem viel Zeit – beinahe so, als würden Sie das Gemälde eines großen Malers betrachten, das umso mehr Geheimnisse preisgibt, je länger Sie es auf sich wirken lassen. Lassen Sie dabei Ihren Atem frei strömen.
- Versuchen Sie, mit dem Herzen zu schauen. Machen Sie sich bewusst, dass alle Lebewesen seelisch miteinander verbunden sind. Um in die magische Dimension eintreten zu können, sollten Sie die Dinge nicht intellektuell oder analytisch betrachten, sondern positive, warme Gefüh-

le entwickeln. Lassen Sie einen Energiestrom von Ihrem Herzen zu Ihrer Birke – Ihrer Blume, Ihrem Kind, Ihrer Katze, Ihrem Sternenhimmel, Ihrem Bach etc. – strömen.

- Beobachten Sie, ob Sie bestimmte Lichtphänomene wahrnehmen können. Energiefelder können ganz klar, oft aber auch sehr diffus erscheinen. Möglicherweise nehmen Sie weniger ein Licht wahr als vielmehr eine bestimmte Farbe. Es kann auch ein Klang oder eine bestimmte Schwingung in Form eines starken Gefühls in Ihnen auftauchen.
- Lassen Sie zu, was auch immer Sie wahrnehmen. Erzwingen Sie nichts, und lassen Sie sich überraschen. Erwarten Sie jedoch anfangs nicht zu viel, haben Sie Geduld. Wiederholen Sie die Übung möglichst häufig, wenn Sie sich in der Natur aufhalten, und wechseln Sie immer wieder Ihr Meditationsobjekt.

Der Astralkörper

Sie können Ihre Wahrnehmung nicht nur im Hinblick auf Ihre Außenwelt, sondern auch in Bezug auf Ihren eigenen Körper pflegen. Bedauerlicherweise wird der Körper von den meisten Menschen nur noch als äußere Hülle wahrgenommen. Sie interessieren sich für ihre Körperformen oder für das Aussehen ihrer Haut und nehmen ihn kaum noch wahr oder haben ein sehr schlecht entwickeltes Körpergefühl.

Doch Ihr Körper ist alles andere als ein nur mit Organen und Knochen gefüllter Fleischsack, sondern – genauso wie die Erde – ein lebendiger Organismus, der aus Energiefeldern besteht. Hinter der physischen Struktur von Molekülen schwingen energetische Phänomene. Eine Art Grundbaustein der Materie gibt es nicht, denn das Universum ist ein unteilbares Ganzes. Und da wir ein Teil davon sind, können wir mit der Energie des Universums verschmelzen.

Dies wurde von Yogis und Sehern bereits vor Jahrtausenden erkannt. Die Glückseligkeit oder die Lichterfahrung, die die spirituelle Vereinigung des Individuums mit dem Universum begleitet, ist Yogis als höchste Bewusstseinsebene und als letztes Ziel des Yoga-Weges – *samadhi* – schon lange bekannt.

Samadhi, die höchste Bewusstseinsebene, ist das Ziel des Yoga-Weges. In ihr gelingt die spirituelle Vereinigung des Individuums mit dem Universum.

Durch Chakra-Yoga und durch Meditationstechniken können Sie die Erfahrung machen, dass Ihr Körper letztlich reines Licht ist. Und da sich Lichtwellen – im Gegensatz zu Schallwellen – ungehindert durch den leeren Raum bewegen und im Universum ausbreiten, strahlt auch Ihr Körper ins Unendliche.

»Ich kenne diesen großen Purusha, der hell wie die Sonne leuchtet und jenseits der Dunkelheit ist. Wer ihn erkannt hat, entgeht dem Tode. Einen anderen Weg kann man nicht beschreiten.« Shvetashvatara-Upanishad

In einer der philosophischen Schriften des Hinduismus, der Shvetashvatara-Upanishad, wird das innere Licht auch mit der Seele – genauer mit *purusha*, der Urseele oder Weltseele – in Verbindung gebracht.

Die Anatomie des feinstofflichen Körpers

Wenn Sie mit feinstofflichen Energien arbeiten wollen, werden Sie Ihre Erfahrungen besser einordnen können, wenn Sie sich auch geistig mit Phänomenen wie Chakras, Aura und Astralkörper beschäftigen.

Den Astralkörper kennt man auch unter anderen Bezeichnungen: Feinstoffleib, Lichtkörper, ätherischer Körper sind geläufige Namen, mitunter auch Emotional- oder Mentalkörper. Im Folgenden wird die Bezeichnung »Astralkörper« als Oberbegriff für alle feinstofflichen Phänomene verwendet, die unmittelbar mit dem Körper zusammenhängen.

Menschen, die einen geistigen Weg gehen, wissen, dass der physische Leib nur einen kleinen Teil der Existenz ausmacht. Die Vorstellung, dass der Mensch über den grobstofflichen Körper hinaus auch über einen Licht- oder Astralkörper verfügt, ist für sie ganz naheliegend.

Nicht nur in der Welt der Träume, sondern auch in Meditations- oder Trancezuständen lockert sich die Verbindung zwischen dem grobstofflichen und dem astralen Körper. Beim Sterbeprozess kommt es schließlich zu einer Lösung zwischen dem Astralkörper und dem irdischen Körper. Dies belegen unter anderem Nahtoderfahrungen, die fast immer von astralen Lichterlebnissen begleitet sind. Letztlich bietet der Astralkörper sogar den Schlüssel für das Verständnis sonst unerklärlicher Phänomene und paranormaler Fähigkeiten, wie etwa Gedankenübertragung, Telekinese oder außersinnliche Wahrnehmungen.

In der folgenden Übung können Sie konkrete Erfahrungen mit Ihrem Astralkörper sammeln. Machen Sie sich jedoch vorher einige wichtige Eigenschaften dieses Lichtkörpers bewusst: Im Gegensatz zum physischen Körper besteht der Astralkörper nicht aus den vier Elementen. Vielmehr handelt es sich um einen reinen Lichtkörper, der die sieben Chakras in sich vereinigt und über eine mehrschichtige Aura sichtbar werden kann.

Während der irdische Körper die Organe, das Blut, die Gewebe und Zellen enthält, ist der Astralkörper Träger von Gefühlen und Gedanken, von Vorstellungen und Eingebungen. Im Gegensatz zum äußeren Körper ist der innere Körper zudem unvergänglich – er ist die Heimat des spirituellen Selbst.

Sich selbst als Lichtkörper erfahren

ÜBUNG

Ebenso wie Sie einen Baum, den Himmel oder eine Blumenwiese mit den Augen des Herzens erfassen können, können Sie lernen, Ihren eigenen Körper als Energiefeld zu sehen. Die Faktoren, die dazu nötig sind, entsprechen den bereits genannten: Es sind Zeit, Geduld, Wiederholung und Konzentration.

Geben Sie nicht zu früh auf, und machen Sie sich bewusst, dass die innere Entwicklung oft in Schüben verläuft – gerade in den Phasen, die nach Stillstand aussehen, werden häufig die entscheidenden Erkenntnisse vorbereitet.

- Setzen Sie sich aufrecht hin, indem Sie Ihre bevorzugte Meditationshaltung einnehmen, und schließen Sie die Augen. Atmen Sie ganz entspannt, lassen Sie alle Gedanken an das los, was war, oder an das, was kommen wird oder kommen könnte. Tauchen Sie ganz in das Hier und Jetzt ein.
- Verbinden Sie sich nun mit der Kraft der Erde. Lenken Sie Ihre Aufmerksamkeit dazu auf die Berührungen Ihrer Beine und Ihres Gesäßes mit dem Boden beziehungsweise mit Ihrer Sitzunterlage.
- Nehmen Sie innerlich Kontakt zur Erde auf, indem Sie sich auf den Bereich unterhalb Ihres Bauchnabels konzentrieren. Spüren Sie, wie der Atem dort ein- und ausströmt und wie Ihr Körper von der Erde getragen wird. Verwurzeln Sie sich in der Erde. Stellen Sie sich die Erde als strahlendes Energiefeld vor, das Ihnen Stabilität, Halt und Geborgenheit schenkt.

Vielen Menschen fällt es leichter, sich selbst als Lichtkörper zu erleben, als beispielsweise das Lichtwesen einer Pflanze, eines Sees oder eines Mitmenschen zu erkennen. Bei anderen ist es umgekehrt. Experimentieren Sie mit beiden Möglichkeiten, um hinter die Oberfläche zu blicken.

• Verbinden Sie sich nun auch mit der Weite des Himmels. Wandern Sie innerlich Ihre Wirbelsäule entlang bis zum höchsten Punkt des Kopfes. Machen Sie sich die offene Weite des Himmels und die Unendlichkeit des Universums bewusst, das Sie umgibt. Versuchen Sie, sich innerlich für diese Dimension zu öffnen.

• Als Nächstes wenden Sie sich Ihrem Körper zu. Achten Sie nochmals auf Ihre Haltung. Richten Sie Ihre Aufmerksamkeit dann auf Ihren Atem. Nutzen Sie ihn, um Kontakt zu Ihrem Lichtkörper aufzunehmen. Stellen Sie sich vor, dass Sie mit Ihrem ganzen Körper atmen und Energie aufnehmen. Bei jedem Einatmen dehnt sich Ihr Lichtkörper ein klein wenig über die Körpergrenzen hinaus aus. Beim Ausatmen kommen Sie wieder in Ihre Mitte zurück.

• Nehmen Sie nun Kontakt zu jener Dimension Ihres Körpers auf, die jenseits der äußeren Form liegt. Sie können sich Ihren Körper beispielsweise als strahlende Sonne oder als leuchtenden Energiekegel vorstellen. Möglicherweise werden Sie auch eine vorherrschende Farbe ausmachen können, die die Energieschwingung Ihres Körpers zum Ausdruck bringt.

Stellen Sie sich vor, wie Sie mit Ihrem Astralkörper überall hinstrahlen können. Für Ihr inneres Licht gibt es keine Begrenzung.

• Um die Strahlkraft Ihres Lichtkörpers zu wecken, können Sie eine Visualisierung zu Hilfe nehmen. Denken Sie daran, dass es für Ihr inneres Licht keine Begrenzung gibt. Sie können mit Ihrem Astralleib tief in die Erde, bis hinauf zu den Sternen oder rund um die Erde strahlen. Bleiben Sie einige Minuten bei diesen Bildern.

• Um die Übung zu beenden, lösen Sie sich jetzt allmählich von Ihren inneren Bildern und Wahrnehmungen. Lenken Sie Ihre Achtsamkeit wieder auf Ihren leiblichen Körper – auf die Schwere und die aufrechte Haltung Ihrer Wirbelsäule – auf die Berührung mit dem Boden – auf Ihren Unterleib.

• Konzentrieren Sie sich dann darauf, wie Ihr Atem sanft durch die Nase strömt. Vertiefen Sie die Atmung schließlich ein wenig. Stellen Sie sich den Raum, in dem Sie gerade sitzen, zunächst innerlich vor – und öffnen Sie erst dann die Augen.

• Heben Sie die Arme über den Kopf, und strecken Sie sich gründlich durch, bevor Sie wieder zum Stehen kommen.

Die sieben Chakras

Zu den Energiephänomenen des Lichtkörpers, zu denen Sie besonders leicht Zugang finden können, gehören die sieben Chakras. Selbst Menschen, denen es im Allgemeinen eher schwer fällt, Kontakt zu ihrem Astralleib oder zu ihrer Aura aufzunehmen, haben meist kaum Probleme damit, mit ihren Chakras zu arbeiten.

Wörtlich übersetzt bedeutet das Wort »Chakra« so viel wie Wirbel oder – sich drehendes – Rad. Es stammt aus dem Sanskrit, der altindischen Gelehrtensprache. Die Chakras bilden gewissermaßen die Organe des Feinstoffleibs. Es handelt sich dabei nicht um materielle, sondern um energetische Kraftzentren im menschlichen Körper.

Die Energie der Chakras beeinflusst nicht nur den menschlichen Körper und sein Hormonsystem, sondern auch die Gedanken- und Gefühlswelt des Menschen. Über die Chakras wird besonders viel Prana – kosmische Lebensenergie – aufgenommen und weiterverteilt. In der Chakra-Arbeit können Sie diesen Vorgang bewusst aktivieren und dabei Störungen im Energiehaushalt ausgleichen.

Jedem Chakra sind bestimmte Symbole, Farben, Götter und Mantras zugeordnet. Sehen Sie diese Zuordnungen jedoch nicht als harte Fakten an, sondern betrachten Sie sie lediglich als Hilfe, um Ihre Erfahrungen leichter zu interpretieren.

Durch die Chakras nimmt der Körper besonders viel kosmische Lebensenergie auf. Diese wird im Körper weiterverteilt. Wenn Sie mit Ihren Chakras arbeiten, aktivieren Sie diesen Vorgang und können Störungen ausgleichen.

Hinweis

Grundsätzlich können – und sollten – Sie mehr Zeit und Energie in die Ausführung von Chakra-Programmen stecken, die sich auf Ihre Problem-Chakras beziehen. Wechseln Sie jedoch spätestens nach drei Wochen. Für eine gleichmäßige Entwicklung aller Chakras ist es unerlässlich, im Laufe der Zeit alle Übungsprogramme zu durchzuarbeiten.

Die beste Zeit für die Übungen ist früh am Morgen oder abends vor dem Abendessen – das Wichtigste ist jedoch, dass Sie ungestört sind. Die Durchführung eines Programms dauert in der Regel kaum länger als 20 Minuten.

Chakra-Yoga

Im Folgenden lernen Sie Chakra-Yoga kennen – sieben einfache Übungsprogramme, die aus Yoga-, Atem-, Entspannungs- und Meditationstechniken bestehen. Diese Programme helfen Ihnen dabei, flexibel und gesund zu bleiben. Sie regen den Energiefluss im Körper an und wirken sich positiv auf den Kreislauf, die inneren Organe und das Hormonsystem aus. Darüber hinaus wirken sie seelisch ausgleichend und fördern Gelassenheit und Lebensfreude. Vor allem aber dienen sie dazu, sämtliche Chakras zu harmonisieren und Blockaden im Astralkörper aufzulösen.

Beginnen Sie jedes Übungsprogramm mit der gleichen Entspannungsübung: Auf dem Rücken liegend mit geschlossenen Augen atmen Sie 7-mal ein und aus – das Ausatmen dauert doppelt so lange wie das Einatmen. Danach öffnen Sie die Augen wieder und strecken den Körper durch.

Mit den Techniken, die gezielt den Energiefluss im jeweiligen Chakra anregen, können Sie Tag für Tag Erfahrungen mit Ihren Energiezentren sammeln. Chakra-Yoga ist eine sehr intensive Möglichkeit, Ihre spirituelle Entwicklung zu beschleunigen. Reifeschritte, für die oft viele Jahre oder Jahrzehnte an Lebenserfahrung nötig sind, können durch konsequentes Üben oft in wenigen Monaten vollzogen werden.

Sie haben zwei Möglichkeiten für den Einstieg in die Chakra-Yoga-Programme:

1. Sie beginnen mit dem Programm für das erste Chakra – das Wurzelchakra – und üben sieben Tage. Dann gehen Sie zum Übungsprogramm für das zweite Chakra über und bleiben erneut sieben Tage dabei. Danach üben sie mit dem dritten Chakra und so fort. Um den Zyklus der sieben Programme für die sieben Chakras zu durchlaufen, benötigen Sie somit 49 Tage. Innerhalb eines Jahres können Sie den großen Zyklus gut 7-mal durchlaufen – dann können Sie zu den nächsten Stufen auf dem Weg zur Meisterschaft übergehen.
2. Sie ermitteln mit dem Test auf Seite 56 das Chakra, das bei Ihnen besonders schwach entwickelt oder eindeutig blockiert ist. Falls dies bei zwei oder mehreren Chakras der Fall ist, entscheiden Sie intuitiv, mit welchem Sie beginnen möchten. Führen Sie dann drei Wochen lang das Chakra-Yoga-Programm für das ermittelte Chakra aus. Danach gehen Sie zum nächsthöheren Chakra über. Falls Sie mit dem Kronenchakra beginnen, wenden Sie sich anschließend dem Wurzelchakra zu. Führen Sie alle folgenden Programme dann jedoch nicht drei, sondern jeweils nur eine Woche lang durch, bevor Sie zum nächsten Chakra wechseln.

Das Wurzelchakra-Übungsprogramm

Das erste Chakra ist das Wurzelchakra oder Muladhara-Chakra – wörtlich bedeutet *mula-dhara* Wurzelstütze. Es bildet die Basis für den gesamten inneren Energieleib und wird auch als Basischakra bezeichnet. Das Wurzelchakra liegt im Bereich des Beckenbodens auf Höhe des Steißbeins zwischen Damm und Anus und verbindet den Menschen mit der Energie der Erde.

Gleichzeitig ist das Wurzelchakra die Heimstatt der Kundalini – einer besonders konzentrierten Form von Prana. Über das Wurzelchakra nehmen Sie sehr viel Lebenskraft auf, vor allem wenn Sie sich in der Natur aufhalten.

Kundalini bedeutet Schlangenkraft. Die zusammengerollte Schlange, die im Beckenboden ruht, ist ein Symbol für die Lebensenergie. Wird die Kundalini – und somit die Lebensenergie – durch Yoga- und Atemübungen, durch Massagen oder ähnliches erweckt, steigt sie an der Wirbelsäule empor und aktiviert und verbindet dabei die sieben Chakras miteinander. Das Erwecken dieser Kraft entspricht gleichzeitig dem Prozess des geistigen Erwachens.

Die zentralen spirituellen Themen des Wurzelchakras sind Überleben, Lebenskraft, Urvertrauen und Sicherheit. Dieses Chakra hängt eng mit dem Lebenswillen und dem Selbsterhaltungstrieb zusammen sowie mit der Fähigkeit, seinen Platz in der Welt zu finden und diesen Platz auch zu behaupten.

Die Arbeit mit dem Wurzelchakra ist vor allem für Menschen wichtig, denen es an Urvertrauen fehlt und die sich nach Geborgenheit und nach einer stärkeren Verwurzelung sehnen. Auch bei einem Mangel an Lebensfreude oder Selbstvertrauen oder bei mangelhafter Ausdauer in Bezug auf die Verwirklichung seiner Ziele ist es wichtig, dieses Chakra zu stärken.

Zu den körperlichen Problemen, die auf eine Schwächung des Wurzelchakras hinweisen, gehören beispielsweise Rückenschmerzen, Verstopfung und Knochenerkrankungen.

Traditionell wird das Muladhara-Chakra durch Ganesha, den Gott des Wohlstands und der Fülle, symbolisiert.

Wurzelchakra – auf einen Blick

Farbe Rot

Mantra »Lam«

Symbol Quadrat

Gott Ganesha

Spirituelle Themen

- Überleben
- Lebenskraft
- Urvertrauen
- Sicherheit

Körperliche Probleme

- Rückenschmerzen
- Verstopfung
- Knochenkrankheiten

Vorbereitung

Nehmen Sie sich etwas Zeit, um abzuschalten und sich auf die folgenden Übungen vorzubereiten. Beginnen Sie mit einer kurzen Entspannungsübung, indem Sie sich drei Minuten auf den Rücken legen, die Augen schließen und 7-mal ein- und ausatmen – wobei die Ausatmung jeweils etwa doppelt so lange dauern sollte wie das Einatmen. Öffnen Sie dann die Augen, und strecken Sie Ihren Körper durch, bevor Sie mit dem eigentlichen Programm beginnen.

ÜBUNG

Baumstellung im Liegen

- Legen Sie sich entspannt auf den Rücken – die Beine sind dabei leicht geöffnet. Die Füße fallen locker auseinander. Schließen Sie die Augen, und achten Sie darauf, dass die Handflächen nach oben zeigen.
- Gleiten Sie langsam mit dem rechten Fuß auf dem Boden am linken Bein entlang aufwärts, bis er neben dem linken Knie steht. Das linke Bein bleibt dabei entspannt ausgestreckt liegen.
- Lassen Sie Ihr rechtes Knie nun langsam zur rechten Seite sinken. Falls Ihr Knie den Boden

Ziehen Sie für die Baumstellung ein Bein bis zur Kniekehle des anderen an und legen es dann zur Seite ab.

dabei nicht berührt, macht das gar nichts. Erzwingen Sie nichts. Ihre Flexibilität wird sich allmählich ganz von selbst entwickeln. Lassen Sie Ihr Knie nur so weit sinken, bis Sie eine leichte Spannung im Bein spüren.

- Bleiben Sie drei tiefe Atemzüge lang in dieser Stellung, und konzentrieren Sie sich dabei auf Ihr Wurzelchakra, das Sie sich als strahlende rote Sonne in der Basis Ihres Beckens visualisieren können.
- Um das Bein wieder aufzustellen, heben Sie das rechte Knie dann wieder nach oben. Anschließend lassen Sie das rechte Bein entspannt zu Boden gleiten, bis es ausgestreckt neben dem linken liegt.
- Nehmen Sie sich mindestens drei Atemzüge Zeit, um sich zu entspannen, und wiederholen Sie die Übung mit dem anderen Bein.

Tiefe Hockstellung

ÜBUNG

- Diese Übung wird im Stehen durchgeführt. Stellen Sie Ihre Füße mit der ganzen Sohle etwas mehr als schulterbreit auseinander, und achten Sie darauf, dass die Zehen leicht nach außen weisen. Vor allem anfangs ist es wichtig, die Füße weit genug auseinanderzustellen.
- Mit einem langen Ausatmen gehen Sie langsam und behutsam in die Hocke – Ihr Rücken sollte dabei so aufrecht wie möglich bleiben. Legen Sie die Oberarme entspannt auf den Knien ab. Wenn möglich sollten Sie die Füße mit der gesamten Sohle auf dem Boden lassen – achten Sie aber auf Ihre Dehngrenze, und gehen Sie nur so tief wie ohne Probleme möglich nach unten. Falls Sie die Fußsohlen zunächst nicht ganz auf dem Boden aufsetzen können, macht das gar nichts – stellen Sie sich einfach auf die Zehen.
- Atmen Sie in der tiefen Hockstellung 7-mal tief durch. Bei jedem Einatmen ziehen Sie den Schließmuskel leicht nach oben und spannen die Beckenbodenmuskeln an. Bei jedem Ausatmen entspannen Sie die Muskeln wieder. Sie können sich dabei vorstellen, wie Sie über das Wurzelchakra Energie aus der Erde aufnehmen.
- Kommen Sie abschließend wieder vorsichtig nach oben, und schütteln Sie Ihre Beine im Stehen kurz aus.

Bei der tiefen Hocke bleibt die Wirbelsäule möglichst aufrecht.

Die Stellung des Igels

- Legen Sie sich auf den Rücken, und entspannen Sie sich für die Dauer von drei Atemzügen. Ziehen Sie dann beide Beine langsam an, umfassen Sie Ihre Knie mit beiden Händen, und ziehen Sie Ihre Oberschenkel sanft an die Brust heran. Übertreiben Sie jedoch nicht, und achten Sie auf Ihre Dehngrenze.

Beim Igel sollte die Stirn nahe an die Knie herankommen.

- Während Sie die Beine anziehen, heben Sie gleichzeitig den Kopf und versuchen, Ihre Stirn möglichst nah an die Knie zu bringen.
- Atmen Sie in dieser Haltung 7-mal tief durch, und konzentrieren Sie sich ganz auf Ihr Wurzelchakra. Da diese Übung die Bauchmuskulatur stark beansprucht, werden Sie die Haltung anfangs möglicherweise nur ein oder zwei Atemzüge lang halten können. Das macht aber gar nichts – mit der Zeit werden Sie die nötige Kraft ganz von selbst entwickeln.

- Abschließend legen Sie Kopf und Beine dann wieder sanft ab und entspannen sich.
- Machen Sie die Übung noch ein zweites Mal.

Die Yoga-Vollatmung

Um das Wurzelchakra anzuregen, sollten Sie nicht nur innerhalb dieses Programms, sondern auch zwischendurch immer wieder einmal die Yoga-Vollatmung durchführen.

- Setzen Sie sich dazu auf einen Stuhl, auf Ihr Meditationsbänkchen oder auf ein dickes Kissen, und halten Sie die Wirbelsäule möglichst aufrecht.
- Schließen Sie die Augen, und lassen Sie Ihre Gedanken und Ihren Atem allmählich zur Ruhe kommen. Konzentrieren Sie sich auf das Wurzelchakra am untersten Ende der Wirbelsäule – visualisieren Sie dort eine rote, strahlende Energiekugel.

- Atmen Sie nun acht Sekunden durch die Nase ein. Das Einatmen sollte sich wie eine Welle von unten nach oben ausbreiten – zuerst füllt die Luft den Bauch, dann die Flanken und schließlich die Brust.
- Halten Sie den Atem anschließend vier Sekunden lang an, und ziehen Sie dabei Schließmuskel und Beckenbodenmuskeln kräftig zusammen.
- Lösen Sie die Spannung in den Beckenmuskeln wieder, und atmen Sie acht Sekunden sanft durch die Nase aus.
- Wiederholen Sie diesen Atemzyklus insgesamt 7-mal: 8 Sekunden einatmen – 4 Sekunden anhalten – 8 Sekunden ausatmen. Immer wenn Ihre Gedanken abschweifen, richten Sie Ihre Aufmerksamkeit wieder geduldig auf Ihr Wurzelchakra.

Meditation für das Wurzelchakra

ÜBUNG

- Bleiben Sie weiterhin in der aufrecht sitzenden Haltung, und lassen Sie die Augen geschlossen. Legen Sie die Handrücken auf die Knie, und nehmen Sie die Mudra für das Wurzelchakra ein. Dazu bilden Sie mit Daumen und Zeigefingern der beiden Hände je einen Kreis. Mittel-, Ring- und kleine Finger sind locker ausgestreckt.
- Konzentrieren Sie sich ganz auf Ihr Wurzelchakra. Versuchen Sie zu spüren, wie dieses Chakra Sie mit Ihrer ursprünglichen Lebenskraft verbindet und wie Sie mit jedem Atemzug Energie aus der Erde aufnehmen.
- Nachdem Sie die entsprechende Körper- und Handhaltung eingenommen haben, beginnen Sie mit dem Mantra für das Wurzelchakra – sprechen

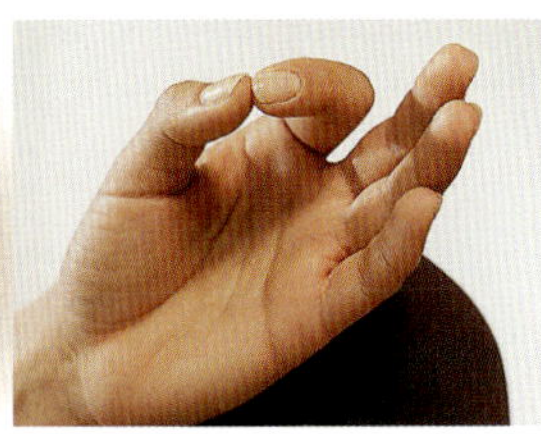

Für die Wurzelchakra-Meditation legen Sie die Handrücken auf die Knie. Daumen- und Zeigefingerspitzen berühren sich und bilden einen Kreis.

Sie es jedoch nicht laut aus, sondern sagen Sie es nur innerlich für sich. Atmen Sie tief durch die Nase ein, und sprechen Sie mit dem Ausatmen 7-mal innerlich das Mantra »Lam«. Verteilen Sie die sieben Laute gleichmäßig über eine lange Ausatmung.

• Atmen Sie dann wieder langsam durch die Nase ein, und wiederholen Sie die Übung insgesamt 7-mal. Lenken Sie Ihr Bewusstsein während der gesamten Meditation auf Ihr Wurzelchakra.

ÜBUNG

Abschließende Entspannung für das Wurzelchakra

• Legen Sie sich nun noch einmal für die abschließende Entspannung auf den Rücken. Entspannen Sie alle Muskeln Ihres Körpers, spüren Sie seine Schwere, vielleicht auch die Wärme, und genießen Sie die Wirkungen der Übungen.

• In tiefer Entspannung können Sie die Kraft Ihrer Vorstellung besonders gut einsetzen, um das Wurzelchakra nochmals sanft anzuregen und den Energiefluss im Beckenbodenbereich zu harmonisieren.

• Stellen Sie sich dazu einfach einen kleinen roten Lichtwirbel oder Lichtball auf Höhe des Steißbeins vor. Visualisieren Sie, wie dieser Energiewirbel mit jedem Atemzug ein bisschen größer wird. Nach und nach erfüllt er den ganzen Beckenraum mit roten, heilenden Strahlen – dies geschieht jedoch nicht durch Willensanstrengung, sondern einzig durch die Kraft Ihrer Vorstellung.

So, wie Sie sich auf das Yoga-Programm für das Wurzelchakra mit einer Entspannungsübung vorbereitet haben, lassen Sie es auch mit einer Entspannungsübung ausklingen.

• Lassen Sie die Strahlen immer weiter fließen – zuerst in Ihren unteren Rücken, dann in den Bauch, danach in Ihren Darm und schließlich bis in die Zellen Ihrer Knochen hinein. Versuchen Sie nicht etwa, etwas zu machen, sondern lassen Sie die Energien einfach ganz von selbst entstehen.

• Um diese Entspannungsübung zu beenden, lösen Sie sich wieder langsam von den inneren Bildern. Konzentrieren Sie sich stattdessen auf Ihren leiblichen Körper. Werden Sie sich der Schwere und des Getragenseins bewusst.

• Anschließend vertiefen Sie allmählich Ihren Atem und strecken schließlich beide Arme langsam nach oben. Räkeln und dehnen Sie Ihren ganzen Körper, bevor Sie die Augen öffnen und sich wieder Ihrem Alltag zuwenden.

Das Sakralchakra-Übungsprogramm

Das Sakralchakra heißt auch Svadhisthana-Chakra – *svadhistana* bedeutet soviel wie Lieblichkeit oder Süße. Dieses zweite Chakra ist auch als Sexualchakra bekannt und liegt oberhalb der Geschlechtsorgane, wenige Fingerbreit unterhalb des Bauchnabels. Es gilt als Zentrum von Sinnlichkeit, Sexualität und geistiger Neugeburt. Kreativität und schöpferische Energie hängen von seiner Funktion ab.

Beschäftigen Sie sich mit dem Sakralchakra, wenn Sie Ihr Leben nur schwer genießen können und wenig Kontakt zu Ihren Sinnen und Ihrer Sinnlichkeit haben. Auch bei mangelndem Selbstbewusstsein oder Tendenz zu Eifersucht und Ängsten sollten Sie die Energie in diesem Chakra wecken. Dadurch können sexuelle Schwierigkeiten und Beziehungsprobleme, die ihren Ursprung in der Erotik haben, gelöst werden. Auch wer zu Suchtmechanismen neigt oder stark von seinen Trieben gesteuert wird, kann durch die folgenden Chakra-Yoga-Übungen positive Veränderungen bewirken.

Zu den körperlichen Problemen, die darauf hindeuten, dass der Energiefluss im Sakralchakra gestört ist, gehören Erkrankungen der Geschlechtsorgane, Impotenz, Menstruationsbeschwerden sowie Nierenleiden, Blasenprobleme und einige Hauterkrankungen.

Sakralchakra – auf einen Blick

Farbe Orange
Mantra »Vam«
Symbol Mondsichel
Gott Vishnu

Spirituelle Themen

- Sinnlichkeit
- geistige Neugeburt
- Kreativität
- schöpferische Energie

Körperliche Probleme

- Krankheiten der Geschlechtsorgane
- Impotenz
- Nierenleiden
- Blasenprobleme
- Hautkrankheiten

Vishnu, der Gott des Ausgleichs und der Ordnung.

Die Gottheiten, die dem zweiten Chakra traditionell zugeordnet werden, sind Vishnu, Gott des Ausgleichs und der Ordnung, und Rakini. Die Farbe des Sakralchakras ist Orange, sein Symbol die Mondsichel, und das zugehörige Mantra lautet »Vam«.

Vorbereitung

Nehmen Sie sich Zeit, um abzuschalten und sich auf die folgenden Übungen vorzubereiten. Beginnen Sie mit einer kurzen Entspannungsübung, indem Sie sich drei Minuten auf den Rücken legen, die Augen schließen und 7-mal ein- und ausatmen – wobei die Ausatmung etwa doppelt so lange dauern sollte wie die Einatmung. Öffnen Sie dann die Augen, und strecken Sie Ihren Körper durch, bevor Sie mit dem Programm beginnen.

ÜBUNG

Die Krokodilstellung

- Legen Sie sich mit geschlossenen Augen auf den Rücken, und stellen Sie die Füße auf – die Beine bleiben dabei geschlossen. Strecken Sie Ihre Arme jetzt zur Seite aus, und dehnen Sie auf diese Weise Ihre Brust. Die Handflächen sollen nach oben zeigen.
- Drehen Sie den Kopf mit dem Ausatmen sehr langsam nach links und Ihre Beine gleichzeitig nach rechts. Achten Sie dabei jedoch auf Ihre Dehngrenze, und bewegen Sie die Beine nur so weit, wie es Ihnen angenehm ist. Die Dehnung in der Zielstellung sollte sich auf jeden Fall angenehm und nicht schmerzhaft anfühlen. Lenken Sie Ihre Aufmerksamkeit in der Krokodilstellung in Ihr Sakralchakra.
- Beim Einatmen drehen Sie Kopf und Beine wieder zur Mitte. Ausatmend führen Sie die Bewegung fort und drehen Kopf und Beine über die Mittelstellung jeweils in die entgegengesetzte Richtung – den Kopf nach rechts, die Knie nach links.
- Wiederholen Sie diese Gegendrehbewegung 7-mal ruhig und fließend nach beiden Seiten. Kombinieren Sie die Bewegung mit dem Atem – kommen Sie jedes Mal mit dem Einatmen zur Mitte zurück, und gehen Sie mit jedem Ausatmen erneut in die Krokodilstellung.
- Abschließend lassen Sie die Beine einfach wieder flach auf den Boden gleiten, legen die Arme neben den Körper und entspannen sich.

Die Krokodilstellung ist eine langsam ausgeführte, gegenläufige Drehung von Kopf und Beinen.

Der Kniekuss

ÜBUNG

- Auch diese Übung wird im Liegen durchgeführt. Strecken Sie die Arme weit nach hinten, und dehnen Sie die Wirbelsäule. Führen Sie dann die Arme über die Senkrechte nach vorne, und legen Sie die Hände entspannt auf Ihre Oberschenkel.
- Heben Sie zuerst langsam den Kopf, dann den oberen und zuletzt den unteren Rücken vom Boden ab. Achten Sie darauf, dass Sie eine gleichmäßige Bewegung durchführen, und spannen Sie die Bauchmuskeln dabei bewusst an, um ruckartige Bewegungen zu vermeiden.
- Bringen Sie den Oberkörper von der Senkrechten immer weiter nach vorne, indem Sie mit den Händen an den ausgestreckten Beinen entlang in Richtung Füße gleiten. So führen Sie Ihren Kopf immer näher an die Knie heran. Bei fortgeschrittenen Yoga-Schülern berührt die Stirn die Knie und die Hände umfassen die Zehen, doch zwingen Sie sich nicht in diese Stellung. Wenn Sie Ihre natürliche Dehngrenze nicht beachten, werden die Bandscheiben durch diese Übung unnötig belastet. Drücken Sie daher anfangs die Knie nicht ganz durch, und wandern Sie mit den Händen nur bis zu den Unterschenkeln. Es geht nicht darum, dass Kopf und Knie sich berühren, die Vorwärtsbeugung an sich regt das Sakralchakra an.

Für den Kniekuss werden Kopf, Rücken und Arme nach vorne geführt.

- In der Zielstellung konzentrieren Sie sich auf Ihr Sakralchakra, das Sie sich als orangefarbenen Energiewirbel in Ihrem Unterbauch vorstellen können. Atmen Sie dabei mindestens 3-mal tief durch.
- Um die Stellung anschließend wieder zu lösen, rollen Sie den Rücken langsam nach hinten ab, bis Sie wieder flach und entspannt auf dem Boden liegen.

ÜBUNG

Die Baumstellung

- Stehen Sie mit geschlossenen Beinen und geradem Rücken möglichst entspannt. Verteilen Sie das Gewicht gleichmäßig auf beide Füße, und spüren Sie den Kontakt zum Boden. Lassen Sie den Atem dabei einfach kommen und gehen.

ÜBUNG

- Verlagern Sie nun Ihr Körpergewicht vollständig auf das rechte Bein. Spüren Sie den Kontakt Ihres rechten Fußes zur Erde, und stellen Sie sich vor, wie sich von der Sohle aus Wurzeln in der Erde verankern.
- Heben Sie langsam das linke Bein leicht an – doch vorerst nur so weit, dass die Zehenspitzen den Boden noch berühren. Um die Stabilität zu erhöhen, fixieren Sie einen Punkt auf dem Boden, der ungefähr zwei Meter entfernt ist.
- Heben Sie den linken Fuß, und setzen Sie die Fußsohle etwa in Höhe des Knies oder höher auf der Innenseite des rechten Oberschenkels ab. Das linke Knie sollte nach außen weisen.
- Bilden Sie mit Daumen und Zeigefingern einen Ring, drehen Sie die Handflächen nach vorne, und heben Sie die Arme seitlich etwas vom Körper ab.
- Halten Sie den Rücken aufrecht, atmen Sie entspannt, und spüren Sie mit dem rechten Fuß tief in die Erde hinein. Vermeiden Sie ein Hohlkreuz.
- Konzentrieren Sie sich auf Ihr Sakralchakra. Lassen Sie orangefarbenes Licht von Ihrem Unterbauch aus in den ganzen Körper strömen. Bleiben Sie, wenn möglich, sieben Atemzüge lang in der Zielstellung stehen. Wenn Sie sehr sicher stehen und nicht so leicht aus dem Gleichgewicht kommen, schließen Sie die Augen bei dieser Stellung . Anfangs können Sie sie jedoch geöffnet lassen.
- Um die Stellung zu beenden, lassen Sie das rechte Bein wieder langsam sinken. Wiederholen Sie die Übung mit dem anderen Bein.

Bei der Baumstellung stellen Sie sich vor, Sie seien ganz fest in der Erde verwurzelt.

Die Stutenatmung

- Die folgende Übung wird im Liegen durchgeführt. Legen Sie sich auf den Rücken, und ziehen Sie Ihre Oberschenkel in Richtung Brust.
- Öffnen Sie die Oberschenkel weit, und legen Sie Ihre Unterschenkel über Kreuz. Das rechte Fußgelenk sollte über dem linken liegen.

- Fassen Sie mit den Armen durch die geöffneten Beine hindurch, und ergreifen Sie mit der rechten Hand den linken Fuß, mit der linken den rechten Fuß. Kopf und Nacken bleiben während der ganzen Übung entspannt auf dem Boden liegen.
- Legen Sie die Zungenspitze hinter den Schneidezähnen sanft an den Gaumen, dadurch schließen Sie einen wichtigen Energiekreislauf und können Ihre Lebensenergie besser sammeln.
- Entspannen Sie Ihren Körper so gut Sie können. Atmen Sie in der Zielstellung entspannt durch, und richten Sie Ihre Aufmerksamkeit ganz auf Ihren Unterleib und die äußeren Geschlechtsorgane. Visualisieren Sie, wie Sie mit jedem Ausatmen Energie als orangefarbene Lichtstrahlen in Ihr Sakralchakra strömen lassen.
- Atmen Sie 7-mal tief ein und aus. Bei jedem Ausatmen werden die Beckenbodenmuskeln angespannt und der Schließmuskel fest zusammengezogen – ziehen Sie die Muskeln nach innen und oben. Behalten Sie die Anspannung während der ganzen Ausatmung bei, und lenken Sie Ihr Bewusstsein in das Sakralchakra. Beim Einatmen entspannen Sie dann sämtliche Muskeln des Beckenbodens wieder.

Bei jedem Ausatmen schicken Sie Energie in das Sakralchakra.

- Wiederholen Sie den Ablauf 7-mal, bevor Sie die Bein- und Handstellung wieder lösen. Um den Wirkungen der Übung nachzuspüren, bleiben Sie noch für einige Atemzüge ruhig auf dem Rücken liegen.

ÜBUNG

Meditation für das Sakralchakra

- Nehmen Sie Ihre bevorzugte Meditationshaltung ein, schließen Sie die Augen, lassen Sie Gedanken und Atem immer mehr zur Ruhe kommen.
- Legen Sie den rechten Handrücken in die linke Handfläche. Die Handflächen zeigen nach oben, die Hände bilden eine Schale, die Daumenkuppen berühren sich. Legen Sie die Hände unterhalb des Bauchnabels an den Körper. Dadurch verstärken Sie den Energiestrom im Sakralchakra.

- Konzentrieren Sie sich dann ganz auf Ihr Sakralchakra. Dieses Chakra verbindet Sie mit Ihren vitalen Kräften, Ihrer Lebensfreude und Ihrer schöpferischen Energie. Atmen Sie tief durch die Nase ein. Mit dem Ausatmen sprechen Sie 7-mal innerlich das Mantra »Vam«. Verteilen Sie die Silbe gleichmäßig 7-mal über das Ausatmen – doch lassen Sie das Mantra dabei nicht laut erklingen, sondern sprechen Sie es nur im Geiste.
- Atmen Sie wieder langsam durch die Nase ein, und wiederholen Sie die Übung insgesamt 7-mal. Dabei sollten Sie Ihre Konzentration möglichst ununterbrochen auf das Sakralchakra richten.

Abschließende Entspannung für das Sakralchakra

ÜBUNG

- Legen Sie sich entspannt auf den Rücken. Entspannen Sie Ihren Körper und Ihren Geist, und genießen Sie die Wirkung der Übungen. Nehmen Sie Ihre Vorstellungskraft zu Hilfe, um das Sakralchakra noch einmal sanft anzuregen und den Energiefluss im Bereich des Beckens und der Geschlechtsorgane zu harmonisieren.
- Stellen Sie sich einen kleinen orangefarbenen Lichtwirbel drei Fingerbreit unter dem Bauchnabel in der Mitte des Beckens vor. Zunächst ist er sehr klein, verwandelt sich aber in einen großen Energiewirbel und wächst mit jedem Atemzug, bis er den ganzen Beckenraum mit orangefarbenen, heilenden Strahlen erhellt.
- Lassen Sie die Strahlen dann auch in das Kreuzbein, die inneren und äußeren Geschlechtsorgane sowie in Nieren und Blase hineinfließen. Spüren Sie, wie angenehm es sich anfühlt, wenn diese Organe von heilender Energie durchstrahlt werden.
- Beenden Sie die Entspannung und Visualisierung langsam und bewusst. Lösen Sie sich von den inneren Bildern, und spüren Sie die Schwere Ihres Körpers. Machen Sie einige tiefe Atemzüge, und strecken Sie die Arme langsam nach oben. Dehnen Sie den Körper, bevor Sie die Augen öffnen und sich wieder Ihrer Außenwelt zuwenden.

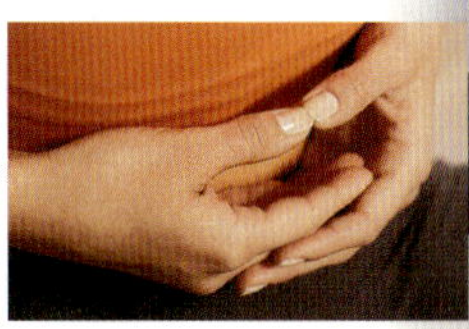

Die Hände bilden eine Art Schale: Der rechte Handrücken liegt in der linken Handfläche, die Daumen berühren sich.

Nabelchakra – auf einen Blick

Farbe Gelb
Mantra »Ram«
Symbol Dreieck
Gott Agni und Lakini

Spirituelle Themen
- Feuerkraft
- Emotionalität
- starke Persönlichkeit
- Willenskraft
- Veränderungswillen

Körperliche Probleme
- Magenprobleme
- Verdauungsstörung
- Lendenwirbelprobleme
- Diabetes
- Übergewicht

Das Nabelchakra-Übungsprogramm

Die Sanskritbezeichnung für dieses Chakra lautet Manipura-Chakra und bedeutet übersetzt »Chakra des strahlenden Juwels«. Es ist das dritte Chakra und wird auch als Solarplexus-Chakra bezeichnet. Das Manipura-Chakra liegt oberhalb des Bauchnabels auf Höhe des Magens – etwa dort, wo die Lenden- in die Brustwirbelsäule übergeht. Es beeinflusst die Funktion der Bauchspeicheldrüse.

Im Hinblick auf die spirituelle Entwicklung ist es wichtig zu wissen, dass das Nabelchakra die Kraft des Feuers repräsentiert. Eine starke Persönlichkeit und Willenskraft, ein guter Zugang zu den eigenen Gefühlen und die Kraft, Dinge zu verändern und zu verwandeln, hängen mit der Feuerkraft zusammen.

Über das Solarplexus-Chakra im Bereich des Sonnengeflechts kann ganz besonders viel Lebensenergie gespeichert und von dort aus weitergeleitet werden. Daher ist dieses Zentrum für Heiler auch von großer Bedeutung.

Die intensive Auseinandersetzung mit dem Nabelchakra ist vor allem für Menschen wichtig, die unter Unsicherheit leiden oder sich danach sehnen, warmen Gefühlen und Emotionen mehr Raum in ihrem Leben zu geben. Auch die Spontaneität, das Bauchgefühl und die Durchsetzungskraft profitieren von der Entwicklung dieses Chakras.

Zu den körperlichen Problemen, die darauf hinweisen können, dass Ihr Nabelchakra zu schwach entwickelt ist, gehören Magenschmerzen, Verdauungsstörungen sowie Rückenschmerzen im Bereich der Lendenwirbelsäule. Auch Diabetes und Übergewicht zeigen häufig Blockaden im dritten Chakra an.

Traditionell wird das Nabelchakra den Gottheiten Agni und Lakini zugeordnet. Die zugehörige Farbe ist Gelb, das Mantra lautet »Ram«, und das Symbol des Nabelchakras ist das Dreieck.

Vorbereitung

Nehmen Sie sich ein wenig Zeit zum Abschalten und für die Vorbereitung auf die folgenden Übungen. Beginnen Sie als Einstimmung zunächst mit einer kurzen Entspannungsübung, indem Sie sich ungefähr drei Minuten lang auf den Rücken legen, die Augen dabei schließen und 7-mal ein- und ausatmen – die Ausatmung sollte jeweils etwa doppelt so lange dauern wie die Einatmung. Öffnen Sie dann die Augen, strecken Sie Ihren Körper durch, und beginnen Sie mit den Übungen.

Beindehnung

ÜBUNG

- Für die Beindehnung liegen Sie ganz entspannt auf dem Rücken. Atmen Sie einige Male tief durch.
- Dehnen Sie dann die Muskulatur des rechten Beines, indem Sie das rechte Knie mit beiden Händen umfassen und es mit dem nächsten Ausatmen behutsam in Richtung Oberkörper ziehen – das linke Bein bleibt flach liegen. Sie sollten dabei eine leichte Spannung, aber keinesfalls Schmerzen spüren. Während der gesamten Übung bleibt der Kopf ganz entspannt auf dem Boden liegen. Atmen Sie in der Dehnung 7-mal tief durch.
- Lösen Sie die Zielstellung auf, indem Sie das rechte Knie loslassen und das Bein wieder flach auf den Boden legen.
- Atmen Sie danach einige Male entspannt durch, und richten Sie Ihre Achtsamkeit dabei auf Ihr Nabelchakra.
- Wiederholen Sie die Übung anschließend auch mit dem anderen Bein.

Ziehen Sie das jeweilige Knie bei der Beindehnung so nahe an Ihre Brust, wie es geht.

ÜBUNG

Die schräge Brücke

- Setzen Sie sich auf den Boden. Die Beine werden gerade nach vorne gestreckt und sind geschlossen. Um sich gut abstützen zu können, legen Sie Ihre Handflächen neben das Gesäß – dabei berühren die ganzen Handflächen den Boden, und die Finger zeigen nach hinten.
- Um in die Zielstellung zu kommen, atmen Sie tief ein. Dann geben Sie Druck auf die Handflächen und heben Ihr Becken. Spannen Sie Ihre Bein- und Bauchmuskeln dabei bewusst an. Ihr Körper sollte von den Zehenspitzen bis zum Kinn eine Schräge bilden.
- Konzentrieren Sie sich auf Ihr Nabelchakra, und halten Sie die Stellung drei Atemzüge lang.
- Um die Stellung aufzulösen, lassen Sie das Becken mit dem Ausatmen wieder sinken. Entspannen Sie sich kurz, und wiederholen Sie die Übung dann noch 3-mal.

Für die schräge Brücke bringen Sie mit dem Einatmen das Becken aus der Sitzhaltung mit gestreckten Beinen nach oben.

ÜBUNG

Der Bogen

- Der Bogen dehnt die ganze Wirbelsäule und wird im Liegen durchgeführt.
- Legen Sie sich diesmal auf den Bauch. Achten Sie darauf, dass Ihre Stirn den Boden berührt und die Beine etwas geöffnet sind.
- Winkeln Sie die Beine an, und bringen Sie die Füße in Richtung Gesäß. Umgreifen Sie Ihre Knöchel mit den Händen.

- Um den Bogen zu bilden, spannen Sie die Bauchmuskeln an und bringen Kopf und Brust einatmend nach oben. Gleichzeitig versuchen Sie, die Beine ein Stück vom Boden abzuheben, sodass Füße und Kopf möglichst nahe zusammengeführt werden.
- Halten Sie die Stellung mindestens drei Atemzüge lang. Achten Sie jedoch auf Ihre Grenzen, und übertreiben Sie die Rückwärtsdehnung nicht. Konzentrieren Sie sich in der Zielstellung auf Ihr Nabelchakra, das Sie sich als gelben Energiewirbel vorstellen können.
- Um die Übung zu beenden, lassen Sie Beine und Kopf wieder langsam sinken. Lösen Sie die Hände von den Knöcheln, und entspannen Sie sich auf dem Bauch liegend.

Behalten Sie die Bogenstellung einige Atemzüge lang bei.

Der Magenhub

ÜBUNG

Sie können die folgende Übung im Sitzen oder im Stehen durchführen. Anfangs fällt sie im Stehen meist leichter. Achten Sie darauf, dass Sie unbedingt mit leerem Magen üben. Das gilt ganz allgemein: Grundsätzlich sollten Sie Yogaübungen nie kurz nach dem Essen durchführen.

- Stehen Sie aufrecht, und stellen Sie die Füße etwa schulterbreit auseinander. Gehen Sie ganz leicht in die Knie, und legen Sie die Hände so auf die Hüftknochen, dass die Daumen nach vorne weisen.
- Nachdem Sie einige Male entspannt durchgeatmet haben, atmen Sie jetzt ganz tief aus.
- Am Ende der Ausatmung sollten Sie Ihre Bauchmuskulatur so locker wie möglich lassen. Halten Sie den Atem im ausgeatmeten Zustand an, und ziehen Sie den Bauch gleichzeitig kräftig nach innen und oben. Konzentrieren Sie sich dabei auf Ihr Nabelchakra.
- Halten Sie den Magenhub einige Sekunden lang, ohne dabei zu atmen. Um die Stellung zu lösen, entspannen Sie den Bauch wieder. Lassen Sie Ihre Bauchdecke weich nach außen sinken, während Sie gleichzeitig tief durch die Nase einatmen.

Beim Magenhub wird der Bauch nach dem Ausatmen einige Sekunden lang stark eingezogen.

ÜBUNG

- Machen Sie eine kurze Pause, und atmen Sie einige Male entspannt durch. Wiederholen Sie den Magenhub dann weitere 2-mal. Abschließend legen Sie sich auf den Rücken und spüren den Wirkungen dieser Übung nach.

Meditation für das Nabelchakra

- Setzen Sie sich aufrecht und entspannt in Ihre bevorzugte Meditationshaltung. Schließen Sie die Augen. Lassen Sie alle Sorgen und alle Gedanken an den Alltag los. Ihr Atem wird allmählich immer ruhiger und tiefer.
- Richten Sie Ihre Aufmerksamkeit jetzt vollständig auf Ihr Nabelchakra, und machen Sie sich bewusst, dass dieses Chakra Sie mit Ihren Gefühlen und mit der Kraft Ihrer Persönlichkeit verbindet.
- Um die Mudra – die passende Handhaltung – einzunehmen, die die Energie im Nabelchakra anregt, falten Sie die Hände vor der Brust. Legen Sie die Handflächen aneinander, und legen Sie den rechten Daumen über den linken. Dann werden beide Daumen angewinkelt und zwischen die Handflächen gelegt.
- Atmen Sie tief durch die Nase ein. Während einer langen Ausatmung sprechen Sie innerlich 7-mal das Mantra »Ram«. Beim siebten Mal sollten Sie am Ende der Ausatmung angekommen sein. Atmen Sie dann wieder langsam durch die Nase ein, und wiederholen Sie den ganzen Ablauf 7-mal. Richten Sie Ihre Achtsamkeit während der gesamten Meditation auf das Nabelchakra, das Sie als großen, gelben Energiewirbel auf Magenhöhe visualisieren.

Führen Sie grundsätzlich Yogaübungen nie kurz nach dem Essen durch.

Abschließende Entspannung für das Nabelchakra

- Um das Yoga-Programm für das Nabelchakra zu beenden, legen Sie sich noch kurz auf den Rücken. Lenken Sie Ihre Achtsamkeit in Ihren Körper – achten Sie auf die Muskeln, auf die Schwere des Körpers und auf den Kontakt zum Boden. Lassen Sie dann alle Anspannungen mit dem Ausatmen los, und kommen Sie ganz im gegenwärtigen Augenblick an.
- Spüren Sie in den Bereich Ihres Solarplexus hinein. Stellen Sie sich etwa drei Fingerbreit oberhalb des Nabels einen kleinen gelben Lichtwirbel vor. Visualisieren Sie, wie er mit jedem Atemzug größer und heller wird.

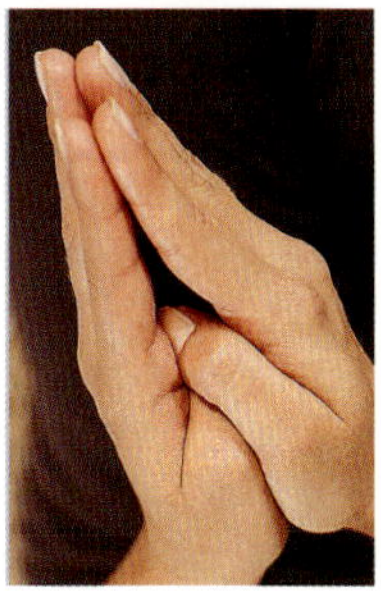

Für die Mudra zur Nabelchakra-Meditation kreuzen Sie die Daumen und legen sie zwischen die gefalteten Hände.

- Spüren Sie, wie der gelbe Energiewirbel dann in die ganze Bauchhöhle und von dort aus in den ganzen Körper hineinstrahlt. Lassen Sie es zu, dass sich dabei Blockaden lösen und heilende Kräfte in Bewegung kommen können. Bleiben Sie für einige Atemzüge bei diesem inneren Bild.
- Um die Übung zu beenden, lösen Sie sich von Ihrer Visualisierung. Spüren Sie stattdessen die Schwere Ihres Körpers und die Berührung mit dem Boden noch einmal ganz bewusst.
- Abschließend vertiefen Sie den Atem und strecken die Arme langsam nach oben.
- Dehnen Sie gründlich den ganzen Körper, bevor Sie die Augen öffnen und das Programm für das Nabelchakra beenden.

In der Entspannung können Sie Ihre Vorstellungskraft besonders wirkungsvoll dazu nutzen, die Energie in Ihrem Nabelchakra nochmals sanft anzuregen.

Herzchakra – auf einen Blick

Farbe Grün
Mantra »Yam«
Symbol sechsstrahliger Stern
Gott Isa und Kakini

Spirituelle Themen
- Liebe
- Mitgefühl
- Nähe
- Offenheit

Körperliche Probleme
- Herzbeschwerden
- Atembeschwerden
- Blutdruckschwankungen
- Schulter- und Brustschmerzen
- Allergien

Das Herzchakra-Übungsprogramm

Die Sanskritbezeichnung des Herzchakras lautet Anahata-Chakra – *anahata* bedeutet unbeschädigt. Die Verbindung mit diesem spirituellen Herzzentrum führt tatsächlich zu Ganzheit und Geborgenheit. Das vierte Chakra liegt etwa auf Höhe des Herzens, jedoch in der Brustmitte. Als das Zentrum der Liebe und des Mitgefühls verbindet es den Menschen – jenseits aller egoistischer Tendenzen – mit seinen Mitmenschen und seiner Umwelt. Es bildet den Mittelpunkt der sieben Chakras und ist die Mitte des Menschen, aus der heraus er auf andere zugehen kann.

Nicht nur Kontaktschwierigkeiten, Egoismus und Selbstsucht oder das Gefühl, von anderen isoliert zu sein, sind Gründe, sich eingehend mit seinem Herzchakra zu beschäftigen: Auch wer sich in seinem Leben nach mehr Offenheit, Nähe, Mitgefühl und Zuneigung sehnt, sollte dieses Chakra in den Mittelpunkt seiner Übungen stellen.

Störungen im Herzchakra können beispielsweise Herzbeschwerden, Herzrhythmusstörungen, Blutdruckschwankungen sowie Atembeschwerden, Asthma, Allergien und Lungenerkrankungen auslösen, aber auch Schmerzen im Schulter- und Brustbereich.

Traditionell wird das Herzchakra mit den Gottheiten Isa und Kakini in Verbindung gebracht. Die Farbe des Herzchakras ist Grün, sein Mantra lautet »Yam«, und sein Symbol ist der sechsstrahlige Stern.

Vorbereitung

Beginnen Sie mit einer kurzen Entspannungsübung, indem Sie sich drei Minuten auf den Rücken legen, die Augen schließen und 7-mal ein- und ausatmen – wobei die Ausatmung jeweils etwa doppelt so lange dauern sollte wie das Einatmen. Öffnen Sie dann die Augen, und strecken Sie Ihren Körper durch, bevor Sie mit dem Programm beginnen.

ÜBUNG

Die Kobra

Diese Übung ist eine Variation der klassischen Kobrastellung. Dazu legen Sie sich auf den Bauch. Entspannen Sie sich kurz, indem Sie die Stirn sanft auf dem Boden und die Arme seitlich neben dem Körper ablegen. Lassen Sie den Atem ganz entspannt kommen und gehen.

Für diese Variation der Kobra dehnen Sie den Brustkorb, indem Sie die Schultern nach hinten ziehen.

- Um in die Zielstellung zu kommen, bringen Sie die Hände hinter den Rücken und verschränken sie über dem Gesäß. Zunächst können Sie sie dabei auf dem Po ablegen. Einatmend ziehen Sie dann mit den Händen nach hinten und heben den Kopf und die Brust ein kleines Stück vom Boden ab. Um den Brustkorb zu dehnen, sollten Sie außerdem die Schultern leicht nach hinten ziehen.
- Konzentrieren Sie sich nun auf Ihr Herzchakra. Stellen Sie sich einen Wirbel aus grünem Licht vor, der in der Mitte Ihrer Brust kreist. Atmen Sie in dieser Stellung 3-mal tief durch.
- Um die Stellung zu lösen, legen Sie Kopf und Arme wieder entspannt auf den Boden. Entspannen Sie sich kurz, und wiederholen Sie dies 2-mal.

Die Dreiecksstellung

ÜBUNG

- Diese Übung wird im Stehen durchgeführt – dabei sollten die Beine deutlich mehr als schulterbreit auseinander stehen. Halten Sie Ihren Rücken aufrecht, und entspannen Sie die Schulter- und Gesichtsmuskeln.
- Drehen Sie den linken Fuß nach außen. Atmen Sie tief aus. Beim Einatmen heben Sie den rechten Arm seitlich gestreckt nach oben, bis Ihr Oberarm senkrecht nach oben zeigt und Ihr Ohr berührt. Die linke Hand bleibt passiv auf der Außenseite des linken Oberschenkels liegen.
- Strecken Sie sich aus dieser Stellung nach oben, und atmen Sie dabei ein. Dann atmen Sie wieder aus und beugen den Oberkörper gleichzeitig

langsam aus der Hüfte nach links – der Blick weist nach oben und folgt der rechten Hand. Dehnen Sie den Oberkörper nur so weit zur Seite, bis die Finger der linken Hand auf Höhe des linken Knies liegen.

- Halten Sie diese Stellung drei Atemzüge lang. Konzentrieren Sie sich auf Ihre Brustmitte, dehnen Sie die Brust, und visualisieren Sie Ihr Herzchakra in grünem Licht.
- Lösen Sie die Stellung auf. Um wieder in die Mittelstellung zurückzukommen, heben Sie den rechten Arm zunächst so weit, bis er senkrecht nach oben gestreckt ist. Richten Sie Ihren Oberkörper dann langsam auf, drehen Sie den linken Fuß nach vorne, und lassen Sie die Arme sinken.
- Nach einer Pause führen Sie das Dreieck auch in die andere Richtung aus.

Wird der Oberkörper bei der Dreiecksstellung gebeugt, bleibt der Blick auf die gestreckte Hand gerichtet.

Die Fischstellung

ÜBUNG

- Schließen Sie auf dem Rücken liegend die Beine, und heben Sie Ihr Gesäß ein wenig an. Legen Sie die Hände unter das Gesäß, wobei die Handflächen nach unten zeigen und den Boden berühren. Atmen Sie in dieser Haltung einige Male tief durch.
- Dann üben Sie Druck auf die Ellbogen aus, heben den Oberkörper etwas an, beugen den Nacken nach hinten und wölben die Brust nach außen. Das Gewicht Ihres Oberkörpers sollte nun ausschließlich auf Kopf und Ellbogen ruhen – achten Sie darauf, dass die Ellbogen unter dem Rücken möglichst nah zusammenkommen, und dehnen Sie den Nacken nur so weit nach hinten, wie es Ihnen ohne Schmerzen möglich ist.
- Atmen Sie in der gedehnten Haltung tief in Ihre Brust, und konzentrieren Sie sich dabei auf Ihr Herzchakra. Halten Sie die Stellung wenn möglich drei Atemzüge lang.
- Lösen Sie die Zielstellung dann wieder auf, indem Sie zunächst den Kopf langsam auf den Boden legen und dann auch die Arme entspannen. Nehmen Sie sich etwas Zeit, um zu entspannen, und führen Sie die Übung anschließend noch ein zweites Mal durch.

Für den Fisch wölben Sie die Brust nach außen; das Gewicht des Oberkörpers ruht nur noch auf Ellenbogen und Kopf.

ÜBUNG

Die Herzkraft aktivieren

• Stehen Sie aufrecht und entspannt. Die Beine sind bei dieser Übung gegrätscht, die Füße werden etwas nach außen gedreht, um einen stabilen Stand zu ermöglichen. Atmen Sie zunächst einige Male tief durch.

• Atmen Sie dann tief aus. Mit der nächsten, langsamen Einatmung heben Sie beide Arme senkrecht vor den Körper – die Hände bleiben einander zugewandt. Führen Sie die Bewegung noch weiter, indem Sie Ihre Hände so weit zur Seite öffnen, bis die Brust weit gedehnt ist – gleichzeitig heben Sie den Kopf etwas an und blicken nach oben. Verbinden Sie die Bewegung mit der Atmung – das Ende der Einatmung sollte erst dann erreicht sein, wenn Sie die Zielstellung eingenommen haben.

Sie öffnen das Herz, indem Sie beim Einatmen die Hände vor den Körper und zur Seite strecken, bis die Brust weit gedehnt ist.

- In der Zielstellung halten Sie den Atem an und zählen dabei innerlich langsam bis sieben. Anschließend atmen Sie langsam durch die Nase aus – währenddessen bringen Sie den Kopf wieder in die Mittelstellung zurück und lassen die Arme entspannt sinken.
- Wiederholen Sie das Ganze mindestens 3-mal. Während der Zielstellung – wenn also Ihre Arme geöffnet sind und der Atem angehalten wird – visualisieren Sie, wie Sie Energie aus dem Herzchakra in den ganzen Körper strömen lassen.
- Beenden Sie die Übung, indem Sie sich kurz auf den Rücken legen, um den Wirkungen nachzuspüren.

Meditation für das Herzchakra

ÜBUNG

- Setzen Sie sich aufrecht und entspannt hin, indem Sie Ihre bevorzugte Meditationshaltung einnehmen. Schließen Sie die Augen, lassen Sie alle körperlichen und seelischen Anspannungen los, und beobachten Sie, wie Ihr Atem allmählich zur Ruhe kommt.
- Um die Handstellung einzunehmen, die den Energiefluss im Herzchakra aktiviert, bilden Männer und Frauen diesmal eine unterschiedliche Mudra, wie auf Seite 92 zu sehen ist: Bei Frauen berühren sich Daumen und Ringfinger der linken Hand und Daumen und Mittelfinger der rechten. Bei Männern ist es umgekehrt: Daumen und Ringfinger der rechten Hand berühren sich; Daumen und Mittelfinger der linken. Die Handrücken werden entspannt auf den Knien abgelegt.
- Lenken Sie Ihr Bewusstsein jetzt in die Mitte Ihrer Brust – in Ihr Herzchakra. Machen Sie sich bewusst, dass dieses Chakra Sie mit der Kraft der Liebe verbindet und Ihnen dabei hilft, Offenheit und Mitgefühl zu entwickeln.
- Dann atmen Sie zunächst einmal tief durch die Nase ein. Mit einem langen und sanften Ausatmen sprechen Sie dann innerlich 7-mal das Mantra »Yam«. Verteilen Sie die sieben Silben gleichmäßig über das Ausatmen.
- Atmen Sie wieder langsam durch die Nase ein, und wiederholen Sie das Ganze insgesamt 7-mal. Visualisieren Sie währenddessen Ihr Herzchakra als grünen Energiewirbel in der Mitte Ihrer Brust.

Mit einem gesunden Herzchakra wird es Ihnen gelingen, Brücken zu anderen Menschen zu bauen, und Sie werden nicht nur sich persönlich, sondern auch Ihre Umgebung glücklich machen.

ÜBUNG

Abschließende Entspannung für das Herzchakra

- Um das Herzchakra-Programm zu beenden, legen Sie sich nun entspannt auf den Rücken. Nehmen Sie sich etwas Zeit, um Ihren Körper zu spüren. Fühlen Sie den Kontakt zum Boden und die Schwere Ihrer Muskeln.
- Nutzen Sie Ihre Vorstellungskraft, um die Energie in Ihrem Herzchakra während der tiefen Entspannung sanft anzuregen. Stellen Sie sich dazu einen kleinen grünen Lichtwirbel vor, der genau in der Mitte des Brustkorbs liegt.
- Stellen Sie sich weiter vor, wie dieser Energiewirbel mit jedem Atemzug etwas größer und heller wird. Nach einigen Atemzügen wird der ganze Brustkorb durchstrahlt – und schließlich strömen die heilenden Strahlen des Herzchakras von der Brust aus in den ganzen Körper hinein.
- Bleiben Sie einige Atemzüge bei dieser Visualisierung. Dann beenden Sie die Entspannung und lösen sich allmählich von den inneren Bildern.
- Spüren Sie nochmals bewusst die Schwere Ihres Körpers. Vertiefen Sie Ihren Atem. Mit einer tiefen Einatmung strecken Sie die Arme über den Kopf und dehnen sich gründlich durch, bevor Sie die Augen wieder öffnen.

Für die Herzchakra-Meditation von Seite 91 nehmen Männer und Frauen eine unterschiedliche Mudra ein.

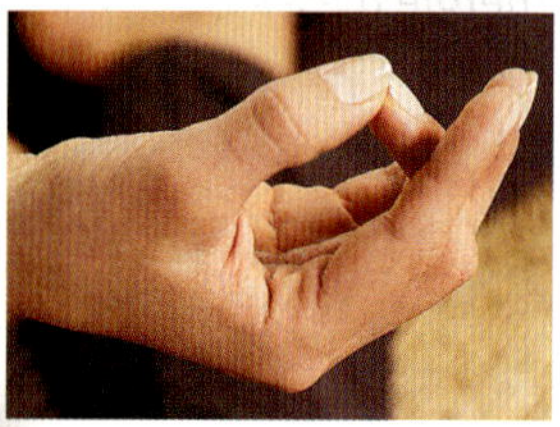

Bei der Herzchakra-Meditationsmudra berühren sich Daumen und Ringfinger der linken Hand und Daumen und Mittelfinger der rechten Hand. Bei Männern ist es umgekehrt.

Das Halschakra-Übungsprogramm

Das Halschakra oder Kehlkopfchakra heißt im Sanskrit Vishuddha-Chakra. *Vishuddhi* bedeutet reinigen und bezieht sich auf die innere Reinheit und Klarheit. Das fünfte Chakra liegt auf Höhe des Kehlkopfes und im Bereich der Halswirbelsäule. Es beeinflusst die Schilddrüse sowie Stimme, Sprache und Gehör.

Die zentralen Themen des Halschakras sind Kommunikation, Ausdruckskraft, Sprachbewusstsein und Kreativität. Auch die Fähigkeiten, Interesse zu entwickeln, sich zu konzentrieren oder Neues aufzunehmen und es in das eigene Wissen zu integrieren, hängen mit der Aktivität dieses Chakras zusammen. Außerdem trägt es dazu bei, Wesentliches von Unwesentlichem zu unterscheiden und klare Gedanken zu fassen.

Die Meditation und die aktivierenden Übungen für das Halschakra eignen sich besonders für Menschen, denen es schwer fällt, sich auszudrücken und die unter Kommunikationsproblemen oder Schüchternheit leiden. Auch wer auf der Suche nach seiner schöpferischen Ausdruckskraft ist oder sich nach Inspiration sehnt, sollte sich seinem Halschakra zuwenden. Übertriebener Ehrgeiz, Intoleranz oder Machtstreben sind eindeutige Zeichen für Blockaden innerhalb des Halschakras.

Zu den gesundheitlichen Problemen gehören Nackenschmerzen, Schilddrüsenleiden und Probleme mit dem Gehör – obendrein Hals- oder Zahnschmerzen, die immer wiederkehren.

Dem Chakra wird die Farbe Hellblau zugeordnet. Die Gottheiten, die die Energie dieses Chakras repräsentieren, sind Sakini und Sadashiva. Das zugehörige Mantra lautet »Ham«, das Symbol ist der Kreis.

Vorbereitung

Nehmen Sie sich einleitend ein wenig Zeit, um abzuschalten und sich auf die folgenden Übungen vorzubereiten. Beginnen Sie mit einer kurzen Entspannungsübung, indem Sie sich drei Minuten auf den Rücken legen, die Augen schließen und 7-mal ein- und ausatmen – wobei die Ausatmung jeweils etwa doppelt so lange dauern sollte wie die Einatmung. Danach öffnen Sie die Augen und strecken den Körper durch, bevor Sie mit dem Programm beginnen.

Halschakra – auf einen Blick

Farbe Hellblau
Mantra »Ham«
Symbol Kreis
Gott Sakini und Sadashiva

Spirituelle Themen

- Kommunikation
- Ausdruckskraft
- Sprachbewusstsein
- Kreativität

Körperliche Probleme

- Nackenschmerzen
- Schilddrüsenprobleme
- Gehörprobleme

ÜBUNG

Die Löwenstellung

• Die Löwenstellung wird im Fersensitz ausgeführt. Knien Sie sich dazu auf den Boden, und setzen Sie Ihr Gesäß auf den Fersen ab. Falls Ihnen die Position schwerfällt, können Sie ein Kissen zwischen Gesäß und Fersen legen. Legen Sie dann die Handflächen entspannt auf Ihre Knie, und atmen Sie einige Male tief durch die Nase ein und aus.

Die Löwenübung reinigt das Halschakra und stärkt den Hals- und Kehlkopfbereich.

• Konzentrieren Sie sich jetzt auf Ihr Halschakra. Stellen Sie sich einen hellblauen Energiewirbel vor, der in der Mitte Ihrer Kehle strahlt. Atmen Sie vorbereitend durch die Nase ein.

• Dann atmen Sie kräftig durch den Mund aus – gleichzeitig lehnen Sie sich nach vorne, strecken die Finger und spannen die Arm- und Brustmuskeln an. Fauchen Sie die Luft lautstark aus – Augen und Mund werden dabei weit aufgerissen und die Zunge kräftig herausgestreckt.

• Entspannen Sie sich am Ende der Ausatmung wieder: Schließen Sie den Mund, lockern Sie die Arm- und Gesichtsmuskeln, und atmen Sie einige Male normal durch die Nase. Nach einer kurzen Pause wiederholen Sie die Löwenstellung ein zweites und abschließend noch ein drittes Mal.

Die Halbmondstellung

• Knien Sie sich auf den Boden, und setzen Sie dann den rechten Fuß einen Schritt nach vorne. Achten Sie darauf, dass Ober- und Unterschenkel des rechten Beines einen rechten Winkel bilden, und halten Sie die Wirbelsäule aufrecht. Lassen Sie die Arme passiv hängen – die Fingerspitzen zeigen zum Boden. Atmen Sie tief ein.

• Ausatmend verlagern Sie Ihr Gewicht langsam auf den vorderen, rechten Fuß – das linke Bein wird dabei durchgestreckt.

• Atmen Sie ein, und heben Sie Ihre Arme senkrecht nach oben. In der Zielstellung berühren sich die Handflächen über dem Kopf; gleichzeitig wird der Oberkörper leicht nach hinten und der Kopf ein wenig in den

Nacken gelegt. Spüren Sie die Dehnung in Brust, Beinen und Hals – aber übertreiben Sie die Dehnung nicht, achten Sie auf Ihre Grenzen.

- Atmen Sie 3-mal tief durch, und konzentrieren Sie sich ganz auf Ihr Halschakra.
- Kommen Sie wieder in die Ausgangsstellung zurück, indem Sie die Arme senken und sich wieder auf die Fersen setzen. Nach einer kurzen Pause wechseln Sie die Beinstellung und führen die gleiche Übung auch auf der anderen Seite durch.
- Legen Sie sich abschließend kurz auf den Rücken, entspannen Sie sich, und spüren Sie den Wirkungen der Übung noch eine zeitlang nach.

Die Gebetshaltung

- Sitzen Sie aufrecht und doch entspannt auf dem Boden. Schließen Sie die Augen, und entspannen Sie Körper und Geist.
- Legen Sie Ihre Handflächen aneinander. Dann legen Sie die aneinandergelegten Handflächen mit nach oben gestreckten Fingern – wie zum Gebet – vor Ihre Brust. Atmen Sie tief ein.
- Mit der nächsten Ausatmung senken Sie Ihren Kopf so weit nach unten, bis das Kinn das obere Brustbein berührt. In dieser Position halten Sie den Atem ausgeatmet an, während Sie innerlich bis sieben zählen und zugleich Ihr Kinn leicht gegen die Halsgrube drücken. Konzentrieren Sie sich dabei ganz und gar auf Ihr Halschakra.
- Entspannen Sie sich dann wieder, indem Sie den Druck lösen und den Kopf heben – atmen Sie dabei langsam durch die Nase ein.
- Nach einer kurzen Pause wiederholen Sie dieselbe Übung noch ein zweites und drittes Mal.

Bei der Halbmondstellung hängen die Arme zunächst entspannt neben dem Körper, dann werden sie senkrecht über den Kopf gehoben und Rücken und Beine gedehnt.
Bild unten: *Bei der Gebetshaltung sollte eine leichte Spannung in den Unterarmen zu spüren sein.*

ÜBUNG

Die Vibrationsatmung

• Bleiben Sie in der aufrechten Sitzhaltung, und lassen Sie die Augen geschlossen. Pressen Sie Ihre Zunge fest gegen den Gaumen. Atmen Sie dann geräuschvoll durch den leicht geöffneten Mund ein – die Luft sollte dabei an der Zunge entlang eingesogen werden, wodurch ein deutlich hörbarer Zischlaut entsteht.

• Am Ende des Einatmens schließen Sie den Mund und halten den Atem anschließend an, während Sie innerlich langsam bis sieben zählen.

Bei der Vibrationsatmung atmen Sie mit einem Zischlaut durch den Mund ein und mit einem Summen durch die Nase aus.

• Während der Mund verschlossen bleibt, atmen Sie möglichst langsam durch die Nase aus; dabei summen Sie ein lang gezogenes »Mmmm«. Die Vibrationen, die dabei entstehen, wirken entspannend und lösend.

• Wiederholen Sie den Atemzyklus insgesamt 7-mal. Atmen Sie dabei jedes Mal geräuschvoll durch den Mund ein, und summen Sie die Luft beim Ausatmen durch die Nase wieder aus.

ÜBUNG

Meditation für das Halschakra

• Sie sitzen aufrecht und entspannt. Lassen Sie alle belastenden Gedanken und Gefühle los, und konzentrieren Sie sich auf Ihr Halschakra. Machen Sie sich bewusst, dass Ihnen dieses Chakra ermöglicht, Ihre Gedanken und Gefühle anderen Menschen gegenüber auszudrücken und Kontakt zu Ihrer eigenen Kreativität aufzunehmen.

Die Halschakra-Meditation erleichtert eine tief gehende Kommunikation mit unseren Mitmenschen.

• Um die Mudra einzunehmen, die den Energiestrom im Halschakra aktiviert, heben Sie langsam die Hände vor den Körper. Legen Sie die nach oben gestreckten Daumen zusammen, und verschränken Sie alle anderen Finger – achten Sie dabei darauf, dass der rechte Zeigefinger über dem linken liegt. Halten Sie die Hände vor der Brust, die

Oberarme liegen locker am Körper an, und die Schultern bleiben entspannt. Atmen Sie jetzt vorbereitend durch die Nase ein.

- Während der langen Ausatmung sprechen Sie innerlich 7-mal das Mantra »Ham«. Verteilen Sie die Silben gleichmäßig über das Ausatmen.
- Anschließend atmen Sie wieder sanft durch die Nase ein und wiederholen den Zyklus insgesamt 7-mal. Stellen Sie sich während der gesamten Meditation vor, wie hellblaue Energiestrahlen von Ihrem Halschakra aus nach oben in den Kopf und nach unten in die Brust strömen.

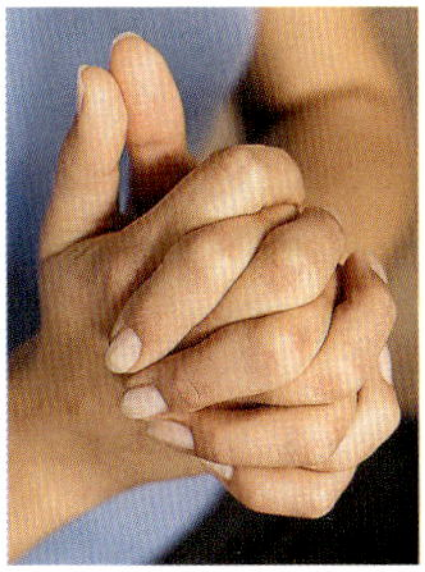

Die Mudra zur Halschakra-Meditation wird gebildet, indem die Hände gefaltet und die Daumen nach oben gestreckt werden.

Abschließende Entspannung für das Halschakra

ÜBUNG

- Legen Sie sich für diese abschließende Entspannungsübung flach auf den Rücken.
- Spüren Sie Ihren Körper, die Schwere Ihrer Gliedmaßen und die Lockerheit Ihrer Muskeln. Je tiefer Sie sich entspannen können, desto wirkungsvoller können Sie Visualisierungen nutzen, um die Energie im Halschakra anzuregen.
- Stellen Sie sich anfangs einen kleinen hellblauen Lichtwirbel vor, der mitten in Ihrem Kehlkopf schwebt.
- Visualisieren Sie dann, wie dieser Energiewirbel mit jedem Atemzug größer und heller wird. Lassen Sie dieses heilende blaue Licht des Halschakras immer weiter strömen – in den Nacken und in den Kopf – in die Schultern, die Arme und die Brust – und schließlich in den ganzen Körper hinein.
- Bleiben Sie einige Zeit bei dieser Vorstellung. Versuchen Sie, dabei nicht allzu viel zu machen, sondern die Energien einfach entstehen zu lassen.
- Um die Entspannung zu beenden, lösen Sie sich langsam von den inneren Bildern. Spüren Sie nochmals die Schwere Ihrer Muskeln. Dann vertiefen Sie Ihre Atmung, atmen schließlich tief ein und strecken die Arme über den Kopf. Dehnen Sie den Körper gründlich durch, bevor Sie die Augen öffnen und sich wieder Ihrem Alltag zuwenden.

Stellen Sie sich einen kleinen hellblauen Lichtwirbel vor Ihrem Kehlkopf vor, der mit jedem Atemzug größer wird, bis schließlich blaues Licht in den ganzen Körper strömt.

Stirnchakra – auf einen Blick

Farbe Dunkelblau
Mantra »Ksham«
Symbol Kreis mit zwei Flügeln
Gott Paramashiva und Shakti Hakini

Spirituelle Themen

- Intuition
- Selbsterkenntnis
- Weisheit
- Erleuchtung

Körperliche Probleme

- Kopfschmerzen
- Migräne
- Augenleiden
- Sehschwäche

Das Stirnchakra-Übungsprogramm

Das Stirnchakra liegt in der Mitte der Stirn etwas oberhalb zwischen beiden Augenbrauen. Die Sanskritbezeichnung lautet Ajna-Chakra – *ajna* bedeutet wahrnehmen oder wissen. Das sechste Chakra beeinflusst die Funktion der Hirnanhangdrüse. Das dritte Auge entspricht einem vollständig geöffneten, mit Energie aufgeladenen, aktivierten Stirnchakra.

Intuition, Selbsterkenntnis, Weisheit und Erleuchtung sind die zentralen Themen. Die Kraft dieses Energiezentrums ermöglicht es, innere Bilder zu sehen, geistige Erkenntnisse zu sammeln und sich für neue Gedankenimpulse zu öffnen. Ein starkes Stirnchakra öffnet den Menschen für die Erfahrung der Ganzheit und befreit ihn von Egoismus. Um verantwortungsvoll handeln und seinen spirituellen Weg in Klarheit und zielgerichtet gehen zu können, ist die Beschäftigung mit diesem Chakra besonders wichtig. Da die Entwicklung heilender Kräfte ebenfalls von seiner Energie abhängt, ist die Arbeit am Ajna-Chakra auch für Heiler von großer Bedeutung.

Menschen, die sich nur schwer konzentrieren können, leicht abzulenken, schnell verwirrt oder orientierungslos sind, sollten die Entwicklung ihres dritten Auges gezielt fördern; ebenso Menschen, die häufig unter starken Ängsten oder einem allgemeinen Gefühl der Sinnlosigkeit leiden.

Körperliche Probleme, die auf Störungen im Energiefluss des Ajna-Chakras hinweisen, sind häufige Kopfschmerzen, Migräne, Augenleiden und Sehschwäche, auch wiederkehrende Erkältungen und Nebenhöhlenentzündungen sowie bestimmte Erkrankungen des Nervensystems.

Traditionell wird das Stirnchakra mit den Gottheiten Paramashiva und Shakti Hakini in Verbindung gebracht. Die Farbe, die dem Chakra zugeordnet wird, ist Dunkelblau, das Mantra lautet »Ksham«, und das zugehörige Symbol ist der Kreis mit zwei Flügeln.

Vorbereitung

Beginnen Sie mit der kurzen Entspannungsübung, die Sie bereits kennen, indem Sie sich drei Minuten auf den Rücken legen, die Augen schließen und 7-mal ein- und ausatmen – wobei die Ausatmung jeweils etwa doppelt so lange dauern sollte wie die Einatmung. Öffnen Sie dann die Augen, und strecken Sie Ihren Körper durch, bevor Sie mit dem Programm beginnen.

Augenübungen

ÜBUNG

Durch einige einfache Augenübungen lässt sich die Energie im Stirnchakra auf sanfte Weise anregen. Wichtig ist dabei, dass Sie aufrecht und entspannt sitzen. Führen Sie mit beiden Augen folgende Bewegungen durch:

- Schauen Sie 7-mal abwechselnd nach oben und nach unten. Die Augen bewegen sich dabei auf einer senkrechten Linie. Dann schließen Sie die Augen und atmen einmal tief durch.
- Schauen Sie 7-mal abwechselnd möglichst weit nach links und rechts. Die Augen bewegen sich also auf einer waagrechten Linie. Schließen Sie anschließend die Augen, und atmen Sie einmal tief durch.
- Lassen Sie Ihre Augen 7-mal im Uhrzeigersinn und anschließend 7-mal gegen den Uhrzeigersinn kreisen. Die Augen bewegen sich dabei auf einer großen Kreislinie. Schließen Sie anschließend die Augen, und atmen Sie einmal tief durch.
- Zum Abschluss lassen Sie die Augen geschlossen und reiben währenddessen die Handflächen kräftig aneinander, bis sie ganz warm sind. Legen Sie Ihre Hände dann sanft auf die geschlossenen Augenlider. Spüren Sie, wie die Wärme in die Augenhöhlen und von dort aus weiter in Ihr Stirnchakra strömt.
- Achten Sie bei den Übungen darauf, dass sich Ihr Kopf nicht mitbewegt und die Bewegungen wirklich ausschließlich von den Augen ausgehen.

Bei den Augenübungen werden die Augen zuerst senkrecht, dann waagerecht und schließlich kreisförmig bewegt, dann geschlossen und mit den Händen bedeckt. Der Kopf bleibt dabei unbewegt.

Die Heuschrecke

ÜBUNG

- Bei dieser Übung liegen Sie auf dem Bauch. Zunächst entspannen Sie sich und legen sanft die Stirn auf den Boden. Achten Sie darauf, dass Beine und Füße geschlossen sind – die Fußrücken sollten entspannt auf dem Boden liegen, die Zehen werden also nicht angezogen. Lassen Sie die Arme einfach passiv neben dem Körper auf dem Boden liegen.

Das Bein sollte für die Heuschreckenübung nur durch Muskelanspannung angehoben werden.

• Um in die Zielstellung zu kommen, schließen Sie die Hände zu Fäusten und drücken diese – mit der Daumenseite nach unten – nahe neben den Oberschenkeln kräftig gegen den Boden. Atmen Sie aus.

• Während Sie einatmen, heben Sie dann langsam das linke Bein gestreckt vom Boden ab – anfangs genügen bereits wenige Zentimeter. Die Hüften sollten in Bodenkontakt bleiben. Halten Sie das Bein in dieser Stellung, und atmen Sie währenddessen 3-mal tief ein und aus. Arm-, Bauch- und Rückenmuskeln sind dabei kräftig angespannt.

• Um die Stellung zu lösen, legen Sie das gestreckte Bein wieder langsam auf dem Boden ab. Entspannen Sie sich kurz, und wiederholen Sie die Übung dann auch mit dem anderen Bein. Insgesamt sollten Sie die Heuschrecke mit jedem Bein mindestens 2-mal durchführen.

• Beenden Sie die Übung dann, indem Sie beide Beine wieder auf den Boden und die Hände unter die Stirn legen, um sich zu entspannen.

ÜBUNG

Die Stellung des schlafenden Kindes

• Die Übung beginnt im Fersensitz: Knien Sie sich auf den Boden, und setzen Sie sich auf Ihre Fersen. Achten Sie darauf, dass die Beine geschlossen sind und die großen Zehen sich berühren.

• Achten Sie außerdem auf eine aufrechte Haltung, und schließen Sie die Augen. Lösen Sie sich innerlich von Ihren Alltagsgedanken, und lassen

Sie Ihren Atem vollkommen entspannt kommen und gehen. Atmen Sie nun als Vorbereitung auf die Zielstellung tief ein.

- Mit dem nächsten Ausatmen lassen Sie den Oberkörper langsam nach vorne sinken, bis die Stirn den Boden berührt. Die Handrücken, Arme und Unterarme liegen neben den Beinen auf dem Boden – dabei zeigen die Handflächen nach oben.

Für das Schlafende Kind wird Wirbel für Wirbel ganz behutsam aufgerollt.

- Während dieser Stellung atmen Sie 7-mal sanft ein und aus. Beobachten Sie, ob Sie den sanften Druck der Atembewegung gegen die Oberschenkel spüren können. Konzentrieren Sie sich auf Ihr Stirnchakra – stellen Sie sich einen dunkelblauen Energiewirbel vor, der in der Mitte Ihrer Stirn kreist.
- Um die Übung zu beenden, richten Sie den Oberkörper langsam auf. Rollen Sie dazu den Rücken von der Lendenwirbelsäule aus über die Brustwirbelsäule und zuletzt über die Halswirbelsäule auf. Legen Sie sich abschließend noch kurz auf den Rücken, um sich zu entspannen.

Einfache Wechselatmung

ÜBUNG

Die folgende Übung gehört zu den klassischen Yoga-Atemübungen und wirkt sich harmonisierend auf das Stirnchakra sowie auf die gesamte Gemütsverfassung aus. Die Übung wird im Sitzen durchgeführt. Nehmen Sie Ihre bevorzugte Meditationshaltung ein, und schließen Sie die Augen. Kommen Sie ganz in das Hier und Jetzt, bevor Sie mit der eigentlichen Übung beginnen.

- Legen Sie die linke Hand entspannt auf den linken Oberschenkel. Winkeln Sie den rechten Unterarm ab. Strecken Sie Daumen, den kleinen und den Ringfinger, während Sie Zeige- und Mittelfinger nach innen beugen, und führen Sie die rechte Hand zur Nase. Nun sollten Sie durch sanften Druck auf die Nasenflügel das rechte Nasenloch problemlos mit dem rechten Daumen, das linke mit kleinem und Ringfinger verschließen können.
- Beginnen Sie mit der Wechselatmung, indem Sie zunächst tief ausatmen und dann das rechte Nasenloch mit dem Daumen verschließen.

Atmen Sie acht Sekunden lang durch das linke Nasenloch ein. Verschließen Sie gleich anschließend das linke Nasenloch mit den Fingerkuppen von kleinem und Ringfinger, lösen Sie den Daumen, und atmen Sie durch das rechte Nasenloch 16 Sekunden lang aus.

• Ohne zu pausieren atmen Sie anschließend gleich wieder acht Sekunden lang durch das rechte Nasenloch ein. Nach der vollständigen Einatmung verschließen Sie das rechte Nasenloch wieder mit dem Daumen, lösen Ring- und kleinen Finger und atmen links 16 Sekunden aus. Damit ist ein Zyklus vollendet.

• Wiederholen Sie diesen Atemzyklus insgesamt 7-mal: Acht Sekunden durch das linke Nasenloch einatmen – 16 Sekunden durch das rechte ausatmen – acht Sekunden durch das rechte Nasenloch einatmen – und schließlich 16 Sekunden durch das linke ausatmen.

• Während der Wechselatmung sollten Sie Ihre Aufmerksamkeit auf das Stirnchakra lenken. Visualisieren Sie, wie sich mit jedem Einatmen heilendes Licht in diesem Chakra ansammelt.

• Nutzen Sie das lange Ausatmen jeweils dazu, die Energie in Ihrem Körper zu verteilen.

Bei der einfachen Wechselatmung atmen Sie abwechselnd durch das eine Nasenloch ein und durch das andere aus.

Meditation für das Stirnchakra

Bleiben Sie in der aufrechten Sitzhaltung. Entspannen Sie Ihren Körper, und machen Sie sich bewusst, dass das Stirnchakra Sie mit Ihrer Intuition, Ihrer Erkenntniskraft und Ihrem Selbstbewusstsein verbindet.

Die Stirnchakra-Meditation harmonisiert und aktiviert das Zentrum Ihrer Intuition, Ihrer Erkenntniskraft und Ihres Selbstbewusstseins.

• Um die Energie im Stirnchakra anzuregen, sollten Sie folgende Mudra einnehmen: Legen Sie die Handflächen vor der Brust aneinander. Lassen Sie die gestreckten Mittelfinger nach vorne zeigen, die Fingerkuppen berühren sich. Die Daumen, deren Kuppen sich ebenfalls berühren, zeigen nach oben. Alle anderen Finger werden nach innen abgewinkelt und berühren sich jeweils am zweiten Fingerglied. Die Hände sollten etwa eine Handbreit von Ihrer Brust entfernt sein. Atmen Sie jetzt zuerst tief durch die Nase ein.

- Mit dem Ausatmen sprechen Sie innerlich 7-mal das Mantra »Ksham«. Verteilen Sie die sieben Silben gleichmäßig über ein langes Ausatmen. Dann atmen Sie wieder langsam durch die Nase ein. Wiederholen Sie die Übung insgesamt 7-mal, und lenken Sie Ihr Bewusstsein währenddessen auf Ihr Stirnchakra, das Sie sich als sanft kreisenden Energiewirbel vorstellen können.

Abschließende Entspannung für das Stirnchakra

- Legen Sie sich flach auf den Rücken. Lockern Sie alle Muskeln Ihres Körpers, spüren Sie die Schwere und den Kontakt zum Boden. Je tiefer Sie sich entspannen und loslassen können, desto wirkungsvoller können Sie Ihre Vorstellungskraft einsetzen, um die Energie im Stirnchakra anzuregen.
- Visualisieren Sie einen kleinen dunkelblauen Lichtwirbel, der in der Mitte Ihrer Stirn erstrahlt. Stellen Sie sich vor, wie dieser Energiewirbel mit jedem Atemzug größer und heller wird. Lassen Sie das Licht in Ihrem Stirnchakra nach und nach wachsen. Spüren Sie, wie sich die heilenden Strahlen von da aus in Ihrem Kopf und in den ganzen Körper hinein ausbreiten.
- Bleiben Sie einige Atemzüge lang bei dieser Vorstellung, doch arbeiten Sie nicht mit Ihrer Willens-, sondern ausschließlich mit Vorstellungskraft.
- Zum Ende lassen Sie die inneren Bilder wieder langsam los. Kehren Sie mit Ihrem Bewusstsein ganz in Ihren Körper zurück. Spüren Sie die Schwere Ihrer Muskeln und die Wärme Ihres Körpers. Vertiefen Sie Ihre Atmung, und strecken Sie die Arme langsam nach oben.
- Aktivieren Sie Ihren Körper, indem Sie sich räkeln und strecken. Abschließend öffnen Sie die Augen und wenden sich wieder der Außenwelt zu.

Bei der Stirnchakra-Meditation berühren sich Daumen und Mittelfinger an den Fingerkuppen, die anderen Finger am zweiten Fingerglied.

Das Kronenchakra-Übungsprogramm

Das Kronenchakra oder Scheitelzentrum wird im Sanskrit Sahasrara-Chakra genannt. *Sahasrara* lässt sich mit tausend oder tausendfältig übersetzen, denn der tausendblättrige Lotos ist das Symbol für dieses Chakra. Das Chakra liegt im Bereich des Schädeldachs und steht mit der Zirbeldrüse in Verbindung.

Die zentralen Themen sind Spiritualität und Selbstverwirklichung. Die Entwicklung des Sahasrara-Chakras ermöglicht Ihnen, sich mit dem Universum verbunden zu fühlen, geistige Welten zu erfahren und allumfassendes Wissen zu erlangen.

Für alle Menschen, denen es schwer fällt, Zugang zum Religiösen und Spirituellen zu finden, kann die Arbeit an ihrem Kronenchakra besonders wertvoll sein. Auch wer unter Desinteresse an seinem eigenen Leben, an Erschöpfung oder Depressionen leidet und das Gefühl hat, von der kosmischen Quelle seines Daseins abgetrennt zu sein, sollte die Entwicklung dieses Chakras gezielt fördern.

Machen Sie sich in der Bergstellung ganz lang, und dehnen Sie die Wirbelsäule.

Starke Kopfschmerzen, Immunerkrankungen sowie chronische oder auch lebensbedrohende Krankheiten deuten auf starke Blockaden im Bereich des Kronenchakras hin.

Traditionell wird das Kronenchakra in den Farben Weiß, Gold oder Violett dargestellt. Das aktivierende Mantra lautet »Om«, sein Symbol ist die Lotosblüte, und die zugehörige Gottheit ist Shiva.

Die Bergstellung

- Für diese Übung setzen Sie sich aufrecht auf den Boden. Die Augen sind geschlossen, und Ihr ganzer Körper ist entspannt.
- Um in die Zielstellung zu gelangen, atmen Sie ein und heben die gestreckten Arme langsam seitlich nach oben, bis sich Ihre Handflächen über dem Kopf berühren. Jetzt sollten die Fingerspit-

zen nach oben zeigen. Machen Sie sich ganz lang, und dehnen Sie die Wirbelsäule. Atmen Sie in dieser Haltung 7-mal tief durch, und konzentrieren Sie sich währenddessen auf Ihr Kronenchakra auf dem Scheitelpunkt Ihres Kopfes.

- Um die Stellung aufzulösen, lassen Sie einfach die Arme seitlich sinken und legen die Hände entspannt auf die Oberschenkel. Anschließend spüren Sie den Wirkungen dieser Übung nach.

Der kleine Kopfstand

Die folgende Variante des Kopfstands ist deutlich leichter zu erlernen als der klassische Kopfstand. Dennoch sollten Sie sich nicht entmutigen lassen, wenn Sie einige Versuche brauchen, bis die Übung gelingt.

- Setzen Sie sich zunächst in den Fersensitz. Legen Sie Ihre Handflächen dann schulterbreit auseinander nahe vor den Körper – die Finger zeigen nach vorne.
- Jetzt setzen Sie den Kopf mit dem Scheitel ein Stück vor den Händen auf den Boden – Kopf und Hände sollten ein Dreieck bilden. Winkeln Sie die Zehen an, und strecken Sie die Beine durch – in dieser Stellung sollte der größte Teil Ihres Gewichts gleichmäßig auf Kopf und Hände verlagert sein. Bereits in dieser Phase des kleinen Kopfstands ist die Übung wirkungsvoll und regt die Energien im Kronenchakra an – falls es Ihnen

Kronenchakra – auf einen Blick

Farbe Weiß

Mantra »Om«

Symbol Lotosblüte

Gott Shiva

Spirituelle Themen

- Spiritualität
- Selbstverwirklichung
- Verbindung mit dem Universum

Körperliche Probleme

- starke Kopfschmerzen
- Immunkrankheiten
- lebensbedrohende Krankheiten

Beim kleinen Kopfstand ruht das Körpergewicht zunächst auf Kopf, Händen und Füßen.

In der zweiten Phase des kleinen Kopfstands balancieren Sie nur noch auf Kopf und Händen.

schwerfällt, die Zielstellung einzunehmen, sollten Sie daher einfach in dieser Haltung bleiben und 7-mal tief durchatmen.

• Sie erreichen die Zielstellung, indem Sie nun noch zwei kleine Schritte nach vorne machen. Legen Sie dann zuerst das linke Knie auf Ihren linken Ellbogen, anschließend das rechte Knie auf den rechten. Winkeln Sie die Arme stark genug an, damit die Knie nicht abrutschen und eine stabile Position finden.

• In der Zielstellung sollten Sie nur noch auf Kopf und Händen balancieren, und die Fußspitzen sollten sich berühren. Falls Sie einmal nach hinten umfallen sollten, ziehen Sie einfach den Kopf zur Brust. Dadurch machen Sie einen Purzelbaum und rollen weich ab.

• Halten Sie diese Stellung wenn möglich über mehrere Atemzüge, und konzentrieren Sie sich dabei auf Ihr Kronenchakra. Lösen Sie dann die Haltung wieder auf, indem Sie zuerst das rechte und schließlich das linke Bein absetzen und wieder in den Fersensitz kommen.

ÜBUNG

Die Waage

Diese Übung wird im Stehen durchgeführt: Sie stehen dabei aufrecht und entspannt, die Augen bleiben diesmal geöffnet, und die Beine sind geschlossen.

• Verlagern Sie Ihr Körpergewicht auf das rechte Bein. Sobald Sie stabil auf dem rechten Fuß stehen, winkeln Sie das linke Bein nach hinten ab und greifen mit der linken Hand den Fußknöchel.

• Ziehen Sie den linken Fuß dann leicht zum Gesäß, doch übertreiben Sie die Dehnung nicht – es sollte nur ein leichtes Ziehen entstehen. Der Rücken bleibt während der gesamten Übung aufrecht. Achten Sie darauf, nicht ins Hohlkreuz zu kommen; schieben Sie das Becken dazu bewusst nach vorne.

- Um in die Zielstellung zu kommen, strecken Sie den rechten Arm schräg nach oben – die Handfläche zeigt zum Boden. Verlagern Sie gleichzeitig den Oberkörper leicht nach vorne, während Sie Ihr linkes Bein sanft nach hinten ziehen. Atmen Sie in der Zielstellung mindestens 3-mal tief durch, und versuchen Sie, die Balance zu halten. Konzentrieren Sie sich auf Ihr Kronenchakra, und visualisieren Sie, wie ein violettfarbener Energiewirbel auf dem höchsten Punkt Ihres Schädeldaches kreist.
- Um aus der Stellung zu kommen, senken Sie den rechten Arm, lassen den linken Fuß los und kommen wieder auf beiden Füßen zum Stehen. Pausieren Sie drei Atemzüge lang. Wiederholen Sie die Übung dann auch auf der anderen Seite.

Wechselatmung

- Sie sitzen aufrecht und entspannt. Schließen Sie die Augen. Für diese etwas anspruchsvollere Variation der Wechselatmung wenden Sie die gleiche Handstellung an wie bei der einfachen Wechselatmung von Seite 101. Benutzen Sie wiederum Daumen, Ring- und kleinen Finger der rechten Hand, um die Nasenlöcher abwechselnd durch leichten Druck auf die Nasenflügel zu verschließen.
- Atmen Sie zunächst einige Male tief durch. Lassen Sie alle Belastungen los. Dann atmen Sie tief aus.
- Verschließen Sie jetzt Ihr rechtes Nasenloch mit dem rechten Daumen, und atmen Sie acht Sekunden lang sanft durch das linke Nasenloch ein. Verschließen Sie unmittelbar danach das linke Nasenloch mit kleinem und Ringfinger, und halten Sie den Atem acht Sekunden lang an – ziehen Sie dabei den Schließmuskel nach innen und den Bauchnabel leicht nach

Bei der Waage ist das Standbein gestreckt, die Wirbelsäule bleibt gerade.

ÜBUNG

innen und oben. Lösen Sie dann den Daumen und die Muskelspannung im Unterleib, und atmen Sie durch das rechte Nasenloch 16 Sekunden lang aus. Ohne zu pausieren, atmen Sie anschließend wieder acht Sekunden durch das rechte Nasenloch ein. Nach der vollen Einatmung verschließen Sie das rechte Nasenloch wieder, halten den Atem acht Sekunden lang an und atmen dann 16 Sekunden durch das linke Nasenloch aus. Damit ist ein Zyklus vollendet.

- Wiederholen Sie die Wechselatmung 7-mal. Atmen Sie jedes Mal acht Sekunden durch das linke Nasenloch ein – halten Sie den Atem acht Sekunden an – dann atmen Sie rechts 16 Sekunden aus – Sie atmen rechts acht Sekunden ein – Sie halten den Atem acht Sekunden – und atmen links 16 Sekunden wieder aus.
- Während der Wechselatmung sollten Sie Ihre Aufmerksamkeit auf das Kronenchakra lenken. Stellen Sie sich vor, wie sich mit jedem Einatmen heilendes Licht im höchsten Chakra sammelt. Beim Ausatmen lassen Sie die Energie dann von oben nach unten in Ihren ganzen Körper strömen.

Für die Kronenchakra-Meditations-Mudra werden die Finger ineinander verschränkt – bis auf die Ringfinger, die gestreckt aufeinanderliegen.

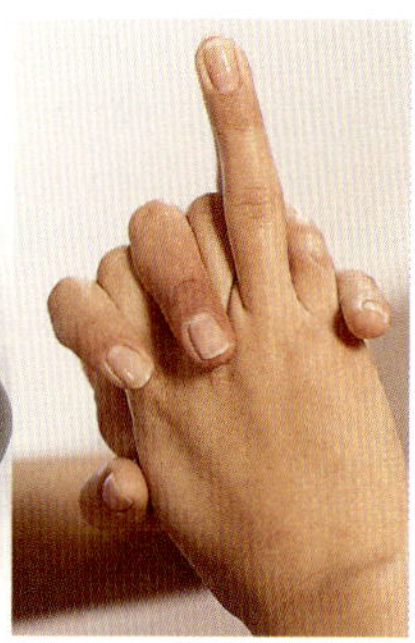

Meditation für das Kronenchakra

- Führen Sie die Meditation im Sitzen durch. Achten Sie darauf, dass Ihr Rücken aufrecht ist, und entspannen Sie Körper und Geist. Konzentrieren Sie sich auf die Energie Ihres Kronenchakras. Machen Sie sich bewusst, dass Sie sich über dieses Chakra mit der Unendlichkeit und Weite des Universums verbinden können.
- Um die Energie im Kronenchakra anzuregen, nehmen Sie folgende Mudra ein: Die Ringfinger werden gestreckt und aneinandergelegt, die übrigen Finger werden ver-

schränkt. Dabei sollte der rechte Daumen über dem linken liegen, und die Hände werden etwa auf Höhe des Magens in einigen Zentimetern Abstand zum Körper gehalten.

- Atmen Sie einige Male entspannt durch. Dann atmen Sie tief durch die Nase ein. Während Sie langsam und fließend ausatmen, sprechen Sie innerlich 7-mal das Mantra »Om«. Verteilen Sie die sieben Silben gleichmäßig über das Ausatmen. Dann atmen Sie wieder langsam durch die Nase ein. Wiederholen Sie dies insgesamt 7-mal, und lenken Sie Ihre Aufmerksamkeit während der Meditation auf das Kronenchakra. Nehmen Sie dabei bewusst heilende Energie aus dem Universum auf.

Abschließende Entspannung für das Kronenchakra

ÜBUNG

- Um die Übungsreihe für das Kronenchakra zu beenden, legen Sie sich abschließend noch einmal auf den Rücken. Spüren Sie die Schwere Ihres Körpers. Lassen Sie Ihren Atem entspannt kommen und gehen, und lösen Sie sich von allen Alltagsgedanken.
- Sobald Sie einen tiefen Entspannungszustand erreicht haben, können Sie Ihre Vorstellungskraft wirkungsvoll dazu einsetzen, um die Energie im Kronenchakra sanft anzuregen. Visualisieren Sie einen kleinen hellvioletten Lichtwirbel auf dem höchsten Punkt Ihres Schädels. Lassen Sie diesen kleinen Lichtpunkt mit jedem Atemzug immer größer und heller werden. Der Lichtwirbel ist dabei nicht auf Ihre Körpergrenzen beschränkt, sondern kann auch oberhalb Ihres Kopfes in der Luft kreisen.
- Spüren Sie nun, wie sich die heilende Energie vom Scheitel aus in den ganzen Körper ausbreitet. Lassen Sie es zu, dass sich dabei Blockaden lösen und heilende Energien in Bewegung kommen.
- Um die Übung zu beenden, sollten Sie sich zunächst langsam von Ihren inneren Bildern lösen. Richten Sie Ihre Aufmerksamkeit dann wieder ganz auf Ihren physischen Leib. Spüren Sie die Schwere und Wärme Ihres Körpers. Machen Sie sich bewusst, wie der Atem sanft durch Ihre Nase strömt. Lassen Sie den Atem allmählich immer tiefer werden. Dehnen Sie den Körper, indem Sie die Arme nach oben strecken. Öffnen Sie dann wieder die Augen, und wenden Sie sich Ihrem Alltag zu.

Beenden Sie das Kronenchakra-Yoga-Programm mit einer Entspannungsübung, bevor Sie in den Alltag zurückkehren. Damit werden Blockaden gelöst, und heilende Energie kommt in Bewegung.

Grundstufe 3 – der ganze Mensch

Im folgenden Abschnitt werden Sie erfahren, wie Sie inmitten Ihres täglichen Lebens Wege finden können, um zu Ihrem Gleichgewicht zu gelangen und ganzheitliche Harmonie zu erreichen.

Der nachfolgende Test wird Ihnen zunächst dabei behilflich sein, die eigenen Entwicklungsmöglichkeiten deutlicher zu erkennen. Außerdem wird er dazu beitragen, dass Sie sich Ihrer Stärken und Schwächen bewussterwerden.

Anschließend werden Sie sich damit beschäftigen, wie die menschliche Entwicklung innerhalb der sieben Lebensalter verläuft, und sich dabei den Einfluss der Chakra-Energie auf die jeweiligen Lebensphasen bewusst machen.

Abgesehen von dem auf natürliche Weise fortschreitenden Wachstum im Leben eines jeden Menschen können Sie Ihr geistiges Wachstum auch ganz bewusst beschleunigen. Es ist also durchaus möglich zu lernen, die Zügel selbst in die Hand zu nehmen und Voraussetzungen dafür zu schaffen, um in Einklang mit den Gesetzen des Universums zu leben und wahres Glück zu finden.

Schaffen Sie selbst die Voraussetzungen dafür, im Einklang mit den Gesetzen des Universums zu leben und wahres Glück zu finden.

Mit der Kraft Meditation zu innerem Frieden

Obendrein werden Sie in diesem Kapitel lernen, wie Sie die Kraft der Meditation nutzen können, um zu innerem Frieden zu gelangen. Zuvor werden Sie jedoch die drei Säulen der Harmonie kennen lernen und erfahren, wie diese in hohem Maß dazu beitragen, Ihre seelische und körperliche Gesundheit zu schützen.

Abschließend werden Sie noch einen Blick auf die Geheimnisse der Aura werfen. Dazu werden Sie erst einmal einiges zu den theoretischen Grundlagen des feinstofflichen Körpers erfahren und dabei gleichzeitig einfache Techniken kennen lernen, durch die Sie die Fähigkeit erhalten, Ihre Sinne zu verfeinern und die Aura zu sehen. Nach alldem haben Sie die Grundstufe abgeschlossen.

TEST: Wie groß ist Ihr Entwicklungspotenzial?

Dieser Test wird Ihnen einen Überblick darüber geben, welche Bereiche bei Ihnen bereits gut entwickelt sind und wo noch Entwicklungspotenzial besteht. Sie werden auch erfahren, wie Sie Ihr Potenzial am besten entfalten können.

Es stehen dem Menschen ganz unterschiedliche Wege zur Verfügung, um seine Spiritualität zu entwickeln, daher existiert auch eine Vielzahl unterschiedlicher spiritueller Schulen und Traditionen. Bei manchen Menschen beginnt der spirituelle Wachstumsprozess im körperlichen Bereich, bei anderen im Intellekt. Wieder andere spüren zunächst intuitiv Dinge, die sie erst im Laufe ihrer Entwicklung erfassen und zur Entfaltung bringen.

In diesem Test werden Sie Anregungen und Hinweise finden, wie Sie für sich ganz persönlich am sinnvollsten voranschreiten sollten. Beantworten Sie dazu die folgenden Aussagen möglichst aus dem Bauch heraus, ohne lange über Richtig oder Falsch nachzudenken.

Denn es dreht sich nicht um Richtig oder Falsch. Wie bei allen Tests in diesem Buch wird niemand Ihre Antworten beurteilen – und das sollten auch Sie selbst übrigens nicht tun.

Führen Sie den Test ausschließlich für sich selbst aus, und antworten Sie möglichst offen, denn letztlich geht es einzig und allein darum, neue Erkenntnisse zu gewinnen.

Wie bei allen Tests gilt auch beim folgenden: Ein paar Fragen können niemals Ihre gesamte Persönlichkeit erfassen, sondern nur ein ganz grobes Bild liefern, das noch dazu stark von Ihrer augenblicklichen Verfassung abhängt. Dennoch kann eine solche Momentaufnahme sehr hilfreich sein.

Möglicherweise empfinden Sie eine Aussage als nicht klar, oder Sie können sich nicht für eine Antwort entscheiden und nicht einfach mit »Stimmt« oder »Stimmt nicht« beantworten. In solch einem Fall antworten Sie dann einfach so, wie es für Sie am ehesten stimmt. Hören Sie einfach auf Ihr Gefühl.

1. Ich fühle mich vollkommen wohl in meinem Körper und mit meinem Körper.
A) Stimmt.
B) Stimmt nicht.

2. Wenn ich aus dem Bauch heraus handele, liege ich meistens richtig.
A) Stimmt.
B) Stimmt nicht.

3. Ich habe ein sehr gutes Gedächtnis für Gesichter.
A) Stimmt.
B) Stimmt nicht.

4. Spiritualität hat für mich einen wichtigen Stellenwert und steht im Mittelpunkt meines Lebens.
A) Stimmt.
B) Stimmt nicht.

5. Ich betrachte Krankheiten auch immer als Chancen für die Entwicklung.
A) Stimmt.
B) Stimmt nicht.

6. Ich bin seltener krank als die meisten Menschen in meiner Umgebung.
A) Stimmt.
B) Stimmt nicht.

7. Manchmal sage ich Dinge, die sich dann als genau richtig erweisen.
A) Stimmt.
B) Stimmt nicht.

8. Ich kann Zeitabstände, Entfernungen oder Mengen gut schätzen.
A) Stimmt.
B) Stimmt nicht.

9. Ich bin mir stets bewusst, dass es etwas hinter dem Offensichtlichen gibt.
A) Stimmt.
B) Stimmt nicht.

10. Es macht mir nichts aus, kranke Menschen zu berühren, zu pflegen oder ihnen zu helfen.
A) Stimmt.
B) Stimmt nicht.

11. Ich kann problemlos eine halbe Minute mit geschlossenen Augen auf einem Bein stehen. (Bitte ausprobieren!)
A) Stimmt.
B) Stimmt nicht.

12. Ich habe mehrmals im Traum wichtige Einsichten gewonnen.
A) Stimmt.
B) Stimmt nicht.

13. Mathematik interessiert mich.
A) Stimmt.
B) Stimmt nicht.

14. Ich fühle deutlich, dass mein Leben einen tieferen Sinn hat.
A) Stimmt.
B) Stimmt nicht.

15 Wenn ich krank bin, bin ich am liebsten allein.
A) Stimmt.
B) Stimmt nicht.

16. Ich kann locker eine halbe Stunde laufen oder joggen, ohne außer Atem zu sein.
A) Stimmt.
B) Stimmt nicht.

17. Ich habe einen sehr guten Orientierungssinn.
A) Stimmt.
B) Stimmt nicht.

18. Ich interessiere mich für viele, ganz unterschiedliche Dinge.
A) Stimmt.
B) Stimmt nicht.

19. Die Lehren eines spirituellen Meisters hinterfragt man nicht.
A) Stimmt.
B) Stimmt nicht.

20. Ich gebe gerne Massagen und lasse mich auch selbst gerne massieren.
A) Stimmt.
B) Stimmt nicht.

21. Ich kann mühelos im Stehen mit den Fingern meine Zehen berühren – auch wenn ich meine Beine gestreckt lasse.
A) Stimmt.
B) Stimmt nicht.

22. Ich habe manchmal Vorahnungen, die sich bewahrheiten.
A) Stimmt.
B) Stimmt nicht.

23. Es macht mir Spaß, schwierige Aufgaben zu lösen.
A) Stimmt.
B) Stimmt nicht.

24. Etwas zu schenken macht mir im Grunde genommen mehr Freude, als etwas geschenkt zu bekommen.
A) Stimmt.
B) Stimmt nicht.

25. Ich spüre ein Kraftzentrum in meinen Händen.
A) Stimmt.
B) Stimmt nicht.

Auswertung

Bei den Fragen geht es um verschiedene Bereiche: den körperlichen Bereich, die Intuition, den geistig-intellektuellen Bereich, die Spiritualität und die Heilung. In der folgenden Tabelle sehen Sie, welche Aussagen welchem Bereich zugeordnet sind. Zählen Sie für jeden Bereich zusammen, wie viele Fragen Sie mit »stimmt« beantwortet haben – mit einer Ausnahme: Bei Aussage 19 zählen Sie einen Punkt, wenn Sie mit »stimmt nicht« geantwortet haben.

Bereich	Bild	Aussagen	stimmt
Körper	Mensch	1, 6, 11, 16, 21	
Intuition	Mond	2, 7, 12, 17, 22	
Kognition	Sonne	3, 8, 13, 18, 23	
Spiritualität	Hände	4, 9, 14, 19 (negativ), 24	
Heilung	Schlange	5, 10, 15, 20, 25	

Anhand der Zahlen können Sie schon sehen, welche Bereiche bei Ihnen derzeit stärker und welche weniger stark entwickelt sind. Um das zu visualisieren, übertragen Sie die Ergebnisse in das Auswertungsbild auf Seite 116. Dafür füllen Sie entsprechende Anzahl von Kreise – von innen beginnend – bei dem jeweiligen Symbol aus.

Beispiel:

Bereich	Bild	Aussagen	stimmt
Körper	Mensch	1, 6, 11, 16, 21	1
Intuition	Mond	2, 7, 12, 17, 22	3
Kognition	Sonne	3, 8, 13, 18, 23	2
Spiritualität	Hände	4, 9, 14, 19 (negativ), 24	2
Heilung	Schlange	5, 10, 15, 20, 25	1

Das passende Bild sehen Sie gleich rechts. Wie Sie sehen, sind die fünf Bereiche mit Linien verbunden. Das hat eine Bedeutung und zeigt an, in welche Richtung die Entwicklung am leichtesten voranschreitet. Sie erkennen sofort, dass es immer zwei Möglichkeiten gibt, da jeder Bereich mit zwei anderen Bereichen verbunden ist.

Ergänzen Sie nun das Bild, indem Sie die Entwicklungsrichtung eintragen. Das geht folgendermaßen: Sie suchen sich den Bereich, der bei Ihnen am stärksten entwickelt ist. Von dort ausgehend zeichnen Sie einen Pfeil zu demjenigen verbundenen Bereich, der schwächer ausgeprägt ist. Von dort aus zeichnen Sie dann den Pfeil zu dem nächsten verbundenen Bereich. So fahren Sie fort, bis Sie wieder bei Ihrem stärksten Bereich angelangt sind.

Die beiden nachstehenden Beispiele werden Ihnen verdeutlichen, wie Sie dabei vorgehen.

Beispiel 1

Bei den Beispielen gibt es nur einen Unterschied: Beim ersten ist der Bereich »Kognition« stärker ausgeprägt als »Heilung« – beim zweiten Beispiel ist es umgekehrt. Das hat jedoch wichtige Folgen: Beim ersten Beispiel verläuft der Pfad der Pfeile linksläufig, beim zweiten Beispiel rechtsläufig.

In Beispiel 1 beginnt die Entwicklung also bei der Intuition. Diese kann am besten den Bereich »Heilung« fördern. »Heilung« wiederum wirkt sich am positivsten auf die Entwicklung im Bereich »Körper« aus, der körperliche Bereich aktiviert die Spiritualität, diese fördert die kognitive Entfaltung, die dann wiederum positiv auf die Intuition wirkt.

Beispiel 2

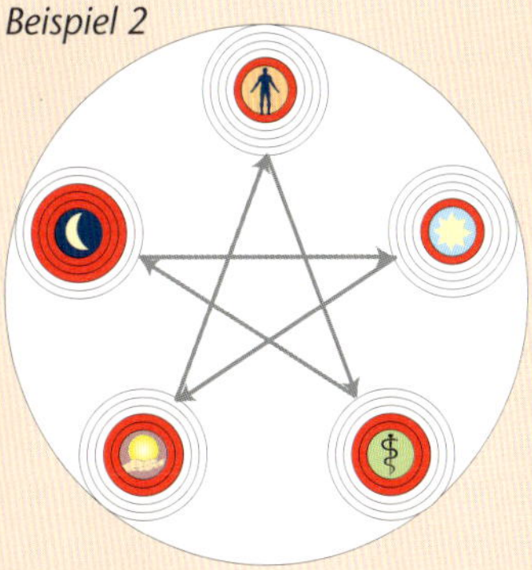

In Beispiel 2 beginnt die Entwicklung auch beim Bereich »Intuition«. In diesem Fall ist es jedoch der Bereich »Kognition«, also die geistig-intellektuellen Potenziale, die am meisten profitieren. Von dort aus wird der spirituelle Bereich am besten gefördert; der wirkt dann auf das Körperliche zurück. Der körperliche Bereich fördert den Bereich »Heilung«, die dann wieder das intuitive Potenzial am besten entwickeln kann.

Die geistige Entfaltung des Menschen

Gleichgültig, ob Sie einen spirituellen Weg gehen und in die Tiefe blicken wollen oder ob es Ihnen genügt, an der Oberfläche zu leben – Entwicklung findet in jedem Menschenleben statt. Auch wenn es zuweilen anders erscheinen mag – wirklichen Stillstand gibt es im Leben nicht, weder im Universum, noch in der menschlichen Entwicklung. Jeder Mensch wächst und entwickelt sich weiter, was während der Kindheit und Jugend besonders offensichtlich ist.

Sie können jedoch ein Leben lang in hohem Maße dazu beitragen, Ihr inneres Wachstum voranzutreiben und dem inneren Licht und der Glückseligkeit dabei in großen Schritten näherzukommen. Genauso gut können Sie sich treiben lassen und Ihre Entwicklung dem Zufall überlassen. Allerdings werden Sie dabei meist viel Leid erfahren, denn wenn Sie sich selbst nicht bewegen, wird das Leben *Sie* bewegen.

Vom ursprünglichen Zustand des Einsseins mit dem Universum bis hin zum Ziel der Erleuchtung ist es ein langer Weg.

Der Weg des Yoga und aller religiösen Kulturen bedeutet, seinem Glück nachzuhelfen und den geistigen Weg bewusst zu gehen. Sie auf diesem Weg weiter voranzubringen, ist nicht zuletzt auch Sinn dieses Buches. Dennoch ist es manchmal tröstlich zu wissen, dass sich selbst dann noch etwas bewegt, wenn Sie das Gefühl haben, in einer Sackgasse zu stecken.

Es sind vor allem die Energie und die innere Entwicklung der Chakras, die Sie in verschiedenen Phasen des Lebens beeinflussen. Damit Sie mit den natürlichen Rhythmen in Einklang leben können, sollten Sie sich des Sieben-Jahres-Rhythmus bewusst werden, der die menschlichen Lebensstufen prägt.

Der Sieben-Jahres-Zyklus und die Chakras

Das menschliche Leben ist von einem Rhythmus geprägt, der in wechselnden Bedürfnissen und Aufgaben zum Ausdruck kommt. Dieser Rhythmus ist eng mit den Chakras verbunden und entspricht einem Energieimpuls, der ständig durch die sieben Chakras strömt. Im Grunde gibt es nicht nur einen, sondern mehrere solche Rhythmen, die einander durchdringen.

Die Entwicklung des Menschen ist eng mit dem Energiefluss in den Chakras verbunden.

Der erste wichtige Rhythmus ist der Herzschlag: Mit jedem Herzschlag bekommt ein anderes Chakra einen Energieimpuls. Stetig pulst die Energie durch die Chakras – etwa jede Sekunde wechselt dieser Energieimpuls die Ebene und durchdringt ein anderes Chakra. Diesem Rhythmus übergeordnet ist der Atemrhythmus: Mit jedem Atemzug steigt die Energie zu einem anderen Chakra auf, um dann, wenn sie im Kronenchakra angelangt ist, den Zyklus erneut im Wurzelchakra zu beginnen.
Der im Folgenden beschriebene große Sieben-Jahres-Zyklus gibt eine Orientierung für die durchschnittlichen Entwicklungsphasen. Fassen Sie die Jahresangaben jedoch nur als Anhaltspunkte auf. Der große Zyklus der menschlichen Entwicklung umfasst sieben mal sieben Jahre. Danach – also ab dem 50. Lebensjahr – beginnt der Kreislauf von Neuem.
Jedes Lebensjahrsiebt untersteht der Dominanz eines der sieben Chakras. Daraus ergibt sich, dass es in jeder Lebensphase entsprechend unterschiedliche Aufgaben, Themen und Schwierigkeiten gibt, derer Sie sich bewusst sein sollten.
Die folgende Tabelle zeigt Ihnen den Zusammenhang der Siebener-Phasen mit dem Wirken der einzelnen Chakras.

Die menschliche Entwicklung im Einfluss der Chakras

Lebensjahr	1-7	8-14	15-21	22-28	29-35	36-42	43-49
Chakra	1. Chakra	2. Chakra	3. Chakra	4. Chakra	5. Chakra	6. Chakra	7. Chakra
1. Chakra	1. Lj	8. Lj.	15. Lj	22. Lj	29. Lj	36. Lj	43. Lj
2. Chakra	2. Lj	9. Lj	16. Lj	23. Lj	30. Lj	37. Lj	44. Lj
3. Chakra	3. Lj	10. Lj	17. Lj	24. Lj	31. Lj	38. Lj	45. Lj
4. Chakra	4. Lj	11. Lj	18. Lj	25. Lj	32. Lj	39. Lj	46. Lj
5. Chakra	5. Lj	12. Lj	19. Lj	26. Lj	33. Lj	40. Lj	47. Lj
6. Chakra	6. Lj	13. Lj	20. Lj	27. Lj	34. Lj	41. Lj	48. Lj
7. Chakra	7. Lj	14. Lj	21. Lj	28. Lj	35. Lj	42. Lj	49. Lj

Aus der Tabelle geht hervor, dass es innerhalb jedes Lebensjahrsiebts jeweils ein Jahr gibt, das besonders wichtig ist. Dieses Jahr bietet für das betreffende Chakra verstärkt Entwicklungschancen, bedeutet aber zugleich überdurchschnittliche Anfälligkeit für Krisen. Es sind dies:

- Die Krise des Säuglings, der entscheidet, ob er die Aufgabe des Lebens annehmen will.
- Die Krise des Kindes im Flegelalter, das seine Sinne erprobt.
- Die Krise des Jugendlichen in der Blüte der Pubertät, der um Selbstkontrolle ringt.
- Die Krise des jungen Erwachsenen, der sich mit Entscheidungen über Beruf und Familie konfrontiert sieht.
- Die Krise des Erwachsenen in der Blütezeit, der in der materiellen Welt einen Höhepunkt erreicht und sich mit der Wahrheit seines eigenen Lebens konfrontiert sieht.
- Die Krise des reifen Erwachsenen, der zwischen der Entscheidung zwischen Materiellem und Geistigem steht.
- Die Krise des Menschen, der die Chance zur Vervollkommnung hat, aber statt dessen häufig in die so genannte Midlife-Crisis eintritt.

Jedes Jahrsiebt hat ein bestimmtes Thema, eine Entwicklungsaufgabe, die mit einem der sieben Chakras in Zusammenhang steht.

1. bis 7. Lebensjahr: Die frühe Kindheit

In der ersten Lebensphase, der frühen Kindheit, geht es um das wichtige Thema Urvertrauen. Jedes der ersten Lebensjahre kann das Urvertrauen in einen neuen Bereich des Seins stärken oder schwächen. Das erste Jahr ist das wichtigste – hier wurzeln alle Zyklen: Der vorgeburtliche Zyklus endet mit der Entfaltung des Wurzelchakras, der siebenjährige Zyklus setzt dies fort, und der sieben mal sieben Jahre währende Zyklus nimmt seinen Ursprung in den Energien des Wurzelchakras.

Die erste siebenjährige Phase beginnt mit einem starken Energieimpuls des Wurzelchakras. Vertrauen aufbauen ist das Thema: Vertrauen in das Leben selbst, Vertrauen in die sinnliche Welt, Vertrauen in die eigene Persönlichkeit, Vertrauen in die Liebe und grundlegende Verbundenheit mit seinen Mitmenschen, Vertrauen in die Welt der Gedanken und der Kommunikation, Vertrauen in die Erkenntnisfähigkeit und schließlich Vertrauen in die Welt der Spiritualität.

8. bis 14. Lebensjahr: Die Kindheit

Die Kindheit ist die zweite Phase des großen Zyklus des menschlichen Lebens. Die folgenden Jahre stehen wiederum jeweils im Zeichen eines der sieben Chakras, beginnend mit dem Wurzelchakra. Die übergeordnete Thematik ist nun jedoch nicht mehr das Urvertrauen, sondern die Sinnlichkeit.

Verhaltensmuster aus der Kindheit sind nur schwer zu durchbrechen und prägen auch das Erwachsenenleben.

Nacheinander erfährt das Kind seine Sinnenwelt – im Bezug auf materielle Dinge, auf Kontrolle und Einfluss, auf die Umwelt und das eigene Selbst, auf die Freude der Sinnlichkeit selbst, auf Liebe und Miteinander, auf Kommunikation, auf die Einsichtsfähigkeit und schließlich auch auf die Spiritualität.

Die Sinne des Kindes sind sehr aktiv, es lebt und erfährt die Welt nun ganz über das Sehen, Hören, Berühren usw. Leider wird das von den Erwachsenen kaum berücksichtigt. Das Kind hat in der Schule still zu sitzen und zu lernen – doch während der Verstand trainiert wird, kommen die Sinne leicht zu kurz.

Wenn sich die sinnlichen Energien das Sakralchakras nicht frei entfalten können, wird dies immer auch die spätere Entwicklung der höheren Chakras beschränken. Kinder, die nicht lernen, die Welt mit den Sinnen voll zu

Kinder sollten draußen spielen können und ein Verhältnis zur Natur entwickeln.

erfassen, werden große Schwierigkeiten haben, andere Dinge einzuordnen und gründlich zu verarbeiten. Eltern sollten darauf achten, dass ihre Kinder in diesem Alter alle Sinne schärfen können, dass sie viel in der freien Natur sind, draußen spielen, auf Bäume klettern und sich austoben dürfen. Auch die Schulen hätten weniger Probleme, wenn das vermittelte Wissen nicht nur intellektuell, sondern auch sinnlich vermittelt würde.
Wenn Kinder diese Phase gut durchlaufen, haben sie etwas sehr Wertvolles für ihr weiteres Leben mit auf den Weg bekommen: Die Freude am Leben und die Fähigkeit, das Sein zu genießen.

In der Jugend versucht sich der Mensch in der Sexualität und in der Liebe. Er probiert mehrere Möglichkeiten aus, sich anderen mitzuteilen, und hat revolutionäre Gedanken, möglicherweise auch erste spirituelle Erfahrungen.

15. bis 21. Lebensjahr: Die Jugend

Die Jugend ist eine Sturm-und-Drang-Zeit. In dieser Zeit haben alle Entwicklungsaufgaben mit den Themen zu tun, die durch das Nabelchakra vorgegeben sind: Es geht um Selbstbehauptung, Kontrolle und Macht.
Während die sieben Chakras durchlaufen werden, lernt der Jugendliche, Kontrolle über die verschiedenen Energien, die mit den betreffenden Chakras im Zusammenhang stehen, zu gewinnen und seine Persönlichkeit in den unterschiedlichen Aspekten zu behaupten.
Gesellschaft, Eltern und Schule blockieren dabei nicht selten wichtige Entwicklungsschritte. Es ist in dieser Phase des Lebens wichtig, dass der Jugendliche sein Leben in die eigenen Hände nimmt und lernt, dass er Kontrolle über sein Leben hat. Es ist nur natürlich, dass er dabei zahlreiche Experimente macht – beispielsweise mit der Sexualität, der Liebe, den verschiedenen Möglichkeiten, sich anderen mitzuteilen, mit revolutionären Gedanken und spirituellen Erfahrungen.
Einschränkungen, die auf Traditionen und festgefahrenen Regeln beruhen, wird er zu durchbrechen versuchen. Wenn er in seiner Experimentierfreude durch Strafen oder Missachtung eingeschränkt wird, wird die Energie des Nabelchakras blockiert oder geschwächt: Er wird zum angepassten Duckmäuser oder zum aggressiven Rebellen, der sich gegen alles und jeden auflehnt, um die Blockaden, die er zumindest unbewusst spürt, zu durchbrechen.

Jugendliche brauchen Raum für die Entfaltung und Erfahrung ihrer eigenen Vorstellungen – wenn sie diesen Raum haben, werden sie sich problemlos in die Gesellschaft einfügen und dabei doch eine eigenständige Persönlichkeit bleiben können.

22. bis 28. Lebensjahr: Das frühe Erwachsenenalter

Im frühen Erwachsenenalter verändert sich die Aufgabenstellung wieder, und die Chakra-Energien entfalten sich unter einem neuen Aspekt: Die Themen des Herzchakras, das jetzt aktiviert ist, sind Liebe, Gefühlswärme, Mitgefühl und Hingabe.

Der Mensch ist nun bereit, zu teilen und sich zu engagieren: sowohl in der Familie als auch im Beruf und im Sozialen. Diese Phase ist häufig die produktivste im Leben, denn was die Menschen in dieser Zeit tun, können sie aus ganzem Herzen tun. Wer die Entwicklungsaufgaben dieser Zeit meistert, wird die Kraft, alles aus ganzem Herzen tun zu können, sein Leben lang behalten.

Nach der Sturm-und-Drang-Phase der Jugend engagiert sich der Mensch voller Elan und mit vollem Herzen für seine Aufgaben.

Die Entwicklungsaufgabe besteht jetzt darin, zu erkennen, dass alles liebenswert ist und auch die kleinsten Dinge eine Bedeutung haben. Je nachdem, welches Chakra gerade am aktivsten ist, wird sich der Fokus der Liebe unterscheiden – vom engen Fokus der Liebe zum Materiellen bis zum Verschwinden des Fokus und dem Aufgehen im All-Einen. Im Allgemeinen wird die Entwicklung irgendwo dazwischen liegen – doch es ist wichtig, die Entwicklungsaufgabe im Herzen zu behalten und den Versuch zu machen, seine Liebe nicht in das Gefängnis der Einseitigkeit einzusperren.

29. bis 35. Lebensjahr: Das reife Erwachsenenalter

Gegen Ende des zweiten Lebensjahrzehnts wechselt das Grundthema abermals. Die nächsten sieben Jahre spielt das Halschakra eine übergeordnete Rolle und das Thema »Kommunikation« rückt in den Vordergrund. Die Ausprägungen dieses Themas verändern sich im gewohnten Rhythmus der Chakras.

Die besondere Aufgabe dieser Lebensphase besteht darin, aus den bislang geschaffenen Grundlagen die richtigen Folgen zu ziehen. Die Kommunikationsenergie des Halschakras bewirkt auch eine verbesserte innere Kommunikation: Menschen in diesem, durch das Halschakra geprägten Lebensabschnitt, können nun besser nach innen blicken und sehen sich mit dem konfrontiert, was sie sind. Meist stellen sie dann einen Unterschied zwischen dem fest, was sie einmal sein wollten, und dem, was sie tatsächlich sind. Die vorrangige Aufgabe ist nun, eine funktionierende Kommunikation mit dem Unterbewusstsein herzustellen, das Ich-Bewusstsein auf den neuesten Stand zu erheben und rational seine Möglichkeiten zur Entwicklung zu überdenken.

Im Beruf entscheidet sich in dieser Zeit meist, wo die Karriere später enden wird. Jetzt werden beruflich wichtige Weichen gestellt – die gesteigerten kommunikativen Fähigkeiten können dabei oft entscheidende Wendepunkte herbeiführen.

Nach einer Phase des starken Engagements für neue Aufgaben ist der Blick zurück manchmal eine Enttäuschung. Nicht alle gesteckten Ziele wurden erreicht, viel mehr wäre möglich gewesen. Doch mit der Vollendung des großen Zyklus kommt eine zweite Chance.

36. bis 42. Lebensjahr: Die Zeit der Erkenntnis

In der Mitte des dritten Lebensjahrzehnts stellt das Stirnchakra mit seinem Thema »geistige Erkenntnis« neue Entwicklungsaufgaben.

Menschen in dieser Lebensphase entwickeln häufig plötzlich auf neuen Gebieten starkes Engagement. Die Energien des Stirnchakras helfen dabei, die verschiedenen Aspekte des Seins tiefer zu durchblicken. Daher ist es durchaus interessant zu sehen, auf welche Aspekte sich neue Erkenntnisse besonders beziehen – dies gibt Hinweise auf die bisherige Entwicklung der Chakras.

Manche Menschen richten ihren Blick nun verstärkt auf das Materielle: Sie interessieren sich für Aktien, bauen ein Haus, schaffen Sicherheit für die Familie – ihre Erkenntnis wird vor allem vom Wurzelchakra gelenkt. Andere erkennen die Bedeutung der Sinnlichkeit und geben vielleicht sogar ihr bisheriges Leben auf, um neue Sinnenfreuden zu erfahren – in diesem Alter sind Ehescheidungen am häufigsten. In diesem Fall bekommt die Erkenntnis einen besonderen Impuls vom Sakralchakra. Wieder andere wollen etwas bewirken und Einfluss auf die Welt nehmen – hier spielt das Nabelchakra eine besondere Rolle. Für jene, bei denen das Herzchakra besonders aktiv ist, bezieht sich die tiefere Erkenntnis auf Liebe und Miteinander. Besonders wertvoll ist die Phase der Erkenntnis jedoch dann, wenn sie sich auf die höheren Chakra-Energien beziehen: Menschen, deren Halschakra stark ist, engagieren sich nun besonders für die Wahrheit und für die Kommunikation zwischen den Menschen. Ist das Stirnchakra dominant, sind besondere geistige Erkenntnisse und schöpferische Ideen die Folge. Bei Menschen, deren Kronenchakra bereits gut entwickelt ist, führt die vermehrte Erkenntnisfähigkeit oft dazu, dass sie sich einem spirituellen Weg widmen oder übersinnliche Fähigkeiten entwickeln.

43. bis 49. Lebensjahr: Die Vollendung des ersten großen Zyklus

Mit diesem Lebensabschnitt wird der sieben mal sieben Jahre währende große Zyklus des menschlichen Lebens vollendet. Das höchste Chakra, das Kronenchakra mit seinen Themen Spiritualität, geistige Kraft und Erleuchtung, durchdringt nun das Leben. Wie stark es das Leben tatsächlich beeinflusst, hängt wesentlich von den vorausgegangenen Entwicklungen ab.

Prinzipiell fällt es dem Menschen jedoch in diesem Lebensabschnitt leichter, die verschiedenen Aspekte des Lebens – Materielles, Emotionales, Geistiges und Spirituelles – von einer ganzheitlichen Warte aus zu betrachten. Das Durchlaufen dieser Phase ist die Voraussetzung für die Erfahrung, die als »Erleuchtung« bezeichnet wird.

Nach Abschluss des sieben-mal-siebenjährigen Zyklus vollzieht sich der Zyklus von Neuem. Nun ist es an der Zeit, sich ganz und gar auf das Wesentliche zu konzentrieren, um diese wertvolle Chance richtig zu nutzen.

Allerdings ist das Erreichen des Alters von sieben mal sieben Jahren nicht ausreichend – für viele Menschen endet diese Zeit sogar in einer Krise: Sie überblicken ihr bisheriges Leben, spüren intuitiv, dass eine wichtige Phase abgeschlossen ist und dass sie nicht das erreicht haben, was ihnen möglich gewesen wäre. Es kommt zur Midlife-Crisis.

Mit dem Abschluss des sieben-mal-siebenjährigen Zyklus beginnt der große Zyklus wieder von Neuem: Durch die inzwischen gewonnene Lebenserfahrung und Reife vollziehen sich die Schritte diesmal jedoch auf einem höheren Niveau. Die meisten Menschen bekommen jetzt eine zweite Chance, denn die Fortschritte in der Medizin und die allgemein günstigen Lebensverhältnisse führen oft zu einem hohen Alter. Spätestens jetzt wird es Zeit, sich ganz und gar auf das Wesentliche zu konzentrieren, um diese wertvolle Chance zu nutzen.

Der ganzheitliche Weg zur spirituellen Harmonie

Auch wenn der spirituelle Weg in erster Linie ein Weg des Geistes ist, bedeutet das nicht, dass Körper und Seele dabei vernachlässigt werden dürfen. Ganz im Gegenteil: Erst die Ganzheit macht den Menschen ganz und heil. Nur wenn er sich gut um seinen Körper und die seelischen Bedürfnisse kümmert, wird auch das spirituelle Wachstum optimal verlaufen.

Körper, Seele und Geist stehen in ständiger Wechselbeziehung: Wenn Ihr Körper gesund ist und Sie sich vital und leicht fühlen, wird sich das auch positiv auf Ihr Gefühlsleben auswirken. Umgekehrt werden Gefühle wie Freude, Heiterkeit oder Mitgefühl die Gesundheit des Körpers stärken, während Sie eher krank werden, wenn Angst, Neid oder Eifersucht Sie beherrschen. Geistige Zustände haben eine starke Wirkung auf Ihr Fühlen und Denken, denn Körper, Seele und Geist sind eng miteinander verbunden und durchdringen sich gegenseitig.

Bei den spirituellen Wegen des Ostens und insbesondere beim Yoga geht es weniger um Theorien als vielmehr um praktische Übungswege zu

»Leichtigkeit, Freiheit von Krankheit und Begierden, Lichtheit der Farben und Wohlklang der Sprache, (...) das deutet die erste Stufe des Yoga an.«
Shvetashvatara-Upanishad

Innerer Frieden, geistige Klarheit und Gesundheit in Körper und Seele sind Ziele des Yoga.

einem erfüllteren, glücklicheren Leben. Letztlich ist Yoga eher ein Seinszustand als ein Weg. Zu den typischen Kennzeichen dieses Zustands gehören innerer Frieden, geistige Klarheit, Gesundheit und ein gesteigertes Wohlbefinden in Körper und Seele. Eine zentrale Frage im Yoga lautet: »Wie kann ich Leiden und Schmerzen vermeiden – im Körper, in der Seele und im Geist? Und wie kann ich zu meiner natürlichen Harmonie zurückkehren?«

Das Ziel des spirituellen Weges sollte nie allein in geistigen Erkenntnissen und übersinnlichen Erfahrungen bestehen. Stattdessen muss es auch darum gehen, Ausgeglichenheit und Gesundheit im täglichen Leben herbeizuführen. Die einfachste Möglichkeit, dorthin zu gelangen, besteht darin, einige einfache, universelle Gesetze der Harmonie zu befolgen.

»Wie kann ich Leiden und Schmerzen vermeiden – im Körper, in der Seele und im Geist? Und wie kann ich zu meiner natürlichen Harmonie zurückkehren?«

Dem natürlichen Fluss folgen

Um in Harmonie zu leben und innere Ruhe und äußere Stärke zu entwickeln, brauchen Sie nur dem Weg zu folgen, den die Natur vorgibt. Der spirituelle Pfad ist zum großen Teil auch ein Pfad, auf dem Sie alles Künstliche und Erzwungene ablegen und wieder zu Ihrer eigenen Natur zurückfinden können.

Jeder Mensch hat eine natürliche Tendenz zur Heilung: Gebrochene Knochen wachsen wieder zusammen, Krankheitserreger werden durch Fieber abgetötet, Wunden heilen, Giftstoffe werden über Nieren, Leber, Lunge und Haut ausgeschieden. Im Grunde muss der Mensch nicht viel tun, um zu seiner ursprünglichen Harmonie zurückzukehren. Allerdings gibt es einiges, was er unterlassen sollte.

Die heutige Lebensweise entfernt den Menschen weit von seiner natürlichen Quelle und birgt Gefahren, die nicht ohne Folgen bleiben. So verbringen die meisten Menschen heutzutage viel zu wenig Zeit an der frischen Luft. Wälder, Wiesen und Strände kennen sie meist nur noch aus dem Fernsehen. Sie sitzen den ganzen Tag, schlingen ihre Nahrung hastig in sich hinein, ernähren sich von Fastfood und Fertignahrung und sind einer Fülle von Reizen und elektromagnetischen Feldern ausgesetzt. Gibt der Körper schließlich Signale, die auf Überlastungen aufmerksam machen – beispielsweise durch Kopfschmerzen, Verdauungsprobleme oder ähnliches –, werden diese rasch mit Medikamenten unterdrückt. Die Folgen sind bekannt. Es spielt keine Rolle, ob man sie als »Zivilisationskrankheiten« oder als »stressbedingte Erkrankungen« bezeichnet: Noch nie litten so viele Menschen an Herz- und Kreislaufbeschwerden, Übergewicht, Diabetes, Arteriosklerose und Krebserkrankungen wie heutzutage. Auch Schlafstörungen, Depressionen und Angststörungen nehmen in erschreckendem Maße zu.

Wenn Ihnen Ihre spirituelle Entwicklung am Herzen liegt, sollten Sie diese Probleme nicht ausblenden. In diesem Buch finden Sie zahlreiche Techniken, die Ihre körperlichen, seelischen und geistigen Abwehrkräfte auf natürliche Weise stärken – insbesondere die Yoga-, Atem-, Entspannungs- und Meditationsübungen gehören dazu. Darüber hinaus sollten Sie aber auch die grundlegenden Gesetze der Harmonie kennen. Diese sind in den folgenden drei Säulen der Harmonie zusammengefasst.

Die erste Säule der Harmonie – Bewegung und Vitalität

Jedem ist bewusst, dass der menschliche Körper nicht dazu angelegt ist, sein Leben im Sitzen zu verbringen. Der Weltgesundheitsorganisation WHO zufolge ist ein Mangel an Bewegung sogar am stärksten für die Ausbreitung von Zivilisationserkrankungen verantwortlich. Bewegung dagegen hält den Körper jung und geschmeidig, schützt die Gehirnzellen vor Alterung, schützt die Immunabwehr und verbessert die Seelenlage erheblich.

In der Yoga-Philosophie spielte Sport, wie man ihn in der westlichen Welt kennt, keine Rolle. In früheren Zeiten hatten die Menschen zwangsläufig genügend Bewegung und mussten oft viele Kilometer zum nächsten Dorf oder zur nächsten Wasserstelle zu Fuß zurücklegen. In Zeiten akuten Bewegungsmangels ist das jedoch anders. Hier stellt sich durchaus die Frage nach dem Sinn regelmäßiger Körperertüchtigung.

Vergessen Sie dennoch nicht, dass Yoga vor allem ein innerer Weg ist. Die Yoga-Stellungen und Atemübungen schenken dem Körper auf sehr subtile, doch auch auf umfassende Weise Energie und Vitalität. Hinzu

Lernen Sie die drei Säulen der Harmonie kennen: Bewegung und Vitalität, Ernährung und die Gunas sowie Entspannung und innere Ruhe.

kommt, dass Sie täglich zahlreiche Möglichkeiten haben, für mehr Bewegung zu sorgen. Nutzen Sie diese. Wählen Sie die Treppe anstatt den Aufzug, stehen Sie zwischendurch auf, um einige Yoga-Übungen durchzuführen, arbeiten Sie im Garten, oder fahren Sie kürzere Strecken mit dem Fahrrad. Vor allem aber, gehen Sie möglichst täglich spazieren.

Sie können das Gehen zu einer Pranayama-Übung machen, indem Sie Ihre Schritte mit dem Atemrhythmus kombinieren. Gehen Sie in flottem Tempo. Atmen Sie dabei vier Schritte lang durch die Nase ein und vier Schritte durch den Mund aus. Wiederholen Sie das 7-mal, und lassen Sie Ihren Atem dann wieder einige Minuten normal strömen. Wiederholen Sie den Zyklus mindestens 3-mal. Mit der Zeit können Sie dann auf bis zu acht Schritte Ein- und acht Schritte Ausatmen steigern. Durch das Yoga-Gehen bringen Sie nicht nur Ihren Kreislauf in Schwung – Sie nehmen auch sehr viel Lebensenergie auf und regen sämtliche Chakras an.

Yogis und Weise des alten Indien haben Nahrungsmittel den drei Gunas zugeordnet: Sattva, Tamas und Rajas. Gunas sind die drei Qualitäten, aus denen die Urmaterie zusammengesetzt ist und die alle Existenzformen beeinflussen.

Die zweite Säule der Harmonie – Ernährung und die Gunas

Tagtäglich erneuern sich die Zellen des Körpers – und den größten Einfluss auf diesen Stoffwechsel hat die Nahrung. Yogis achten daher besonders auf ihre Ernährung. Leichte Kost, frische, naturbelassene Nahrungsmittel wie Obst, Gemüse, Getreide, Milchprodukte oder Kräuter versorgen den Körper mit großen Mengen an Prana und steigern das körperlich-seelische Wohlbefinden.

Traditionell wird im Yoga wie auch im Buddhismus zu vegetarischer Ernährung geraten. Dies hat nicht nur damit zu tun, dass pflanzliche Nahrung als leichter verdaulich und gesünder gilt – zahlreiche Studien der letzten Jahrzehnte zeigen, dass Vegetarier deutlich seltener mit Herzproblemen, Bluthochdruck, erhöhtem Cholesterin und sogar Krebserkrankungen zu kämpfen haben. Im Vordergrund steht allerdings das Gebot von Nicht-Schädigen – *ahimsa*.

Letztlich ist die Entscheidung für oder gegen eine vegetarische Ernährung dennoch eine sehr individuelle Frage, die jeder für sich beantworten muss und bei der auch die klimatischen Bedingungen eine Rolle spielen. Es gibt durchaus spirituelle Meister auf der höchsten Stufe, die Fleisch essen.

Guna	Wirkung	Nahrungsmittel	Ernährungsweise
Sattva	harmonisiert Körper und Geist	frisches Obst, Gemüse, Vollkornbrot und Getreide, Milch, Butter, Käse, Nüsse, Kräuter, Hülsenfrüchte, Samen und Sprossen	die Nahrung wird maßvoll aufgenommen, es wird bewusst und in Ruhe gegessen und gut gekaut
Rajas	reizt und überreizt den natürlichen Energiefluss	sehr scharfe, saure, heiße, trockene oder salzige Nahrungsmittel; Kaffee, Salz, Schokolade, scharfe Gewürze, Eier	die Nahrung wird schnell, in Hektik und unbewusst gegessen
Tamas	ermüdet den Körper und lässt den Geist träge werden	Fleisch, fette Speisen, Alkohol, fermentierte Lebensmittel, Verdorbenes oder Überreifes, Knoblauch (auch Tabakgenuss)	es wird zu viel Nahrung aufgenommen und zu häufig gegessen

Yogis und Weise aus dem alten Indien haben intuitiv erkannt, dass bestimmte Nahrungsmittel besonders förderlich für die spirituelle Entwicklung sind. Sie haben diese Nahrungsmittel den drei Gunas zugeordnet.

Gunas sind die drei Qualitäten, aus denen die Urmaterie zusammengesetzt ist und die alle Existenzformen beeinflussen. Sie heißen Sattva, Tamas und Rajas. Die Eigenschaften von Sattva sind Reinheit, Klarheit und Harmonie, während Rajas mit Aktivität und Reiz und Tamas mit Dunkelheit, Trägheit und Chaos assoziiert wird. Während Rajas und Tamas in der Ernährung weitgehend gemieden werden sollten, ist sattvaige Nahrung auf dem geistigen Weg besonders wertvoll. Deshalb wird sie auch im Ayurveda empfohlen. Die obige Tabelle bietet Ihnen einen Überblick zur Zuordnung verschiedener wichtiger Nahrungsmittel.

Guna heißt wörtlich »Sehne eines Bogens« oder »Eigenschaft«. Die Idee der drei Gunas als maßgebliche Kräfte für alles, was lebt, hat sich in der spirituellen Psychologie Indiens über Jahrtausende bewährt.

Die dritte Säule der Harmonie – Entspannung und innere Ruhe

Die dritte Säule der Harmonie ist am besten in folgendem Zitat aus der Maitrayani-Upanishad zusammengefasst: »Wer friedvollen Geistes in seinem Selbst verharrt, erlangt unendliches Glück.«

Untersuchungen zeigen, dass Menschen, die sich schlecht ernähren und sich zu wenig bewegen, dennoch gesund und leistungsfähig bleiben können – wenn sie gelassen und entspannt sind und stressfrei leben.
Sie finden in diesem Buch einige wirkungsvolle Entspannungsübungen. Entspannungstechniken mögen banal erscheinen, sind aber besonders wichtig, da sich auch der Geist automatisch entspannt, wenn der Körper entspannt ist. Nahezu jeder Mensch leidet heute an Anspannungen. Besonders häufig werden die Gesichtsmuskeln oder der Kiefer unnötig angespannt. Doch auch hochgezogene Schultern, eine verspannte Nackenmuskulatur oder Verkrampfungen im Bauch- und Beckenbereich sind typische Schwachpunkte.

»Wer friedvollen Geistes in seinem Selbst verharrt, erlangt unendliches Glück.«
Maitrayani-Upanishad

Entspannung hat mit Gelassenheit zu tun. Und Gelassenheit stellt sich ein, wenn Sie im Leben nicht zu viele Widerstände aufbauen; wenn Sie lernen, den Dingen ihren Lauf zu lassen, anstatt ständig eingreifen zu müssen; wenn Sie vor allem annehmen, was ist. Zu akzeptieren, dass das Universum ist, wie es ist, dass die Menschen sind, wie sie sind – und dies von ganzem Herzen –, führt ganz von selbst zu Entspannung, Heiterkeit und Gelassenheit.

Was Ihnen gut tut

Sie haben nun die wichtigsten Säulen der Harmonie kennen gelernt, die Ihnen viele Ansatzpunkte bieten, Ihr Leben positiv zu verändern. Stellen Sie sich jedoch bei allem die folgenden entscheidenden Fragen: »Was tut mir gut? Was brauche ich? Was schadet mir?«
Lernen Sie, die Signale, die Ihnen ununterbrochen von Ihrem Körper und Ihren Gefühlen gesendet werden, richtig zu deuten. Entwickeln Sie Ihre spirituelle Intelligenz, indem Sie das, was für Sie wichtig ist, von dem unterscheiden, was unwesentlich ist.
Täglich haben Sie Kontakt zu bestimmten Menschen, Orten, Aufgaben und Situationen. Obendrein unterliegen Sie Tag für Tag bestimmten Mustern und Gewohnheiten im Denken und Handeln. Doch nicht immer ist das, was Sie sich angewöhnt haben, für Sie das Beste. Rollenspiele, Prägungen durch die Erziehung oder Vorgaben der Gesellschaft können positiv, doch auch negativ sein.

Was tut mir gut?

ÜBUNG

Die folgende Übung ist ganz einfach: Achten Sie auf möglichst viele Reize und Impulse, die Sie während des Tages erfahren.

- Richten Sie Ihre Achtsamkeit auf Dinge, die Sie hören, sehen, schmecken, tasten oder spüren. Finden Sie heraus, ob diese Sie in die richtige oder in eine falsche Richtung führen. Minimieren Sie Belastendes, und intensivieren Sie Förderliches.
- Um herauszufinden, was Ihnen gut tut, fragen Sie sich einfach, wie Sie sich fühlen – unmittelbar nach einer bestimmten Situation, nach einer bestimmten Begegnung oder nachdem Sie etwas Bestimmtes getan haben. Fragen Sie sich beispielsweise:
- »Wie fühle ich mich jetzt, nachdem ich ...

... durch den Wald gelaufen bin?«
... mit X telefoniert habe?«
... aus dem Büro gekommen bin?«
... eine Schokoladentorte gegessen habe?«
... zehn Stunden geschlafen habe?«
... Pranayama-Übungen durchgeführt habe?«
... usw.

Nehmen Sie sich Zeit, zu spüren, was Ihnen guttut, und hören Sie dabei auf die Weisheit Ihres Herzens.

Das Phänomen der Aura

Die Aura ist ein Energiefeld, das alle Lebewesen umhüllt. Nicht nur Menschen haben eine Aura, sondern auch Pflanzen und Tiere. Die Aura ist also etwas ganz Natürliches – und alle Menschen sind mit der Fähigkeit geboren, die Aura zu sehen. Für Kinder ist es meist noch ganz selbstverständlich, Auras in ihrer Umgebung wahrzunehmen. Doch Erwachsene verlieren diese Fähigkeit, wenngleich sie nie wirklich verloren geht.
Jeder Mensch hat eine ganz bestimmte Ausstrahlung. Sicher kennen auch Sie Menschen, die eine gute Ausstrahlung besitzen und überall eine positive Stimmung verbreiten. Und sicher kennen Sie auch Gegenbeispiele – Menschen, die etwas Unangenehmes an sich haben, ohne dass

Das klassische Yoga kennt das Phänomen der Aura schon seit über 5 000 Jahren. Jeder Mensch kann lernen, die Aura wahrzunehmen. Dazu sind lediglich die Bereitschaft, Übung und Geduld nötig.

Die sieben Aura-Schichten umgeben den Körper wie Hüllen.

Sie genauer definieren könnten, was das ist. Man spricht dann davon, dass der Mensch eine »negative Ausstrahlung« hat. In der Regel werden Sie dies allerdings nur im übertragenen Sinne meinen. Doch Ihr Unterbewusstes weiß es besser.

Das Wunder der Ausstrahlung

Die Aura hängt in hohem Maße mit der spirituellen Reife eines Menschen zusammen. Doch was macht eine reife Persönlichkeit aus? Welches Geheimnis steckt hinter einer charismatischen Ausstrahlung? Das sind zunächst einmal äußerliche Faktoren – die äußere Erscheinung, die Körperhaltung, der Gesichtsausdruck und das Auftreten –, die die Ausstrahlung prägen. Doch wichtiger als diese Merkmale sind innere Gesichtspunkte. Ein Mensch, der selbstbewusst, klar, gelassen, heiter – kurzum in harmonischer seelischer Verfassung – ist, strahlt dies auch aus. Wenn Ihr inneres Auge offen ist, können Sie erkennen, dass dieser Mensch von einer hellen, strahlenden und reinen Aura umgeben ist.

Die sieben Aura-Schichten

So wie es sieben Hauptchakras gibt, besteht auch die Aura aus sieben Schichten. Die sieben feinstofflichen Körper sind Energiefelder unterschiedlicher Dichte – sie werden oft auch als Hüllen bezeichnet.
Die erste Schicht entspricht der Ebene des physischen Körpers – es ist die physische Aura, die stärkste Verdichtung der göttlichen Urenergie. Die siebte Schicht entspricht der reinen kosmischen Energie – der göttlichen Ebene. Allerdings sind die sieben feinstofflichen Hüllen, aus denen sich die Aura zusammensetzt, nicht wirklich voneinander getrennt, sondern sie berühren und durchdringen sich gegenseitig.
Alles was lebt, hat eine Aura. Doch die höheren Aura-Ebenen sind nur bei Lebewesen mit Selbstbewusstsein ausgeprägt. Auch Pflanzen und Tiere haben eine wahrnehmbare Aura, doch nur die ersten beiden Aura-Schichten sind entwickelt, die anderen sind als Möglichkeit vorhanden.

Die Aura kann in Form beeindruckender Farb- und Lichterscheinungen wahrgenommen werden. Oft wird die Aura als Wolke aus Licht beschrieben, die den Menschen umhüllt. Je höher die spirituelle Entwicklung eines Menschen ist, desto leuchtender erscheint seine Aura.

Die erste Aura-Schicht ähnelt der grobstofflichen Körperhülle.

Auraschicht 1: Annamaya Kosha

Die erste Schicht der Aura steht noch in sehr enger Verbindung zum grobstofflichen Leib. Sie ist die physische Hülle, in der die Urenergie am stärksten verdichtet ist. *Annamaya kosha* bedeutet Nahrungs-Körper. Diese Auraschicht bildet die nährende Hülle des aus den fünf Elementen – Erde, Feuer, Luft, Wasser und Raum – bestehenden Körpers. In ihr zeigen sich grundlegende stoffliche Probleme. Für Heiler ist Annamaya Kosha wichtig, da sich in ihr schwere, lebensbedrohliche Krankheiten oft am deutlichsten zeigen.

Die Ausdehnung des Annamaya Kosha entspricht in etwa der Außenbegrenzung des physischen Körpers und ragt höchstens wenige Millimeter über ihn hinaus.

Die zweite Aura-Schicht aktiviert wichtige energetische Prozesse im Körper.

Auraschicht 2: Pranamaya Kosha

Die zweite Schicht ist die vitale oder ätherische Hülle, die den ätherischen Leib begrenzt. Die Verbindung zwischen Äther-Leib und grobstofflichem Körper ist weniger eng als beim Nahrungs-Körper.

Pranamaya kosha bedeutet Vital-Körper oder Lebenshülle. Sie ist ebenfalls eng mit den grundlegenden Lebensvorgängen verbunden und aktiviert die (grob-)energetischen Prozesse im Körper, beispielsweise die Temperaturregulation, den Kreislauf, die hormonellen Abläufe und die Atmung. Im Pranamaya Kosha werden überlebenswichtige Reaktionen auf äußere, schädigende Vorgänge ausgelöst, indem Bewusstsein und Unterbewusstsein Informationen übermittelt werden, die dann zu ausgleichenden Reaktionen führen. Ohne Pranamaya Kosha würden Sie beispielsweise auf Verletzungen nicht reagieren.

Die Vital-Hülle hat dieselbe Form wie der stoffliche Leib, sie ist jedoch etwas größer. Da sie ziemlich dicht an der Hautoberfläche liegt, wird sie mitunter als ein zweiter, ätherischer Körper wahrgenommen. Für die

Aura-Heilung ist die Vital-Hülle von größter Bedeutung. Wer als Heiler tätig ist, sollte mindestens in der Lage sein, Pranamaya Kosha deutlich wahrzunehmen.

Auraschicht 3: Manomaya Kosha

Mit der dritten Aura-Schicht sind bereits höhere feinstoffliche Funktionen verbunden, die mit der spirituellen Entwicklung einhergehen. *Manomaya kosha* bedeutet Geistes-Körper. Im westlichen Kulturkreis wird diese Aura-Schicht meist als emotionale Hülle oder Emotionalleib bezeichnet. Der Geistes-Körper spielt bei Emotionen und Gefühlen eine Rolle – ebenso aber bei Gedanken, Wünschen und Träumen. Im Manomaya Kosha zeigen sich das Denken, das Unterbewusstsein, Stimmungen, Gemütsbewegungen und die fünf niederen Sinne – Sehen, Hören, Riechen, Schmecken und Tasten.

Je ausgeprägter die dritte Auraschicht ist, desto größer ist die spirituelle Reife des Menschen.

Diese Schicht ist für spirituelle Heiler von ganz besonders großer Bedeutung. Denn in ihr kann der Sehende die Wurzeln von Krankheiten und

Leiden erkennen und tief greifende Heilungsprozesse in Gang setzen. Die Gestalt des Geistes-Körpers entspricht der Form des grobstofflichen Leibes, ist allerdings deutlich größer. Bei spirituell hoch entwickelten Menschen bildet Manomaya Kosha eine Sphäre, die den gesamten Menschen kugelförmig umgibt.

Auraschicht 4: Vijnanamaya Kosha

Diese vierte Ebene der Aura entspricht den lichteren, höheren Aspekten der Persönlichkeit. *Vijnanamaya kosha* kann man mit Wissens-Körper übersetzen. Diese Aura-Schicht heißt auch mentale Hülle und Mentalleib. Sie ist mit den Ideen und Gedanken verbunden, die von geistiger Klarheit, Intuition und dem freien Willen getragen sind.

Vijnanamaya Kosha umgibt den materiellen Leib kugelförmig. Bei schweren geistigen Störungen allerdings kann die Kugelform deformiert erscheinen.

Die höheren Aura-Schichten werden nur von wenigen Menschen direkt wahrgenommen – doch da die höheren Ebenen die niedrigen verändern, können ihre Auswirkungen auch auf niedrigeren Ebenen indirekt bemerkt werden. Es ist so, wie wenn der nicht sichtbare Wind die Oberfläche eines Sees kräuselt.

Die vierte Aura-Schicht umgibt den Körper kugelförmig, kann aber bei Störungen deformiert sein.

Auraschicht 5: Anandamaya Kosha

Die fünfte Ebene der Aura ist die »kausale Hülle«, die den Kausalleib begrenzt. Im Sanskrit wird die letzte sichtbare Hülle des Menschen *Anandamaya kosha* genannt – Körper der reinen Glückseligkeit.

Beide Namen weisen auf unterschiedliche Aspekte dieser Ebene hin. Kausalleib oder kausale Hülle betont, dass hier die Verbindung zu den wahren Ursachen – lateinisch *causa* – Ursache – stattfindet. Die indische

Bezeichnung als Körper der reinen Glückseligkeit bezieht sich auf die Gefühle der Freude und des überirdischen Glücks, die mit Erfahrungen auf dieser Ebene einhergehen.

Über den Kausalkörper werden höhere Erkenntnisse vermittelt. Erste Erleuchtungserlebnisse sind Anzeichen dafür, dass der Kontakt zu Anandamaya Kosha hergestellt wurde.

Solche Erlebnisse haben übrigens alle Menschen. Wer verzückt Musik lauscht oder in völliger Selbstvergessenheit einen Sonnenuntergang betrachtet, berührt die Sphäre der reinen Glückseligkeit. Bei Menschen auf dem spirituellen Weg werden diese Erlebnisse lediglich länger und häufiger. Das zeigt, dass sie immer mehr in Verbindung mit den höheren Energien gelangen.

Die fünfte Aura-Schicht umgibt den Körper ellipsenförmig.

Anandamaya Kosha bedarf keiner Behandlung, ist für spirituelle Heiler jedoch von großer Bedeutung. Bei spirituell weit entwickelten Menschen kann sich die Kausalhülle meilenweit ausdehnen. Der Heiler kann dadurch auch die Aura von Menschen berühren und positiv beeinflussen, die sich nicht in seiner unmittelbaren Umgebung aufhalten. Fernheilungen und so genannte übersinnliche Fähigkeiten hängen mit dieser Aura-Ebene zusammen.

Die Kausalhülle wird nur dann als Schicht der Aura wahrgenommen, wenn sie bereits gut entwickelt ist – und auch das nur von spirituell gut entwickelten Menschen.

Auraschicht 6: Jiva

Die sechste Ebene der Aura ist die Seelenhülle. Im Sanskrit heißt sie *jiva* – individuelle Seele. In der östlichen Philosophie und Religion wird die Seele anders gesehen als in der westlichen Vorstellung. Jiva – im Hinduismus auch *atman* – ist ebenfalls die individuelle Seele und Essenz der Persönlichkeit, doch sind in ihr noch die Unterschiede vorhanden, die jeden Menschen einmalig machen.

Diese Unterschiede sind jedoch nicht mehr, wie auf niedrigeren Ebenen, trennende Unterschiede. In der indischen Spiritualität ist Jiva noch nicht die höchste Manifestation der feinstofflichen Energie. Auf der höchsten Ebene sind alle Unterschiede verschwunden, und die Seele ist eins mit Gott, dem Kosmos oder dem All-Einen. Bei Jiva kann man nicht mehr von einer konkreten Ausdehnung sprechen. Für Jiva ist der Raum nur eine Illusion. Erleuchtete können die Seelenhülle in tiefer Meditation als inneres Licht oder kosmischen Urklang wahrnehmen. Menschen, die in stetiger Verbindung mit Jiva sind, beginnen zu »leuchten«. Die tieferen Schichten der Aura werden angeregt und beginnen mitunter so stark zu strahlen, dass sogar spirituell völlig unerfahrene Menschen dies zuweilen – wenn oft auch nur unbewusst – wahrnehmen können.

Die sechste Aura-Schicht wird als inneres Licht wahrgenommen.

Auraschicht 7: Maha-Jiva

Die höchste, siebte Ebene der Aura ist die Ebene des Kosmischen oder Göttlichen, die Ebene des göttlichen Selbst. *Maha-Jiva* – im Hinduismus *brahman* – bedeutet Große Seele. In Maha-Jiva sind alle Gegensätze aufgehoben. Zeit und Raum spielen keine Rolle mehr. Nur vollendete Erleuchtete und Heilige können diese Ebene direkt erfahren. Diese Erfahrung hebt sie über die Ebene des Menschlichen hinaus. Sie sind eins mit dem All-Einen.

Der sichtbare Lichtleib manifestiert sich schon beim Kontakt zu Jiva. Zunächst beginnt der Bereich um das Sahasrara-Chakra – das Kronenchakra – als Kranz oder Nimbus zu strahlen. Wird die Verbindung intensiver, wird der Strahlenkranz verdichtet. In der Kunst wird das meist als goldene Scheibe – Aureole – um den Kopf herum abgebildet. Bei erleuchteten Wesen, die in steter Verbindung zu Maha-Jiva stehen und die Verschmelzung der gesamten Aura erreicht haben, leuchtet schließlich der gesamte Körper als Gloriole.

Die siebte Aura-Schicht erscheint als Strahlenkranz um den Kopf oder den ganzen Körper.

Die Aura sehen lernen

Für die allermeisten Menschen ist das Sehen der wichtigste Sinn. Das Auge gilt als Spiegel der Seele – durch den Blick in die Augen des anderen blicken Sie in sein Innerstes. Das Sehen hat auch eine starke Verbindung zu den lichten Kräften: Bei der tiefsten spirituellen Erfahrung spricht man auch von »Erleuchtung« – was ebenfalls darauf hinweist, wie wichtig das Sehen für den Menschen ist.

Nicht wenige Menschen nehmen manchmal spontan, ohne etwas über feinstoffliche Kräfte oder über die Aura zu wissen, einen Lichtschimmer rund um Lebewesen oder sogar um Gegenstände wahr. Für Kinder scheint die Wahrnehmung der Aura eine ganz natürliche Fähigkeit zu sein. Sie sprechen jedoch nur selten darüber, da sie dies entweder als ganz normal ansehen oder weil sie Angst davor haben, ausgelacht zu werden, wenn sie von ihren Erfahrungen berichten.

Die Aura eines Menschen zeigt sich als dessen positive oder negative Ausstrahlung. Selbst wenn Sie die Aura nicht sehen können, nehmen Sie sie intuitiv wahr.

Auch viele Erwachsene sehen die Aura – allerdings ohne sie zu sehen: Das scheint paradox, aber es stimmt. Viele Menschen sehen beispielsweise Gutes oder Böses im Gesicht eines Menschen. Fragt man sie dann, was genau sie sehen, können sie es nicht benennen. In Wirklichkeit haben sie die Aura unbewusst wahrgenommen.

In Träumen, in denen die Bande zwischen feinstofflichem und grobstofflichem Leib lockerer sind, sind Erfahrungen mit dem Aura-Sehen häufiger. Gar nicht selten sehen Menschen im Traum regelmäßig die Aura anderer Menschen.

Das Aura-Sehen, das bei Heilern und spirituell Fortgeschrittenen spontan auftreten kann, ist jedoch in den meisten Fällen eine Frage der Übung. Die folgenden Techniken sind dafür eine gute Basis. Sie werden Ihnen dabei helfen, diese Fähigkeit zu erlernen. Vertrauen Sie aber immer auf Ihre Intuition, und finden Sie letztlich selbst heraus, welches Ihr persönlicher Weg zur Wahrnehmung der feinstofflichen Welt ist.

ÜBUNG

Die Augen vorbereiten

Diese Vorübung dient dazu, die Augen an neue Sichtweisen zu gewöhnen. Es geht dabei darum, die Augen gründlich zu entspannen und sie mit Energie aufzuladen. Das ist ganz einfach:

- Reiben Sie Ihre Hände kräftig aneinander, bis die Handflächen heiß werden. Schließen Sie dann die Augen, und legen Sie die Handflächen auf die geschlossenen Augenlider.
- Spüren Sie, wie die angenehme Wärme Ihre Augen entspannt und mit Energie versorgt. Halten Sie diese Position ein paar Sekunden lang.
- Wiederholen Sie diese Übung 3-mal. Wenn Sie sich nun umsehen, werden Sie feststellen, dass alle Farben leuchtender und intensiver erscheinen – und dass Sie klarer sehen.

Fokussieren und Defokussieren

ÜBUNG

Die Menschen haben sich daran gewöhnt, die Welt scharf zu sehen. In vielen Fällen ist die Fähigkeit, die Augen genau auf eine gewisse Distanz einzustellen – zu fokussieren – sehr wichtig, beispielsweise beim Lesen. Doch das Scharfsehen wird mittlerweile als Wert an sich betrachtet: Gut zu sehen bedeutet scharf zu sehen.
Jedoch bereits im grobstofflichen Bereich stimmt das nicht immer. Beispielsweise ist das periphere Sehen – also das Sehen am Rande des Gesichtsfeldes – viel besser in der Lage, schnelle Bewegungen wahrzunehmen. Sie können das leicht mit Hilfe eines Fernsehgerätes an sich

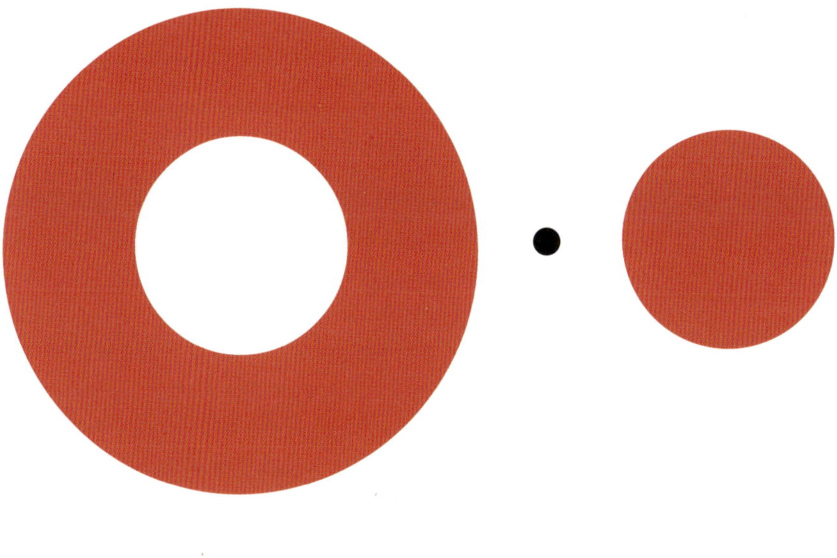

selbst ausprobieren: Wenn Sie direkt in den Fernseher blicken, sehen Sie ein flimmerfreies Bild – wenn Sie dagegen knapp daneben sehen, erkennen Sie das Flimmern des Bildes, da das Fernsehbild 25-mal pro Sekunde neu aufgebaut wird.

Auf die subtile Wahrnehmung wirkt sich das Fokussieren negativ aus: Sie stellen Ihre Augen ganz auf die grobstoffliche Ebene ein. Das Fokussieren macht das Aura-Sehen nahezu unmöglich. In dieser Übung geht es daher darum, das bewusste Defokussieren zu üben.

- Auf Seite 139 sehen Sie einen roten Kreis, in dessen Mitte sich ein weißer Kreis befindet, und rechts daneben einen kleinen roten Kreis, der dieselbe Größe wie der weiße hat.
- Blicken Sie nun auf den schwarzen Punkt in der Mitte, und entspannen Sie Ihre Augen. Nach einer Weile werden Sie ein Doppelbild sehen, und der schwarze Punkt erscheint plötzlich in der Mitte des weißen Kreises.
- Versuchen Sie nun, den schwarzen Punkt noch weiter nach links wandern zu lassen – so lange, bis der rechte rote Kreis den linken weißen Kreis bedeckt oder zumindest schneidet.
- Ist Ihnen das gelungen, fokussieren Sie wieder, indem Sie den schwarzen Punkt wieder scharf sehen. Wechseln Sie dann wieder zur defokussierten Sehweise. Üben Sie, bis Ihnen der Wechsel mühelos gelingt.

Wie gut Sie die Aura wahrnehmen können, ist auch abhängig davon, wie weit Ihre eigene Aura entwickelt ist.

Übrigens trainieren Sie mit dieser Übung nebenbei Ihre Augenmuskulatur. Wenn Sie unter Kurzsichtigkeit leiden, werden Sie möglicherweise sogar feststellen, dass Ihre Sehschärfe zunimmt.

Eine brennende Kerze betrachten

Das Flackern einer Kerze zu beobachten, kann einen angenehmen leichten Trancezustand herbeiführen. Obendrein beruhigt es die Gedanken. Der Blick auf eine Kerze ist eine schöne Meditationsübung. Die Kerzenflamme zieht die Aufmerksamkeit wie von selbst auf sich und macht es leicht, sich von unruhigen Gedanken und Gefühlen zu lösen.

Als Vorübung für das Aura-Sehen ist das Beobachten einer Kerzenflamme eine ideale Einstimmung. Die Flamme einer Kerze hat verblüffende Ähnlichkeit mit einer Aura – Sie können sogar mehrere Schichten wahrnehmen. Vertiefen Sie sich in die Flamme. Konzentrieren Sie sich auf die unterschiedlichen Schichten. Fokussieren und defokussieren Sie. Sehen Sie die Flamme als Ganzes und in ihren einzelnen Teilen. Lassen Sie Ihren Geist ruhig werden, und erfassen Sie die Aura der brennenden Kerze mit Ihrem ganzen Bewusstsein.

Die Aura visualisieren

ÜBUNG

Die Übung beginnt damit, dass Sie sich die Aura ein-bilden – Sie machen sich in Ihrer Vorstellung ein inneres Bild der Aura. Wenn Sie sich fragen, welchen Sinn das hat, wird Ihre innere Weisheit Ihnen helfen. Denn Ihr spirituelles Bewusstsein weiß, dass Sie die Aura wahrnehmen können. Das innere Bild, dass Sie entstehen lassen, signalisiert Ihrem rationalen Bewusstsein, dass es möglich ist, die Aura zu sehen – oft werden Sie danach in der Lage sein, die Aura tatsächlich zu sehen.

- Entspannen Sie sich in einer bequemen Haltung, und schließen Sie die Augen. Visualisieren Sie einen Menschen, den Sie gut kennen.
- Stellen Sie sich vor, wie dieser Mensch von einer deutlich sichtbaren Aura umgeben ist.
- Lassen Sie zu, dass sich dieses Bild verändert. Lassen Sie sich von Ihrer spirituellen Intelligenz leiten, ohne einzugreifen.
- Wenn sich das Bild nicht mehr verändert, betrachten Sie es eingehend. Machen Sie sich mit dieser Wahrnehmung vertraut.
- Beenden Sie die Übung, und beobachten Sie, ob sich in Ihrer Wahrnehmung von Menschen etwas verändert hat. Möglicherweise können Sie bereits jetzt die Aura um Menschen herum erkennen.
- Erwarten Sie jedoch nicht, dass Sie, nachdem Sie die Übung einmal ausgeführt haben, eine strahlende Aura mit verschiedenen Schichten sehen können. Dies kann bisweilen tatsächlich der Fall sein. Machen Sie die Übung jedoch immer wieder, und gewöhnen Sie Ihr Bewusstsein daran, die Aura als Realität zu akzeptieren.

Im Anschluss an die Übung versuchen Sie, sich bei Begegnungen mit Menschen auf deren Aura zu konzentrieren. Mit der Zeit werden Sie die Aura Ihrer Mitmenschen immer deutlicher wahrnehmen. Versuchen Sie dabei, die verschiedenen Farben, Formen, Ausprägungen, aber auch dunkle oder blinde Stellen der jeweiligen Aura auszumachen.

Sobald Sie erlebt haben, dass Sie die Aura wahrnehmen können, können Sie diese neue Fähigkeit im Alltag immer wieder üben. Diese Übungen fördern gleichzeitig Ihre eigene Spiritualität.

Der Adept

Der Adept hat das Grundwissen des Schülers überschritten und geht zielstrebig seinen Weg voran, in dem Wissen, dass es noch viel Wertvolles zu entdecken gibt.

Mittelstufe 1 – zur ursprünglichen Kraft zurückfinden

Dieser Abschnitt begleitet Sie auf dem Weg, auf dem Sie sich selbst eingehend kennen lernen werden. Der Aura-Test wird Ihnen Anhaltspunkte dafür geben, wie weit die ersten drei Schichten Ihrer Aura entwickelt sind und ob es Blockaden gibt.
Ein ganz wichtiger Punkt wird sein, Ihre Herzensziele und eine persönliche Vision zu entdecken, mit der Sie arbeiten können. Dazu gehört auch die Beschäftigung mit dem Prinzip des Karma: In einer Rückführungsmeditation wird versucht, karmische Blockaden aufzulösen.
Anschließend werden alle Chakras harmonisiert. Sie werden eine Visualisierungsübung kennen lernen, mit der Sie Blockaden in Körper und Seele wirkungsvoll durchbrechen können. Danach sollten Sie den Aura-Test noch einmal durchführen und betrachten, was sich verändert hat.
Zum Abschluss dieses Abschnittes wird auf die spirituellen Fallen, denen jeder Suchende ausgesetzt ist, eingegangen und überlegt, wie Sie diese Fallen vermeiden können.

Beim Adepten ist der Glaube des Schülers durch die eigenen Erfahrungen zu einem höheren Grad an Gewissheit geworden.

Testen Sie Ihre Aura

In der Grundstufe 3 ab Seite 110 haben Sie bereits einiges über die Aura erfahren und Erfahrungen mit dem Wahrnehmen dieses subtilen Energiefeldes gemacht. Mitunter dauert es eine Weile, bis diese Übungen erfolgreich sind. Sie sollten jedoch über die ersten drei Schichten Ihrer Aura Bescheid wissen, um Irrwege zu vermeiden und eventuelle Schwierigkeiten zu erkennen. Insbesondere dann, wenn es um Heilung geht, ist das von großer Bedeutung.
Der folgende Test wird dabei helfen, Ihre persönlichen Wahrnehmungen zu objektivieren: Der Vergleich von Testergebnis und Ihrer individuellen Sicht der Aura kann Ihnen interessante Aufschlüsse geben. Auch hier gilt wieder, wie für alle Tests: Das Ergebnis kann nur eine Andeutung sein und nicht Ihre Aura in ihrer wahren Schönheit darstellen.

TEST: Wie sieht Ihre Aura aus?

Der Test wird Ihnen einen ersten Eindruck davon vermitteln, wie die ersten drei Schichten Ihrer Aura aussehen. Er besteht aus zwölf Fragen, die Sie möglichst spontan mit »stimmt« oder »stimmt nicht« beantworten sollten.

1. Ich fühle mich gesund und voller Lebenskraft.
2. Ich habe nur selten Probleme mit dem Kreislauf, der Verdauung oder der Atmung.
3. Ich bin im Großen und Ganzen recht zufrieden mit meinem Leben.
4. Ich bin noch nie lebensbedrohlich krank gewesen.
5. Mir wird nicht so leicht kalt.
6. Ich denke gerne über den Sinn des Lebens nach.
7. Ich brauche keine Sehhilfe und sehe auch nachts ganz gut.
8. Ich habe ein erfülltes Sexualleben.
9. Ich kann meinen Gefühlen gut Ausdruck verleihen.
10. Mich wirft so leicht nichts um.
11. Ich bewege mich gern, kann mich aber auch ohne Weiteres entspannen.
12. Ich bin an vielen Dingen interessiert.

Die Auswertung

Für jede Frage, die Sie mit »stimmt« beantwortet haben, schraffieren Sie eine Aura-Schicht in dem Auswertungsbild, das Sie auf der rechten Seite abgebildet sehen. Dazu verwenden Sie drei Farben: Rot, Orange und Gelb. Die Tafel links zeigt Ihnen, welcher Frage welche Schraffur und welche Farbe zugeordnet sind.

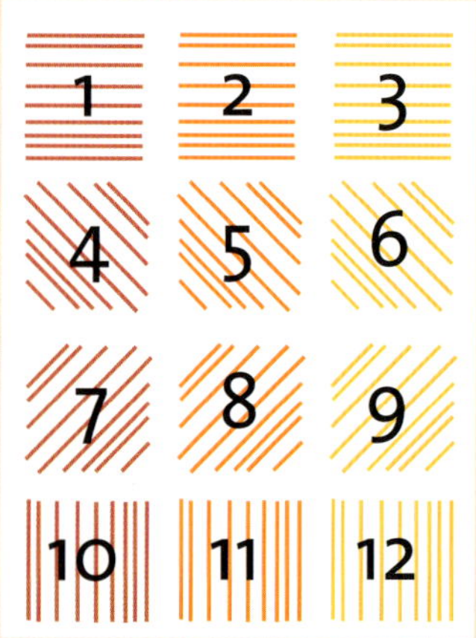

Die erste Schicht der Aura wird rot schraffiert, die zweite orange und die dritte gelb. Je mehr Fragen einer Aura-Ebene Sie mit »stimmt« beantwortet haben, desto dichter werden sich die Schraffuren überlagern und desto dichter – und energiereicher – wird die Aura-Schicht auf dem Bild. Als Ergebnis erhalten Sie ein Aura-Bild, das die Energieladung Ihrer ersten drei Aura-Ebenen andeutet.

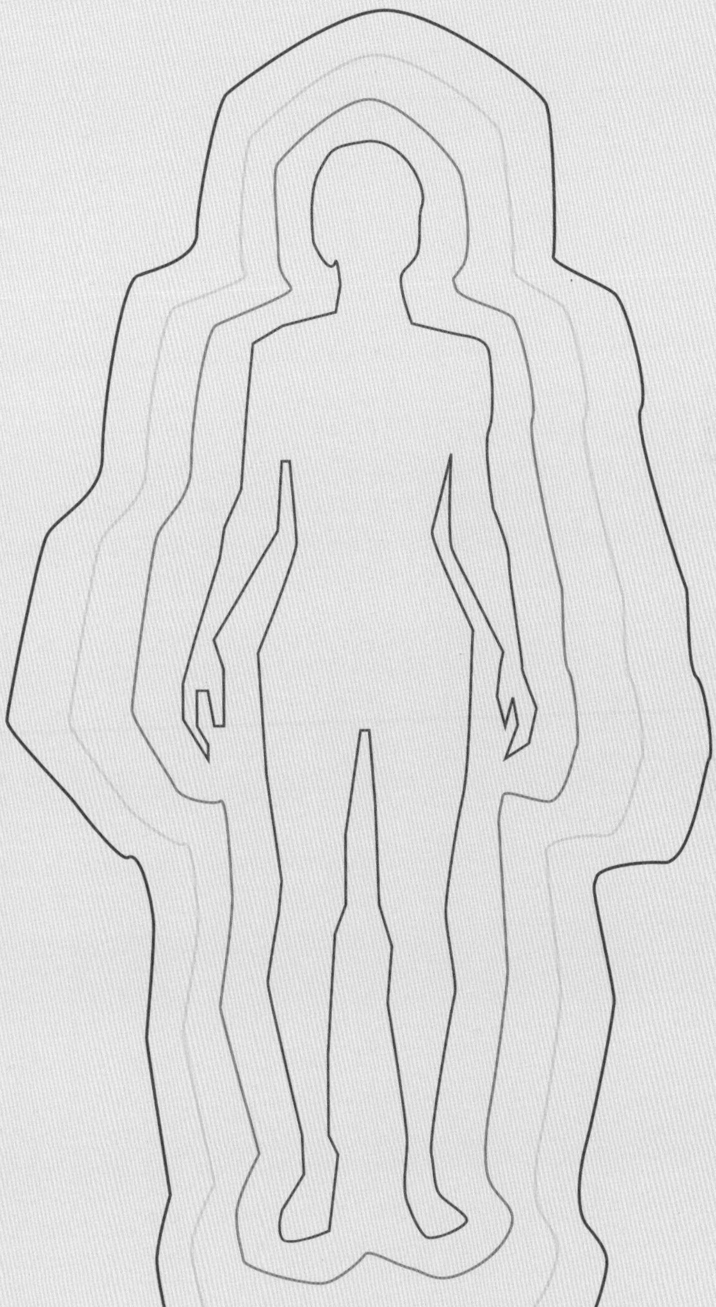

Sehen Sie sich Ihr Aura-Bild genau an, und lassen Sie es auf sich wirken. Blockaden und Disharmonien werden Ihnen meistens bereits auf Anhieb und ganz intuitiv auffallen.

Beispiel 1 Ist die Aura außen dichter als innen, deutet das darauf hin, dass Sie gute spirituelle Entwicklungsmöglichkeiten haben, diese Möglichkeiten aber – wahrscheinlich aufgrund körperlicher Probleme – zur Zeit nicht integriert haben. Die Arbeit an diesen Problemen sollte im Vordergrund stehen.

Beispiel 2 Ist eine Schicht sehr wenig energiereich, liegt höchstwahrscheinlich eine Blockade vor. Das Beispiel zeigt, dass die zweite Schicht der Aura blockiert ist.

Beispiel 3 Sind die drei Aura-Schichten gleichmäßig entwickelt oder nimmt die Energie nach außen hin ab, besteht eine harmonische Entwicklung. Denken Sie daran, dass dieser Test erneut nur ein grobes Hilfsmittel ist. Wenn Sie erst einmal die feinstofflichen Ebenen wahrnehmen können, werden Sie wesentlich mehr erkennen.

Beispiel 1

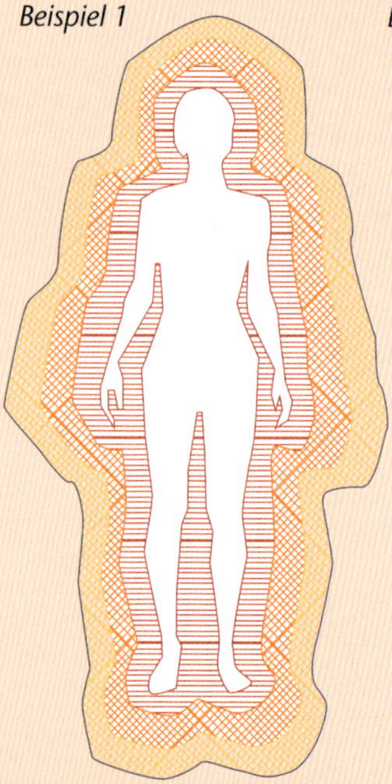

Beispiel 2

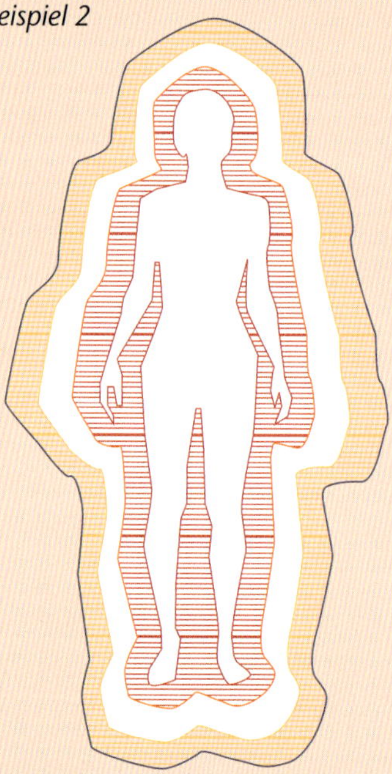

Beispiel 3

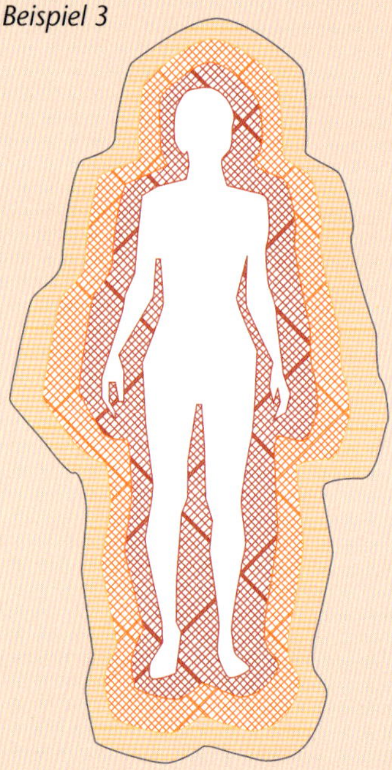

Die Ziele des Herzens

Jeder Mensch hat Ziele – materielle, geistige, körperliche und spirituelle. In der heutigen Zeit sind dies vor allem Ziele, die sich um das Materielle, um Geld, Statussymbole und Besitz drehen. Menschen, die sich mit ihrer Spiritualität beschäftigen, wissen, dass solche – materiellen – Ziele problematisch sind. Ein Haus, ein Auto oder teure Kleidung an sich sind durchaus nichts Schlechtes, und warum soll ein Weiser nicht in einer Villa am See meditieren? Doch kommt das eben nicht häufig vor. Warum? Weil die Dinge, die der Mensch besitzt, von ihm Besitz ergreifen. Weil der Geist, wenn er sich auf Materielles ausrichtet, mit Gedanken – mit Energien – gefüllt ist, die die seelische Entwicklung behindern.

Häufig wird nicht einmal das materielle Ziel erreicht, wenn die Seele auf dieser Ebene gefangen ist. Übrigens sind viele materiell besonders erfolgreiche Menschen gerade deswegen erfolgreich, weil nicht das Materielle ihr Ziel war – sondern die Freude am Erfinden, an der Kunst oder am Aufbau. Genauso bedenklich ist es allerdings, wenn man sich spirituelle Ziele setzt, nur noch davon besessen ist und nicht mehr seinen Weg geht.

Viele materiell besonders erfolgreiche Menschen sind gerade deswegen reich und erfolgreich geworden, weil das Materielle gar nicht ihr Ziel war – sie hatten stattdessen eine Vision, einen Traum, ein Herzensziel oder fühlten sich zu etwas berufen. Der Erfolg kam dann von selbst.

Insgesamt gibt es für die spirituelle Entwicklung kaum etwas Wichtigeres, als sich die richtigen Ziele auf die richtige Art und Weise zu setzen. Zwar ist der Seinszustand des voll erleuchteten Weisen, ohne jegliches Ziel zu sein und dennoch nicht orientierungslos im Ozean des Karma zu treiben. Das bedeutet jedoch nicht, dass man zum Weisen wird, wenn man keinerlei Ziele hat. Im Gegenteil: Wenn Sie sich keine Ziele setzen, folgen Sie entweder den Zielen anderer, oder Sie werden vom Zufall und den unbewussten Prägungen des Geistes, Ihres Karmas getrieben.

Das karmische Prinzip wird Thema des nächsten Kapitels sein. Zunächst wird es darum gehen, wie Sie zu wahren Zielen gelangen: zu Zielen, die aus Ihrem Herzen kommen und nicht aus den unterschiedlichen, unruhigen Bewegungen Ihres Geistes.

Das ist der erste wichtige Punkt, den Sie unbedingt verstehen sollten: Stellen Sie sich Ihre Gedanken als unruhige, hungrige Tiger vor, die durch den Dschungel der Möglichkeiten streifen. Sobald sie etwas bemerken, dass ihren augenblicklichen Hunger zu befriedigen scheint, streben sie

Vrittis – Welle oder Ausprägung des Bewusstseins – nennen die Yogis unterbewusste Gedanken und Triebe, die den Menschen in die Irre führen und verantwortlich sind für illusionäre Ziele.

unbeirrbar, von Unruhe und Hunger getrieben, darauf zu. Der Auslöser für die Bewegung kann nichtig sein, und vielleicht wird der Hunger nicht einmal für einen Moment gestillt werden. Dennoch bewirkt schon die bloße Vorstellung eine Bewegung auf ein – tatsächliches oder nur imaginäres – Ziel hin. Und so streifen die Gedankentiger kreuz und quer, planlos, unruhig und hungrig, durch den Urwald, getrieben, ohne wahre Ziele, aber stets in dem Glauben, einem wichtigen Ziel zu folgen.

Genauso verhält es sich mit den unterbewussten Gedanken – der Yogi nennt diese Gedanken »Vrittis«. Sie sind Illusion und trennen den Menschen von seinen wahren Zielen. Diese illusionären Ziele geben Ihnen Ihre unbewussten Gedanken und Triebe vor. Oft sind es Prägungen aus der Kindheit, häufig sind es karmische Wirkungen, die noch weiter zurückreichen, sehr häufig aber sind es die Einflüsterungen anderer – aus Werbung, Politik und Fernsehen. All diesen Zielen ist eins gemeinsam: Der Verstand kann sofort vielerlei Gründe nennen, warum sie wichtig sein sollen. Das Herz allerdings schweigt dazu.

Doch tief im Herzen jedes Menschen schlummert ein Weiser. In jedem Menschen gibt es eine Stimme der Weisheit, und wenn Sie dieser Stimme folgen, werden Ihre Gefühle sehr viel klarer sein. Stoßen Sie auf ein

Wenn Sie ein Herzensziel finden, wissen und spüren Sie sofort: »Ja, das ist mein Weg.«

Herzensziel, spüren Sie es sofort – »ja, das ist mein Weg« –, auch wenn der Verstand erst einmal keine guten Gründe dafür finden mag. Auch die Folgen sind andere: Wenn Sie einem Herzensziel folgen, spüren Sie keinen unruhigen Hunger mehr. Der Weg zu so einem Ziel beruhigt die Gedanken und gibt Kraft.

Auf der feinstofflichen Ebene wird der Unterschied sofort deutlich – während die Ziele der hungrigen Gedankentiger manche Chakras aktivieren, andere jedoch blockieren und ein generelles Bild der Unruhe in der Aura des Menschen zurücklassen, führen Herzensziele sofort zu einer bemerkenswerten Harmonisierung der Aura. Übrigens: Wenn Sie glauben, ein Herzensziel gefunden zu haben, können Sie noch einmal den Chakra-Test oder den Aura-Test durchführen und sich dies – objektiv – ansehen.

»Yoga ist das Beseitigen der Bewegungen des Geistes.«
Yoga-Suren des Patanjali

Wahre Ziele sind Herzensziele. Das soll jedoch nicht etwa bedeuten, dass solche Ziele ausschließlich *Anahata*-Energie – Herzenergie – in sich tragen und ausschließlich auf emotionaler Ebene wirksam sind. Es soll auch nicht der Eindruck entstehen, als seien Verstand und Körper unwichtig. Im Gegenteil: Wahre Ziele – Herzensziele eben – erfassen immer den ganzen Menschen. Doch stets wirken sie sich auch unmittelbar auf das Herzchakra aus und erfassen, von der Mitte ausgehend, das ganze Wesen.

Suchen Sie nach solchen Zielen, die Ihr ganzes Wesen ansprechen. Nach Zielen, bei denen Sie spüren: »Ja, das ist mein Weg«. Das müssen keine großen Ziele sein. Kleine Ziele sind oft sogar die besseren – denn ein kleines Ziel, das Sie erreichen, wird Ihnen unendlich mehr Kraft geben als ein großes, das Sie wieder aufgeben.

Anders verhält es sich mit einem großen Ziel, das Sie zu erreichen beabsichtigen, einem Ziel, das ein Leuchtturm auf Ihrem Weg ist und das Sie auf Ihrem Weg leitet – so, wie sich ein Seefahrer an einem Leuchtturm, der auf einem fernen Berg steht, oder an einem Stern orientiert, ohne mit seinem Schiff den Berg oder den Stern jemals erreichen zu können.

Die nächste Übung wird Ihnen dabei helfen, ein solches Herzensziel von besonderer Kraft in Ihnen zu entdecken: eine Vision, die Sie auf Ihrem spirituellen Weg leiten kann und Sie dabei mit Kraft erfüllt.

ÜBUNG

Eine Vision finden

Begeben Sie sich in Ihre bevorzugte Meditationshaltung. Lassen Sie Ruhe einkehren. Machen sie sich kurz alle Chakras bewusst.

- Halten Sie dabei kurz bei jedem Chakra inne. Visualisieren Sie eine Situation, in der Sie ...

Erstes Chakra: ... sich ganz sicher und geborgen fühlten.

Zweites Chakra: ... ein tief befriedigendes sexuelles Erlebnis hatten.

Drittes Chakra: ... das Gefühl vollkommener Kontrolle über Ihr Leben erlebten.

Viertes Chakra: ... ein tiefes Gefühl der Liebe zu einem anderen Wesen spürten.

Fünftes Chakra: ... große Freude darüber empfanden, sich ausdrücken zu können.

Sechstes Chakra: ... tiefe Befriedigung durch eine Erkenntnis erlangten.

Siebtes Chakra: ... ein beglückendes spirituelles Erlebnis hatten.

In dieser Übung gehen Sie auf Ihrem Lebensweg zurück und halten immer dann inne, wenn ein Ereignis Sie »innerlich aufleuchten« lässt, wenn Sie auf eine Zeit stoßen, in der Sie das Gefühl hatten, mit sich und der Welt eins zu sein.

- Verweilen Sie nicht zu lange dabei. Diese Phase dient erst einmal nur der Aktivierung der Chakras. Wenn Ihnen spontan keine Situation einfällt, gehen Sie einfach zum nächsten Chakra weiter.
- Gehen Sie nun in Ihrer Vorstellung auf Ihrem Lebensweg zurück. Legen Sie immer dann eine kurze Pause ein, wenn Sie auf ein Ereignis stoßen, das Sie innerlich aufleuchten lässt. Das geschieht immer dann, wenn Sie auf eine Zeit stoßen, in der Sie das Gefühl hatten, mit sich und der Welt eins zu sein. – Lassen Sie diese Augenblicke intensiv vor Ihrem inneren Auge erstehen. Begeben Sie sich kurz in das angenehme befriedigende Gefühl, das damit verbunden war.
- Dann gehen Sie weiter zurück, solange noch Erinnerungen auftauchen. Manche Menschen erleben dabei spontan Situationen aus früheren Leben. Das ist aber nicht der Sinn dieser Übung – bemühen Sie sich also nicht darum. In der Regel werden die Erinnerungen ab dem fünften Lebensjahr schwächer und verschwinden im Alter unter zwei Jahren meist vollkommen.
- Atmen Sie nun tief durch. Lassen Sie Ihren Geist zur Ruhe kommen. Dann bewegen Sie sich in Ihrer Vorstellung wieder von Ihrer Kindheit zurück in die Gegenwart.

ÜBUNG

- Registrieren Sie kurz die aufleuchtenden befriedigenden Ereignisse, die Sie bei der Reise in die Vergangenheit genauer angesehen haben.
- Sind Sie wieder in der Gegenwart angekommen, legen Sie sich auf den Rücken und entspannen sich so tief wie möglich.
- Wiederholen Sie ein paar Mal innerlich, wie ein Mantra, »mein Weg ist …«, und lassen Sie Ihrer Fantasie ganz freien Lauf. Sehen Sie sich einfach an, ob Bilder auftauchen, und, wenn ja, registrieren Sie nur, welche Bilder das sind.
- Von dem einen oder anderen Bild werden Sie sich stark angezogen fühlen. Halten Sie dann kurz inne, und beobachten Sie: Fühlt sich nur ein Teil von Ihnen angezogen, oder fühlen Sie sich auf mehreren Ebenen Ihres Seins von diesem Bild angesprochen? Welche Chakras können Sie dabei deutlich spüren? Ist es nur ein kleiner Teil von Ihnen, der sich angezogen fühlt? Spüren Sie zum Beispiel, dass nur ein, zwei oder drei Chakras aktiv werden? – In diesem Fall leisten Sie Widerstand gegen die Anziehung, und kehren Sie zum Spiel mit Ihrer Fantasie zurück. Tun Sie das auch, wenn Sie kein warmes Gefühl in Ihrem Herzchakra fühlen.
- Wenn die Anziehung der Vision jedoch noch stärker wird und Sie sich geradezu unwiderstehlich angezogen fühlen und spüren, dass Ihr ganzes

Lassen Sie auf Ihrer Reise in die Vergangenheit die beglückenden Augenblicke, die Sie erlebt haben, vor Ihrem inneren Auge erstehen.

Wesen und mehr als nur einige Chakras – darunter das Herzchakra – aktiv werden, dann geben Sie nach, und folgen Sie der Vision. Vertiefen Sie sich schließlich ganz in sie.

- Versuchen Sie nicht, die Vision zu beeinflussen und etwas zu kontrollieren. Geben Sie sich ganz hin.
- Sie werden dabei ein beglückendes Gefühl empfinden, Wärme, die vom Wurzelchakra aus nach oben aufsteigt, und Ihre Energie wird deutlich anwachsen. Geben Sie sich diesem guten Gefühl eine Weile hin.
- Halten Sie das Gefühl aufrecht, und kehren Sie dabei wach und bewusst in den gegenwärtigen Moment zurück.
- Übersetzen Sie Ihre Vision nun in eine Ihr ganzes Wesen ergreifende Lebensvision. Es geht darum, das Herzensgefühl auf die bewusste Ebene zu bringen – Verstand, Herz, Gefühl und Unterbewusstsein auf eine Schwingungsebene zu bringen. Im Herzen ist das Gefühl möglicherweise völlig klar und deutlich. Doch jetzt ist es wichtig, eine bewusste Formulierung zu finden, damit Ihr ganzes Wesen, Ihr Bewusstsein und Ihr Unterbewusstsein, Ihr grobstofflicher und Ihr feinstofflicher Leib zusammenwirken – sodass alle Chakras und die Aura auf eine Schwingungsebene gelangen.

Indem Sie Ihre Vision finden, finden Sie Ihre persönliche Kraftquelle – das Leitziel für Ihr Leben. Es kann Sie zum Zentrum Ihrer Kraft geleiten und Ihr Leben verändern.

- Suchen Sie nach einer Formel, die kurz ist, die Sie emotional anspricht und die ein gutes, motivierendes, belebendes Lebensleitziel für Sie sein kann. Beispiele dafür könnten sein: »Ich verwirkliche mich als Lehrer«, »Meine Erfüllung liegt in der Mutterschaft«, »Kreativ zu sein erfüllt mich und trägt mich«, »Ich finde meine Erfüllung im freudigen Dienen« oder Ähnliches.
- Nehmen Sie Ihren Lebensleitsatz ganz in sich auf. Feilen Sie an diesem Satz, bis er Ihnen ganz und gar entspricht.
- Gehen Sie noch einmal Ihre Chakras durch, von unten nach oben, und sprechen Sie den Satz laut aus. Spüren Sie, ob der Satz die Energie des Chakras aufnimmt und weiterträgt.
- Wenn Sie Ihre Vision gefunden haben, kann das Ihr Leben verändern; denn sie wird Sie zum Zentrum Ihrer Kraft geleiten. Dieser Satz und das dazugehörige, Ihr ganzes Wesen durchdringende Gefühl wird Ihre persönliche Quelle der Kraft, Ihre Vision, Ihr Lebensleitziel sein.

Das karmische Prinzip – jeder Gedanke wirkt sich aus

Karma ist nicht das Gleiche wie Schicksal. Das Gesetz des Karma ist weder Zufall noch Vorherbestimmung noch göttliches Eingreifen – es ist das universelle Gesetz von Ursache und Wirkung. Im Gegensatz zum physikalischen Naturgesetz wirkt das karmische Gesetz auch auf spiritueller Ebene. Im engeren Sinn bezeichnet Karma Handlungen, die Folgen nach sich ziehen oder – wie man im Buddhismus sagt – »Früchte tragen«. Diese Früchte heißen im Buddhismus *Vipaka*. Die Einheit, die Handlungen und ihre Früchte bilden, heißen *Vipaka Phala* – oder eben Karma, im weiter gefassten Sinn.

Nicht alles, was geschieht, ist auf Karma zurückzuführen. Der Buddhismus beispielsweise kennt neben Karma – Kamma Niyama – noch vier andere Ursachen.

Jede Tat, bereits jeder Gedanke und jede gedankenähnliche Regung – wie Begierden, Hassgedanken, Eifersucht oder Neid – bewirken Karma. Karma ist jedoch keine Strafe, die man abzubüßen hat. Karma ist einfach nur das Gesetz von Ursache und Wirkung.

Ein Beispiel: Wenn Sie nachts durch den Wald laufen, können Sie hinfallen und sich ein Bein brechen – der Unfall ist keine Strafe, sondern eine Folge der Dunkelheit und Ihrer Unachtsamkeit.

Auch wenn Sie lügen oder stehlen, wird dies Folgen haben. Entweder offensichtliche – Sie werden entdeckt und von anderen Menschen Konsequenzen erfahren – oder verstecktere – Sie werden möglicherweise nicht sofort, doch irgendwann von Gewissensbissen gequält werden. Obendrein gibt es subtile Wirkungen: Durch Lügen oder Stehlen werden

Kamma Niyama

Im Buddhismus kennt man neben Karma – *Kamma Niyama* – noch vier weitere Ursachen, die Folgen nach sich ziehen und »Früchte tragen«:

- **Utu Niyama – die Folgen von Klima und Jahreszeiten**
- **Biija Niyama – die Folgen von Vererbung**
- **Citta Niyama – die Folgen von Willensanstrengung**
- **Dhamma Niyama – die Folgen der Naturgesetze**

Ihre Gedanken- und Gefühlsmuster negativ geprägt. Sie weichen, auch wenn Ihnen das nicht bewusst wird, vom Weg zum Licht ab. Spirituelle Erkenntnisse zu erlangen, fällt Ihnen schwerer. Insbesondere Letzeres ist, was man Karma nennt.

Auch andere Wirkungen gehören in den spirituellen Bereich: Ihr Handeln, das Karma erzeugt, verbreitet sich in der Welt. Beispielsweise erzeugt ein Diebstahl Trauer oder Wut beim Bestohlenen, der seinerseits schlechtes Karma in die Welt bringt. So breitet sich Karma wellenförmig aus. Und es ist zu verstehen, wie Karma aus früheren Leben wirksam werden kann.

Der Buddha sagte: »Absicht, ihr Mönche, ist Karma. Die Absicht führt zu Taten durch Körper, Sprache und Geist.«

Karma ist das spirituelle Gesetz von Ursache und Wirkung. Karma führt zu Leid und breitet sich aus. Ihre Absichten – und die daraus folgenden Handlungen – tragen Früchte. Daher sollten Sie auch Ihre Absichten rein halten, nicht nur Ihre Handlungen.

Halten Sie Ihre Absichten rein

Es ist für den spirituellen Menschen also nicht erstrangig, sich strenge Verhaltensregeln und Gebote aufzuerlegen, sondern Ruhe, Gelassenheit und Klarheit in sich einkehren zu lassen, um die Absichten rein zu halten und kein schlechtes Karma zu schaffen.

Denken Sie darüber nach: Ist es besser, nie ein böses Wort zu sagen, dabei aber immer größere Wut in sich aufzustauen? Oder sollte man seine Verärgerung ausdrücken und dann wieder Stille in sich einkehren lassen – und sich und denen, die einen verletzt haben, vergeben?

Am besten ist es, gar keine Wut zu fühlen. Doch das ist ein Weg, keine Verhaltensregel. Lernen Sie, kein schlechtes Karma zu schaffen. Sie können auch lernen, gutes Karma zu schaffen – auch wenn das ungleich schwerer ist, denn die Folgen Ihrer Absichten sind Ihnen niemals vollkommen bekannt.

Karma und Wiedergeburt hängen anders zusammen, als westliche esoterische Lehren unterrichten. Wiedergeburt ist keine Strafe, Sie büßen nicht für vergangene Fehler. Wie unsinnig wäre es auch, für Fehler zu büßen, an die Sie sich – gerade, wenn Sie spirituell noch nicht sehr fortgeschritten sind – noch nicht einmal erinnern?

Jedoch ist das Wiedergeborenwerden eine Folge des Karma. Das Wiedergeborenwerden ist eine Folge des Wiedergeborenwerdenwollens. Die Vorstellung, dass Sie mit genau den gleichen Fehlern, die Sie in früheren

Leben begangen haben, mit genau derselben Persönlichkeit, mit denselben – vielleicht verborgenen – Erinnerungen wiedergeboren werden, ist bereits Karma: Die Begierde nach unendlichem Weiterleben. Die Lehre des Buddhismus lautet jedoch: Befreie dich aus dem Kreislauf des Karma. Die Begierde nach der Wiedergeburt ist nichts Wünschenswertes.
Möglicherweise wird dieser Gedanke nicht nur auf Zustimmung stoßen. Das Ziel dieses Buches ist aber, Sie auf dem spirituellen Weg zu begleiten. Dieser Weg ist manchmal von schwierigen Erkenntnissen gesäumt. Betrachten Sie alles mit Gelassenheit. Auch wenn Sie zu immer höherer Spiritualität streben, wollen und können Sie nicht den direkten Sprung vom spirituell Suchenden zum Meister machen. Erkenntnisse sollten auch nicht einfach übernommen oder geglaubt werden – Sie müssen und werden sie auf Ihrem Weg erfahren.

Die universelle Weisheit

Indem Sie den spirituellen Weg gehen, klären Sie Ihren Körper, Ihre Gedanken, Absichten und Ihren Geist. Dadurch schaffen Sie immer weniger schlechtes und immer mehr gutes Karma. Gutes Karma lindert Leiden, sowohl Ihr persönliches als auch das der anderen Wesen – bis Sie schließlich erkennen, dass diese Unterscheidung ohnehin eine Illusion ist.
Wenn Sie wissen wollen, was das konkret bedeutet, lautet die vielleicht überraschende Antwort, dass Sie das ganz genau wissen. Denn das spirituelle Geheimnis der universellen Weisheit, die in jedem Menschen schlummert, lautet: Sie wissen genau, was gut ist und was nicht. Hören Sie in sich hinein.
Zweifeln Sie daran, dass Zorn, Hass, Gewalttätigkeit, Gleichgültigkeit gegenüber Leid, Überheblichkeit, Neid oder Gier schlecht sind? Haben Sie Zweifel daran, dass Liebe, Mitgefühl, Friedfertigkeit, Hilfsbereitschaft, Güte, Vergebung und Großzügigkeit gut sind? Im Grunde ist es ganz einfach: Kultivieren Sie die guten Dinge, meiden Sie die schlechten. Säen Sie gute Samen, und Sie werden kein Unkraut ernten.
In der Praxis ist das nicht so einfach, denn Sie werden ja von karmischen und anderen Kräften getrieben, und mit Willenskraft alleine können Sie nur wenig bewirken. Aber deshalb gehen Sie ja den spirituellen Weg: Sie

Kultivieren Sie die guten Dinge, meiden Sie die schlechten. Säen Sie gute Samen, und Sie werden kein Unkraut ernten. Hören Sie in sich hinein.

üben Ihren Körper, achten auf die subtilen Vorgänge in Ihrem feinstofflichen Leib, meditieren, üben sich in Ruhe, öffnen Ihre Wahrnehmung höheren Ebenen – eines nach dem anderen.
Indem Sie den spirituellen Weg gehen, werden Sie nach und nach wie von selbst das Gute kultivieren, da das Schlechte keinerlei Attraktivität mehr auf Sie ausübt. Dann sind Ihre Absichten rein, und Sie schaffen kein schlechtes Karma mehr.

ÜBUNG

Rückführungsmeditation

Durch diese Meditation werden Sie die Wirkung des Karma klarer erkennen. Doch bis diese Meditation gelingt, kann geraume Zeit vergehen. Lassen Sie sich davon nicht entmutigen. Betrachten Sie die Übung auf Ihrem Weg als einen interessanten Begleiter, der Ihnen nach und nach immer vertrauter wird und Sie in immer tiefere Geheimnisse einweiht. Die Meditation besteht aus mehreren Etappen: der Vorbereitung, dem Eintreten in den Meditationszustand, der Reise, der Heimkehr und dem Nachspüren.

Vorbereitung

Bei der Rückführungsmeditation treten Sie in eine besonders tiefe Meditation oder Trance ein. Das kann nicht sofort gelingen, sondern erfordert Geduld und viel Übung.

Sorgen Sie dafür, dass Sie es wirklich bequem haben und absolut störungsfrei üben können. Der Raum sollte warm und dunkel sein. Legen Sie sich ein oder zwei Decken bereit. Verschließen Sie Ihre Ohren mit etwas Watte. Geben Sie Ihren Sinnesorganen Abstand vom Gewohnten. Sie können auch Räucherstäbchen, Duftkerzen oder ätherische Öle einsetzen – das unterstützt diese Meditation.

In den Meditationszustand eintreten

Sie werden diesmal eine besonders tiefe Meditation oder Trance anstreben. Das ist ein besonders entspannter und dabei wacher Zustand, bei dem die Aufmerksamkeit jedoch völlig von der Umgebung abgezogen ist.

- Legen Sie sich bequem in die »Löwenhaltung«: Dabei liegen Sie auf der rechten Seite, das linke Bein über das rechte geschlagen und beide Beine leicht angewinkelt. Ihr Kopf ruht auf Ihrem rechten Arm. Ihr linker Arm liegt so, dass es für Sie bequem ist.

ÜBUNG

- Üben Sie nun ein paarmal, wie Sie mühelos von dieser Haltung in die Embryohaltung gelangen und wieder in die Löwenhaltung zurückkehren. Um die Embryohaltung einzunehmen, ziehen Sie die Beine an, krümmen den Rücken und umfassen mit den Armen die Beine. Achten Sie bei all diesen Haltungen immer darauf, dass sie für Sie bequem sind. Es geht nicht darum, dass die Stellungen korrekt sind.
- Sie liegen nun mit geschlossenen Augen in der Löwenhaltung. Noch sind Sie im Hier und Jetzt. Atmen Sie tief und ruhig. Folgen Sie Ihrem Atem eine Weile, und spüren Sie, wie Sie dabei immer ruhiger werden.
- Achten Sie nun auf drei körperliche Empfindungen, die Sie wahrnehmen können: beispielsweise auf die Berührung Ihres Kopfes mit dem Arm, auf Ihren Herzschlag oder auf ein Jucken an der Nase. Registrieren Sie die Wahrnehmung, und lassen Sie sie dann los, und lassen Sie sich dabei immer tiefer in die wache Entspannung sinken.
- Suchen Sie nun drei Gehörwahrnehmungen. Es ist gleichgültig, ob diese von der Außenwelt – trotz Watte in den Ohren –, von Ihrem Körper oder von Ihrem Geist produziert werden. Registrieren Sie die drei Wahrnehmungen, und lassen Sie sie los. Mit jeder Wahrnehmung sinken Sie tiefer in die Meditation.
- Achten Sie nun auf drei visuelle Wahrnehmungen. Ihre Augen sind geschlossen, vielleicht sehen Sie nur Grautöne. Das macht nichts, dann versuchen Sie drei Grautöne wahrzunehmen. Vielleicht sehen Sie vor Ihrem inneren Auge Farben oder Bilder. Registrieren Sie drei Wahrnehmungen, und lassen Sie sie wieder los. Mit jedem Bild treten Sie tiefer in die Meditation ein.
- Nun wiederholen Sie das. Doch diesmal suchen Sie von jeder Wahrnehmungsform nur zwei Beispiele. Zwei körperliche, zwei akustische, zwei visuelle Wahrnehmungen. Und mit jeder Wahrnehmung kommen Sie mehr zu Ihrer Mitte und tiefer in die Meditation.
- Jetzt machen Sie noch einen Durchgang, bei dem Sie nur noch eine körperliche, eine akustische und eine visuelle Wahrnehmung registrieren, sie loslassen und ganz in die Tiefenmeditation eintreten. Es ist möglich, dass Sie bei den ersten Versuchen mit dieser Meditation einschlafen. Das macht nichts. Probieren Sie es einfach ein anderes Mal wieder.

Um in die tiefe Meditation einzutreten, arbeiten Sie mit mehreren Wahrnehmungsformen. Sie achten auf körperliche, akustische und visuelle Wahrnehmungen und lassen sie wieder los. Mit jeder Wahrnehmung sinken Sie tiefer in die Meditation.

ÜBUNG

Die Reise

• Visualisieren Sie nun, wie Sie Stufe um Stufe in Ihrem Leben zurückgehen. Halten Sie sich nicht bei einzelnen Ereignissen auf. Verweilen Sie nur kurz auf jeder Stufe, nur so lange, bis Sie das Gefühl haben, wirklich dort zu sein. Dann gehen Sie weiter.

• Werden Sie zum jungen Erwachsenen ... zum Jugendlichen ... zum Schulkind ... zum Kindergartenkind ... zum Kleinkind ... so lange, bis die bewussten Erinnerungen aufhören. Das Bewusstsein vom Ich entwickelt sich erst ab einem gewissen Alter. Davor ist das Kind noch weitgehend eins mit der Welt.

• Lassen Sie sich sinken, und vermeiden Sie jede Reflexion. Das wird nicht vollständig möglich sein, denn Sie wollen den Vorgang ja bewusst weiterführen. Sie können jedoch eine ganz einfache geistige Methode anwenden: Deuten Sie die Stimme Ihres Bewusstseins als Stimme von außen um, eine Stimme aus weiter Ferne, die keine Bedeutung hat, aber angenehm und beruhigend ist.

• Achten Sie auf Geruchserinnerungen – die frühesten Erinnerungen des Menschen sind in der Regel Erinnerungen an Gerüche. Achten Sie auf Emotionen, auf Geräusche, auf Bewegungen – aber halten Sie nichts fest. Staunen Sie nur.

Bei der Reise gehen Sie Stufe für Stufe in Ihrem Leben zurück – bis Sie schließlich Ihre eigene Geburt erleben.

• Erleben Sie, wie Sie als Baby krabbeln, wie Sie an der Flasche oder der Brust saugen. Visualisieren Sie es, aber vermeiden Sie Gedanken und Sprache. Kultivieren Sie das Staunen über all das Neue und Unbekannte.

• Schließlich versuchen Sie noch weiter zurückzugehen. Vielleicht taucht ein Widerstand auf. Versuchen Sie, ob Sie diesen Widerstand sanft überwinden können – aber nur sanft. Wenn es – noch – nicht gelingt, bleiben Sie eine Weile auf dieser Stufe und überspringen die folgenden Schritte.

• Wenn Sie den Widerstand überwinden, kann das möglicherweise eine sehr intensive, bisweilen auch etwas schmerzhafte Erfahrung sein. Vielleicht beginnen Sie, schneller zu atmen, zu weinen – oder zu lachen. Sorgen Sie sich nicht. Es kann Ihnen nichts geschehen. Sie sind sicher.

• Was Sie in dieser Phase auf keinen Fall machen sollten ist, die Erfahrung abrupt zu unterbrechen. Wenn die Rückführung Ihnen zu unange-

Bei der Reise gehen Sie Schritt für Schritt in Ihrem Leben zurück.

nehm wird, gehen Sie einfach wieder Stufe um Stufe zurück – das können Sie auch im Schnelldurchlauf machen –, bis Sie sich wieder wohl fühlen.

- Was Sie hier erleben, ist Ihre Geburt.
- Atmen Sie tief, und lassen Sie sich weiter sinken. Rollen Sie sich in eine beruhigende Schutzhaltung zusammen – möglicherweise tun Sie das ohnehin unbewusst von selbst. Lassen Sie sich sinken.
- Das gleichmäßig beruhigende Geräusch, dass Ihre Meditation vielleicht durchdringt, ist der beruhigende Herzschlag Ihrer Mutter. Lassen Sie sich immer tiefer sinken. Es wird immer stiller.
- Möglicherweise spüren Sie plötzlich eine qualitative Veränderung. Spontan tauchen viele Bilder auf, und Ihr Bewusstsein wird auf eine gewisse Weise wieder klar. Sie sind wieder in die Welt der Gedanken und Ereignisse eingetreten. Sie erleben nun vielleicht ein früheres Leben.
- Verweilen Sie mit Ihren Gedanken in der erlebten Gegenwart – reflektieren Sie nicht über die reale Situation, wie Sie in Ihrem Zimmer liegen und meditieren. Wenn dieser Gedanke auftaucht, deuten Sie ihn als Fantasievorstellung um und lassen ihn wieder los.
- Beobachten Sie eine Weile. Beobachten Sie Ihre Umwelt, Ihre Gefühle, Ihre Gedanken.

Nachdem Sie Ihre Geburt und möglicherweise die Phase im Mutterleib erlebt haben, können sogar Bilder aus einem früheren Leben auftauchen.

ÜBUNG

Die Heimkehr

Immer wieder wird es Sie ins Jetzt zurückziehen. Leisten Sie ein wenig Widerstand, ohne sich festzuklammern. Wenn der Zug zurück stärker wird, geben Sie ihm nach und kehren zurück.

Tun Sie das aber auf keinen Fall abrupt – das kann Kopfschmerzen und Verwirrung hervorrufen und ist meistens recht unangenehm. Gehen Sie statt dessen den Weg, den Sie gegangen sind, einfach im Schnelldurchlauf wieder zurück. Bleiben Sie nur kurz auf jeder Stufe stehen, bis Sie sich ganz bewusst sind, wo Sie gerade sind: im Mutterleib, bei der Geburt, ein Baby, ein Kleinkind, ein Schulkind, ein Teenager, ein Erwachsener – bis ins Jetzt.

Nach der Reise und der Rückführung kehren Sie ganz langsam, Schritt für Schritt, wieder ins Jetzt zurück. Das sollte ganz sachte geschehen.

Kommen Sie nun ganz langsam ins Hier und Jetzt, in diesen Augenblick zurück. Lassen Sie Ihre Augen noch geschlossen. Zählen Sie innerlich von 10 bis 1, und spüren Sie, wie Sie mit jedem Schritt wacher werden. Beginnen Sie, sich zu strecken und zu räkeln. Bei 1 schlagen Sie Ihre Augen auf und beenden die Übung.

ÜBUNG

Das Nachspüren

Bleiben Sie liegen, und machen Sie sich Ihre Erlebnisse bewusst. Am besten schreiben Sie sie danach noch auf.

Als Nachübung – aber nicht am selben Tag – können Sie noch einmal über das Erlebte meditieren. Das heißt nicht, wieder zurückzureisen, sondern direkt die erlebten Bilder wachzurufen – nicht zu träumen, sondern bewusst über die Verbindungen zwischen dem in der Rückführungsvision Erlebten, Ihrem aktuellen Leben und Ihrer gegenwärtigen Gefühls- und Lebenslage zu meditieren.

Diese Übung ist sehr tiefgehend und sehr anspruchsvoll. Sie hat aber eine sehr starke befreiende Wirkung, die Sie als Mensch, der auf dem spirituellen Weg ist, sicher sehr zu schätzen wissen. Die Einsichten, die Ihnen diese Meditation bringt, werden Ihnen nicht alle sofort bewusst werden. Sie werden jedoch Ihr Unterbewusstsein verändern und nach und nach in Ihr Bewusstsein treten.

Wenn Sie nun den Chakra- oder Aura-Test noch einmal machen, werden Ihnen wahrscheinlich bereits einige Veränderungen auffallen.

Visualisierungen – Blockaden in Körper und Seele lösen

Körper und Seele sind zwei Ausdrucksformen einer spirituellen Einheit. Das zu wissen, kann außerordentlich hilfreich sein: Erkennt man eine Blockade auf der einen Ebene nicht, wird sie auf der anderen Ebene deutlich. Häufig erkennt man Blockaden erst, wenn einem deutlich vor Augen geführt wird, dass man etwas unternehmen sollte.

Psychosomatische Erkrankungen zeigen eindrucksvoll, dass sich blockierte Emotionen in organischen Symptomen manifestieren. Allerdings sind die Symptome nicht stereotyp oder folgen einfach bestimmten Redewendungen, beispielsweise: Er hat Hautprobleme, weil ihm etwas »unter die Haut geht«. Das wäre zu einfach. Vielmehr reagiert jeder Mensch unterschiedlich, je nach seinem persönlichen energetischen Zustand.

In der folgenden Übung wird die Einheit von Körper und Seele genutzt, um Blockaden aufzulösen. Dabei werden die Chakras, allerdings nur als Orientierungspunkte, genutzt. Die Übung ist körperlich und seelisch etwas anstrengend. Daher sollten Sie sich mit ein paar Yoga-Stellungen darauf vorbereiten.

Nützen Sie die Einheit von Körper und Seele, um Blockaden aufzulösen. Denn Körper und Seele sind nichts anderes als zwei Ausdrucksformen einer spirituellen Einheit.

Emotionen körperlich visualisieren

Angst ist nicht nur ein anderes Gefühl als Wut, Angst drückt sich auch körperlich anders aus. Diese Tatsache können Sie nutzen, um Blockaden aufzulösen. Dazu werden Sie in sieben Stufen vorgehen und dabei die Chakras zu Hilfe nehmen. Nach und nach werden Sie Ihren Körper von unten nach oben durchgehen und dabei eine Empfindung suchen, die mit diesem Körperteil in Verbindung steht. Sie werden die entsprechende körperliche Haltung einnehmen und diese dann auflösen. Sie werden merken: Mit der Transformation der Haltung werden nicht nur körperliche, sondern auch seelische Blockaden aufgelöst.

Beginnen Sie im unteren Energiebereich des Körpers, im Einflussbereich des Wurzelchakras. Eine der Qualitäten des Wurzelchakras ist Sicherheit und Urvertrauen. Eine mögliche emotionale Blockade wäre also Unsicherheit. Eine andere Misstrauen. Sie erhalten für jeden Bereich ein paar Vorschläge, von denen Sie den einen oder anderen oder mehrere hintereinander aufgreifen können – oder Sie finden eine ganz eigene Blockade.

Blockierte Emotionen zeigen sich fast immer in den entsprechenden Körperhaltungen. Zum Auflösen überführen Sie die blockierte Haltung und Emotion in das Gegenteil – in eine Haltung, die sowohl körperlich als auch seelisch befreit ist.

Übersetzen Sie die blockierte Emotion in eine körperliche Haltung. Folgen Sie dabei ganz und gar Ihrer Intuition. Wie können Sie beispielsweise am besten das Gefühl der Unsicherheit ausdrücken? Indem Sie sich ganz klein machen, oder indem Sie das Gesicht verbergen?
In jedem Fall ist eine blockierte Emotion – zumindest fast immer – mit einer Anspannung verbunden, und die entsprechende Körperhaltung ist unangenehm – wenn auch möglicherweise unangenehm vertraut. Selten kann sich eine blockierte Emotion auch in einer übertriebenen Entspannung ausdrücken, die sich ebenfalls nicht angenehm anfühlt – denn diese Haltung drückt keine Freiheit aus, sondern Kraftlosigkeit. Experimentieren Sie mit den Körperhaltungen; versuchen Sie, den jeweils besten Ausdruck für die blockierte Emotion zu finden.
Es kann vorkommen, dass Sie gar keine Emotion finden, die blockiert ist. Das kommt jedoch nur äußerst selten vor. Dafür kann es zwei Gründe geben: Entweder haben Sie keinerlei emotionale Blockaden in diesem Bereich, oder die Blockade befindet sich auf der körperlichen Ebene. Dann gehen Sie einfach umgekehrt vor: Wenn Sie eine Verspannung oder Schwäche in einem körperlichen Bereich bemerken, suchen Sie nach dem Gefühl, das am besten zu dieser Spannung oder Kraftlosigkeit passt.

ÜBUNG

Das Auflösen der Blockaden

Jede der Haltungen, die Sie im Lauf der Übung einnehmen, ist eine Blockade – und die wollen Sie auflösen. Dazu können sie nach jeder Haltung eine Tiefenentspannung durchführen, wie auf Seite 35 beschrieben; das ist eine sehr sanfte Methode zur Auflösung der Blockaden. Doch es geht auch viel schneller und kraftvoller: indem Sie die verspannte oder kraftlose, blockierte Haltung und Emotion in das Gegenteil überführen – in eine Haltung, die sowohl körperlich als auch seelisch befreit ist.

Solche Haltungen sind bei jedem Menschen unterschiedlich. Immer aber sind sie durch Offenheit, den Blick nach oben, eine tiefe Atmung und das Gefühl der Freude gekennzeichnet. Finden Sie Ihre persönliche befreite Haltung.

Die Übung nimmt einige Zeit in Anspruch. Trotzdem ist es sehr sinnvoll, alle sieben Bereiche in einer Sitzung durchzugehen. Üben Sie an neun aufeinander folgenden Tagen. Am ersten Tag gehen Sie alle sieben Stufen durch, in den folgenden sieben Tagen nehmen Sie sich jeweils eine Stufe vor, und am neunten Tag gehen Sie noch einmal alle Stufen durch. Sie werden überrascht sein, wie gewaltig sich der erste Tag vom neunten Tag unterscheiden wird.

Eine körperlich und seelisch befreite Haltung zeigt sich unter anderem durch Offenheit, einen nach oben gerichteten Blick, tiefe Atmung und das Gefühl der Freude.

Die tief greifende Wirkung dieser Übung zeigt sich sofort. Doch das ist nur der offensichtliche Teil. Durch das Auflösen der Blockaden kommen weitere Prozesse in Gang, die erst nach und nach ihre Wirkung entfalten.

Diese Übung ist eine der kraftvollsten überhaupt für Ihren spirituellen Weg. Und so geht es:

- In der Grundstellung stehen Sie mit schulterbreit auseinandergestellten Beinen, die Füße fest auf dem Boden, die Arme mit offenen Händen nach oben ausgestreckt, die leuchtenden Augen nach oben blickend und mit einem Lächeln auf den Lippen, tief atmend. Möglicherweise lachen Sie dabei, oder Sie stoßen einen befreienden Schrei aus. Suchen Sie Ihre Haltung.
- Sie lösen die Blockade auf, indem Sie die blockierte Haltung möglichst fließend in die befreite Haltung überführen.
- Wiederholen Sie das so lange, bis Sie spüren, dass sich die Blockade innerlich auflöst. Das merken Sie daran, dass Sie das negative Gefühl immer weniger berührt und Ihnen die damit verbundene Haltung immer weniger sagt.

Bereich 1 – Wurzelchakra

Körperlicher Bereich: Füße, Beine, Po, unterste Ebene des Unterleibes
Mögliche blockierte Emotionen: Ängste, Kraftlosigkeit, Depression, Mangel an Vertrauen, Anhaften an Menschen, die Sicherheit verleihen

Bereich 2 – Sakralchakra

Körperlicher Bereich: Geschlechtsorgane, Beckenraum

Mögliche blockierte Emotionen: Triebhaftigkeit, Aggressivität, Zwanghaftigkeit, Zerstörungswut, Schuldgefühle, Verlustängste, Eifersucht, schöpferische Krisen, sexuelle Unlust, Suchtverhalten

Bereich 3 – Nabelchakra

Körperlicher Bereich: Körpermitte, Magenbereich

Mögliche blockierte Emotionen: Gefühlskälte, Sentimentalität, Selbstmitleid, Eifersucht, Machtbesessenheit, Rücksichtslosigkeit, Aggressivität, Gereiztheit, Wut, Ängste, Unsicherheit, mangelnde Selbstachtung

Bereich 4 – Herzchakra

Körperlicher Bereich: Brustraum, Herzgegend

Mögliche blockierte Emotionen: Eigenliebe, Überheblichkeit, Lieblosigkeit, Härte, Verbitterung, Gefühlskälte, Einsamkeit, Isolation, Feindseligkeit, zu schwache Abgrenzung

Bereich 5 – Halschakra

Körperlicher Bereich: Hals, Atmung, Schulter-Nacken-Bereich

Mögliche blockierte Emotionen: Ehrgeiz, Intoleranz, Realitätsflucht, Schüchternheit, Gehemmtheit, Verwirrung, Angst vor Isolation, Mangel an Ausdrucksmöglichkeiten, Angst vor der eigenen Meinung

Bereich 6 – Stirnchakra

Körperlicher Bereich: Kopf, Gehirn

Mögliche blockierte Emotionen: Egoismus, starke Ängste, Gefühl der Sinnlosigkeit, Gefühl der Verwirrung

Bereich 7 – Kronenchakra

Körperlicher Bereich: Gesamter Organismus

Mögliche blockierte Emotionen: Desinteresse an der Welt, Mangel an Lebensfreude, Dumpfheit, geistige Erschöpfung, das Gefühl, unglücklich zu sein, Depressionen, Entscheidungsschwäche, Verwirrung

Spirituelle Fallen erkennen

Jeder, der auf einem spirituellen Weg ist, wird irgendwann Gefahr laufen, in die Irre zu gehen, ohne es zu merken. Der folgende kurze Abschnitt ist ein ganz wichtiger Teil dieses Buches. Denn die spirituellen Fallen sind in der Regel unsichtbar und geben sich nicht als Fallen zu erkennen – manchmal erscheinen sie einem geradezu als Wege zur schnellen Erleuchtung. Wenn Sie jedoch über die spirituellen Fallen Bescheid wissen, werden Sie sie fast immer vermeiden können.
Spirituelle Fallen können viele Formen annehmen. Hier seien nur einige genannt – was aber vollkommen ausreichen sollte, um Ihren inneren Sinn zu schärfen.

Auf dem spirituellen Weg lauern eine Menge Fallen, die den Suchenden in die Irre führen. Häufig sind sie nicht als solche zu erkennen, sondern erscheinen im Gegenteil als direkte Wege zur Erleuchtung.

Scheinwissen

Was ist Wissen? Wissen ist Glauben. Die Dinge, von denen Sie glauben, dass Sie zutreffen, bezeichnen Sie als Wissen, und damit gewinnen Sie das Gefühl der Orientierung und Sicherheit. Das ist aber auch alles. Denn immer – wirklich immer – können Sie irren. Der spirituelle Weg ist letztendlich die Einsicht in das Nichtwissen und der rechte Umgang damit.

»Ich weiß, dass ich nichts weiß.« Der spirituelle Weg ist letztlich die Einsicht in das Nichtwissen und der rechte Umgang damit.

Allzu leicht jedoch flüchtet man sich in Scheinwissen, das einem die Illusion vermittelt, festen Boden unter den Füßen zu haben. Der Weg aus dieser Falle führt über das Erkennen, dass es viele Wege gibt, nicht einen; dass alles, was Sie für wirklich halten, Illusion sein könnte – und dass Sie sich schließlich fallen lassen und Ihren Weg gehen müssen: »Ich weiß, dass ich nichts weiß – und damit weiß ich doch ein klein wenig mehr als andere.«

Unwissenheit

Vorsicht vor der Unwissenheit: Denn genau das, was Sie nicht wissen wollen, könnte das sein, was Sie weiterträgt.

Eines der drei Geistesgifte, die Buddha nannte, ist die Unwissenheit. Nach dem, was Sie gerade gelesen haben, mag das merkwürdig erscheinen. Doch Scheinwissen ist etwas ganz anderes als Unwissenheit. Zur spirituellen Falle wird die Unwissenheit, weil sie selbstgenügsam ist. Auf dem spirituellen Weg sollte man diese Falle vermeiden. Alles ist interessant, alles ist wichtig, alles ist letztlich Ausdruck der Welt.
Horchen Sie immer auf, wenn Sie sich sagen hören: »Das will ich gar nicht wissen.« Denn darin liegt die Gefahr, genau den Aspekt des Seins zu verpassen, der Sie weiterträgt.

Materialismus

Es ist immer wieder überraschend, Menschen, die auf dem spirituellen Weg sind, im vehementen Streit mit anderen zu erleben: Sind die Chakras, Nadis, Aura und andere Dinge real oder nicht? Das Verblüffende ist, worum sich der Streit dreht. Häufig geht es um Messungen, physikalische Strukturen oder um Quantenphysik. All das ist Materialismus, und dieser Materialismus ist eine sehr subtile Falle auf dem spirituellen Weg. Es geht nicht darum, eine Form der Materie durch eine andere Form der Materie zu ersetzen. Spiritualität ist keine alternative Physik.

Rationalisieren

Eine andere Falle entsteht durch Misstrauen. Sie fühlen, was Sie fühlen, und nehmen wahr, was Sie wahrnehmen. Es ist nicht notwendig, das mit bereits Bekanntem – siehe »Scheinwissen« – zu begründen, damit es keine Widersprüche im Weltbild gibt. Gibt es Widersprüche, lassen Sie

sie einfach stehen. Es wird sich im Laufe der Zeit eine Einheit herauskristallisieren. Sie können einen Kreis auch durch noch so viel Verbiegen nicht in ein Quadrat verwandeln.

Überheblichkeit

Bei manchen Menschen, die auf dem spirituellen Weg schon fortgeschritten, aber innerlich unsicher sind, findet man eine gewisse Überheblichkeit: »Ich weiß etwas, was du nicht weißt.« Diese Überheblichkeit kann sich unterschiedlich ausdrücken: durch Worte, durch ein feines wissendes Lächeln. Fassen Sie es als Warnsignal auf, wenn Sie glauben, anderen überlegen zu sein. Vielleicht sind Sie es – doch Sie können sich nie sicher sein. Vor allem gewinnen Sie nichts für Ihren Weg durch dieses Gefühl. Viel mehr gewinnen Sie durch Demut und Bescheidenheit.

Humor, Mitmenschlichkeit und Freude sind drei wirkungsvolle Mittel zum Schutz vor spirituellen Fallen. Überhaupt ist das Gefühl der Freude der Wegweiser auf Ihrem spirituellen Weg.

Die drei Hilfsmittel

Es gibt drei Mittel, die Sie vor spirituellen Fallen schützen – oder, wenn Sie bereits in eine solche getappt sind, Ihnen dabei helfen, sie zu überwinden: Dies sind Humor, Mitmenschlichkeit und Freude.

Humor ist eine unglaubliche spirituelle Kraft. Das verstehen viele Menschen nicht. Doch fast jeder spürt es, wenn er über einen guten Witz aus ganzer Seele lacht und dabei fühlt, wie Blockaden aufbrechen und sein Herz – zumindest für einen Augenblick – vollkommen frei ist. Überprüfen Sie, ob Sie über das, was Sie glauben, über Ihren spirituellen Weg, lachen und Witze machen können – wenn nicht, sind Sie in eine spirituelle Falle geraten.

Auch Mitmenschlichkeit ist von wesentlicher Bedeutung. Ein spiritueller Weg führt immer zu mehr Mitgefühl, nie zu Gleichgültigkeit oder gar Verachtung. Wenn die Grenzen zwischen dem Ich und der Welt, dem Ich und dem Du, fester werden, entfernen Sie sich immer von dem spirituellen Weg, der ja zur Einheit führt.

Freude ist ein sehr guter Ratgeber. Versuchen Sie, sich von dem Anhaften an materielle Dinge und an unangenehme Gefühle zu lösen. Allerdings sollte jeder Verzicht eine Freude sein – das Gefühl der Freude ist der Wegweiser. Vergessen Sie dies nie auf Ihrem spirituellen Weg.

Mittelstufe 2 – seine Fähigkeiten in die Welt bringen

Auf der Stufe des fortgeschrittenen Adepten werden Sie Ihre eigenen Kenntnisse und Fähigkeiten nicht nur vertiefen, sondern Ihre Energie nach außen, in die Welt strahlen lassen. Und Sie werden versuchen, dadurch die Welt ein wenig lichter werden zu lassen.

Es gibt eine Vielzahl von Wegen, seine Fähigkeiten zum Wohl seiner Mitlebewesen einzusetzen. Der direkteste ist wohl, ganz konkret Leiden zu lindern – entweder, indem das Leibliche repariert wird, oder – wie hier beschrieben werden wird – indem der Energiekörper unmittelbar angesprochen wird.

Der folgende Test gibt Ihnen zunächst einmal darüber Auskunft, wie es zum derzeitigen Zeitpunkt um Ihre Heilkräfte bestellt ist. Danach werden Sie sich im Tun verwirklichen und Ihre Energie in die Welt strahlen. Gleichzeitig werden Sie dabei an Energie gewinnen. Und Sie werden erfahren, dass das Thema »Energie gewinnen« sehr wichtig ist, wenn es um Heilung geht.

Nun ist es an der Zeit, Ihre Kenntnisse und Fähigkeiten zu vertiefen und Ihre Energie in die Welt strahlen zu lassen und Ihre Fähigkeiten zum Wohl Ihrer Mitlebewesen einzusetzen.

Aus diesem Grund lernen Sie auch mehr über weitere Möglichkeiten, Ihr Energieniveau anzuheben. Dabei wird es um fortgeschrittene Pranayama-Übungen – Atemübungen – , um das Öffnen der Nadis – der Energiekanäle – und um Finger-Yoga mit Mudras, den heiligen Handstellungen, gehen, die zur spirituellen Praxis gehören und die persönliche und geistige Entwicklung des Menschen unterstützen.

Danach werden Sie Ihre vorhandenen Erkenntnisse über das Thema »Heilung« vertiefen.

Sie werden obendrein lernen, Ihre Handchakras zu wecken, und Sie werden sich mit den Möglichkeiten vertraut machen, über die Hände Heilung zu bewirken.

Zum Abschluss geht es noch um ein besonders wichtiges Thema für alle, die heilen wollen: Sie werden erfahren, wie Sie Ihre Aura wirkungsvoll schützen können, wenn Sie mit unreinen, destruktiven Energien in Kontakt kommt.

TEST: Haben Sie heilende Kräfte?

Mit diesem Kurztest können Sie einen Eindruck davon gewinnen, wie weit Ihre geistige Heilkraft entwickelt ist. Er deutet jedoch nur die grobe Intensität der Heilenergie an, die bei Ihnen im Augenblick vorhanden ist. Die subtilen Kräfte, die zur Wirkung kommen, wenn ein heilender Einfluss auf feinstoffliche Energiesysteme ausgeübt wird, entziehen sich dagegen einem solchen Test. Sehen Sie sich einfach an, was der Test über Ihre Heilkraft sagt – vielleicht erhalten Sie ja eine überraschende Einsicht.

1. Spüren Sie es körperlich, am eigenen Leib, wenn jemand in Ihrer Umgebung krank ist?

A) Nein, ich lasse mich nicht so leicht beeinflussen.

B) Ja, es raubt mir Energie – ich habe das Gefühl, selbst krank zu sein.

C) Ja, ich spüre, wie mein Energiesystem darauf reagiert – ich fühle mich dann erst recht wach und aktiv.

2. Wenden sich Menschen mit körperlichen oder seelischen Problemen häufig an Sie?

A) Nein, glücklicherweise nicht.

B) Ja – das stresst mich manchmal sehr, und ich fühle mich überfordert.

C) Ja, ich scheine Menschen mit Problemen anzuziehen – doch ich komme gut zurecht damit.

3. Denken Sie oft, dass Heilpraktiker oder Arzt der ideale Beruf für Sie sein könnte?

A) Nein, das wäre nichts für mich.

B) Ich habe schon mal daran gedacht.

C) Ich bin in der Heilkunst tätig und fühle mich wohl dabei.

4. Was tun Sie am ehesten, wenn Sie krank sind?

A) Ich suche möglichst bald einen Heilpraktiker oder Arzt auf.

B) Ich behandle mich – erfolgreich – selbst.

C) Ich werde praktisch nie krank.

5. Welchem Satz würden Sie am ehesten zustimmen?

A) Der Geist regiert den Körper.

B) Der Körper regiert den Geist.

C) Geist und Körper sind eine Einheit.

6. Können Sie beschreiben, an welchen Stellen im Körper die folgenden Organe liegen: Leber – Bauchspeicheldrüse – Dickdarm – Milz – Hypothalamus – Gallenblase?

A) Ich bin mir höchstens bei dreien wirklich sicher.

B) Ich bin mir höchstens bei zweien etwas unsicher.

C) Ja, ich weiß, wo alle diese Organe liegen.

7. Haben Sie schon einmal – bei sich selbst oder anderen – den Blutdruck und Puls gemessen?

A) Vielleicht mal den Puls, das ist ja nicht so schwer.

B) Ja – den Puls bestimmt; und den Blutdruck mit einem elektronischen Gerät.

C) Ja. Ich weiß, wie man Puls und Blutdruck – auch ohne elektronische Geräte – misst und habe das auch schon oft getan.

Auswertung

Beispiel 1

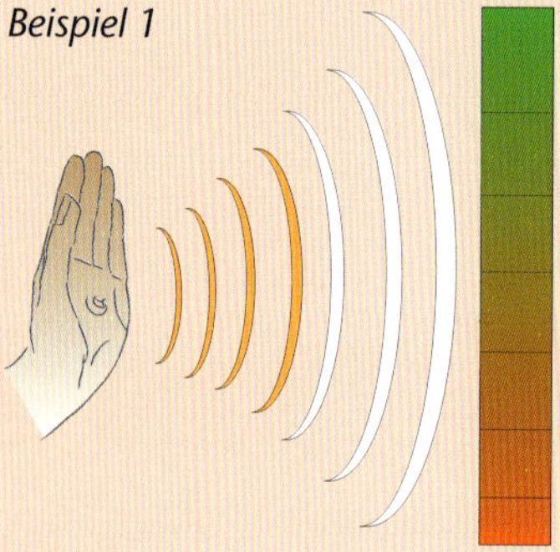

Sehen Sie sich das Auswertungsbild auf der rechten Seite an. Für jede Frage, die Sie mit »B« oder »C« beantwortet haben, füllen Sie eine »Welle« aus, die von der Hand ausgeht.

Beispiel 1

Wenn Sie beispielsweise drei Fragen mit »A« und vier Fragen mit »B« oder »C« beantwortet haben, sollte Ihr Auswertungsbild etwa so aussehen, wie Ihnen das Beispiel 1 links zeigt.

Beispiel 2

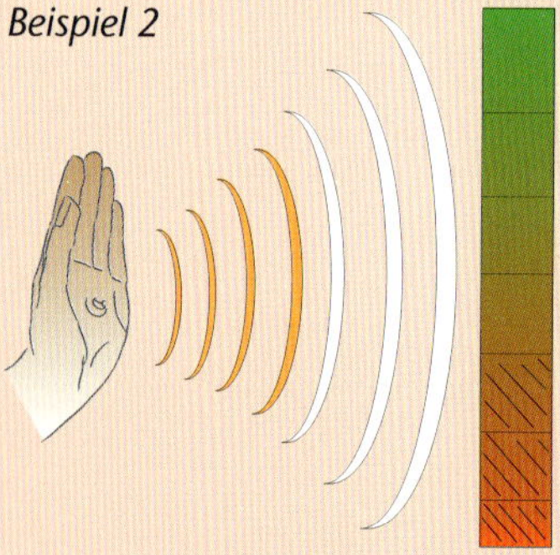

Auf der rechten Seite sehen Sie einen Balken mit sieben Feldern. Füllen Sie für jede Frage, die Sie mit »C« beantwortet haben, eines der Felder aus. Beginnen Sie von unten.

Beispiel 2

Nehmen Sie wieder das obige Beispiel zu Hilfe – von den Fragen, die mit »B« oder »C« beantwortet wurden, wurden drei mit »C« beantwortet. Das Auswertungsbild sollte dann etwa so aussehen, wie in Beispiel 2 zu sehen ist.

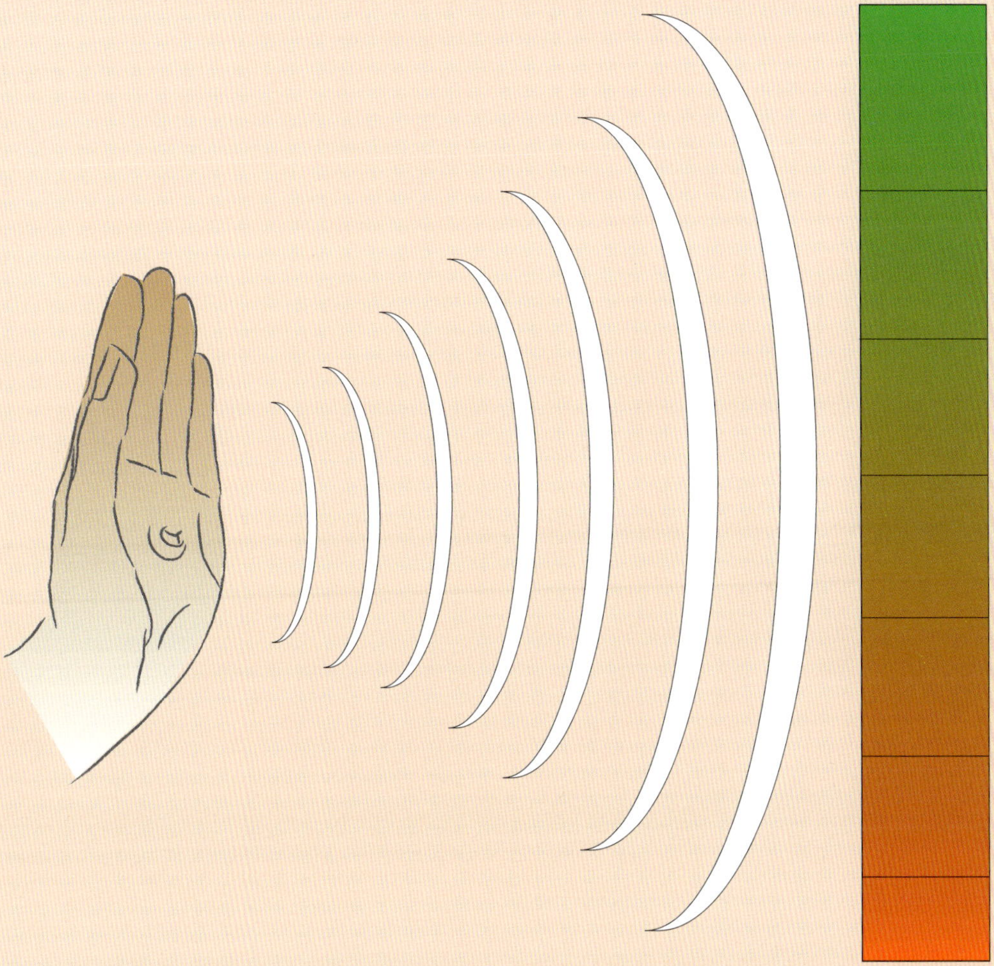

Sich selbst im Tun verwirklichen

Sich selbst zu verwirklichen bedeutet nicht etwa, ohne Rücksicht auf andere Lebewesen alles zu machen, was einem gerade in den Sinn kommt. Denn ein wichtiger Aspekt der Wirklichkeit ist, dass alles eins ist, dass alle Menschen eins sind und dass die Trennung von den anderen eine Illusion ist.

Wenn Sie sich selbst verwirklichen, heißt das, das Sie Ihr »Großes Ich« befreien und das »Kleine Ich« loslassen. Das bedeutet, Sie bringen Ihr wahres Selbst zum Vorschein, das hinter Blockaden, Unwesentlichem und erlernten negativen Denk-, Gefühls- und Verhaltensweisen strahlt. Es bedeutet, dass Sie wahrhaft selbstbestimmt leben – nicht beeinflusst von unbewussten Trieben, karmischen Prägungen, Einflüsterungen und Energien anderer Menschen.

Gedanken und Gefühle sind die Keime von Absichten, die zu Handlungen und zu Karma führen. Je reiner Sie Ihre Gedanken und Gefühle halten, desto kraftvoller wird Ihr feinstofflicher Körper. Das ist eine Ebene, auf der Sie auf dem spirituellen Weg arbeiten.

Um Ihren feinstofflichen Körper immer stärker strahlen zu lassen, schlechtes Karma zu vermeiden und Gutes in Bewegung zu bringen, stehen Ihnen mehrere Ebenen zur Verfügung: reine Gedanken und Gefühle, spirituelle Übungen und bewusstes Handeln.

Sie können auch den umgekehrten Weg gehen und mit spirituellen Übungen Ihre Chakras von Blockaden befreien und Ihre Aura reinigen. Dann wird Ihr feinstofflicher Körper immer stärker strahlen, und es werden immer weniger unreine Gedanken und Gefühle auftauchen. Dies ist eine weitere Ebene.

Anfangs kann es noch schwerfallen, die geistigen Bewegungen oder feinstofflichen Energien direkt anzusprechen, da noch zu viel Unruhe herrscht. In solchen Fällen ist es am sinnvollsten, auf einer weiteren Ebene zu beginnen: auf der Ebene des Handelns, die Ihnen am direktesten zugänglich ist.

Womöglich werden Sie noch nicht in der Lage sein zu spüren, wie sich die feinstofflichen Energien auf den Geist auswirken, und Sie werden die geistigen Energien, die zu Absichten führen, noch nicht wahrnehmen können – doch stets können Sie sich Ihr Handeln bewusst machen und auf dieser Stufe schlechtes Karma vermeiden und Gutes in Bewegung setzen.

Bereits auf der Grundstufe war von den fünf Yamas und fünf Niyamas die Rede. Rufen Sie sich noch einmal die Yamas ins Gedächtnis. Wenn Sie sich in Ihrem Tun verwirklichen, betrachten Sie die Yamas als Prüfsteine.

1. Ist Ihr Tun gewaltfrei?
2. Können Sie ohne Lüge auskommen?
3. Nehmen Sie nichts, was Ihnen nicht zukommt?
4. Bleiben Sie maßvoll?
5. Lassen Sie sich nicht vom Haben-Wollen bestimmen?

Wenn Sie all diese Fragen mit einem klaren »Ja« beantworten können, wird es Ihnen leichtfallen, sich zu verwirklichen und Ihr wahres Selbst zum Vorschein zu bringen.

Handeln Sie achtsam, und behalten Sie bei Ihren Handlungen immer die fünf Yamas im Auge: Gewaltfreiheit, Wahrhaftigkeit, Ehrlichkeit, Mäßigung und Genügsamkeit.

Tun Sie alles mit Achtsamkeit. Dann werden Sie sofort merken, ob es Ihnen guttut, ob es Sie erweitert oder blockiert, ob es die Welt schöner oder dunkler macht.

Auf dem Weg zur Selbstverwirklichung brauchen Sie meist nicht zu ändern, was Sie tun – häufig aber, wie Sie es tun. Achtsamkeit ist der Weg. Spüren Sie nach, ob Ihr Handeln aus Ihnen selbst stammt. Setzen Sie sich Herzensziele, und folgen Sie ihnen voller Freude. Bleiben Sie immer in Verbindung mit anderen Menschen – handeln Sie immer als Teil der Welt.

Sie sind einmalig und unersetzbar. Im Innersten sind Sie bereits vollkommen. Legen Sie allmählich, nach und nach, das strahlende Licht in Ihnen frei, und lassen Sie alles los, was Sie daran hindert, Sie selbst zu sein.

Karma-Meditation

ÜBUNG

In dieser Meditation geht es darum, das Bewusstsein für die Verbundenheit aller Dinge, von Handlungen und Ereignissen zu steigern. Wenn Sie diese Übung einige Male durchgeführt haben, werden Sie wirklich verstehen und fühlen, was Karma bedeutet.

- Sitzen Sie in einer bequemen Meditationshaltung, und schließen Sie die Augen.
- Atmen Sie ein paar Mal tief und bewusst durch. Zentrieren Sie sich, und kommen Sie ganz zur Ruhe.

Machen Sie die Karma-Meditation, solange und sooft Sie möchten. Sie werden durch diese Übung mehr und mehr das Gefühl haben, mit dem Universum eins zu sein. Und dieses Gefühl ist ein wichtiger Schritt auf dem spirituellen Weg.

- Denken Sie an Ihre Geburt zurück. Beachten Sie dabei: Es geht nicht um das Erinnern oder um das gefühlsmäßige Wiedererleben, sondern lediglich um den Vorgang der Geburt.
- Verfolgen Sie dazu die Kausalkette zurück: Was musste geschehen, dass es zu diesem wunderbaren, im ganzen Universum einmaligen Vorgang Ihrer Geburt kam?

1. Ihre Eltern mussten ein Kind zeugen.
2. Um ein Kind zu zeugen, mussten sie sich zunächst einmal kennen lernen.
3. Um sich kennen lernen zu können, mussten sie sich begegnen.
4. Um sich zu begegnen, mussten sie ihrerseits geboren werden.
5. Der Ort, an dem sich Ihre Eltern kennen gelernt haben, war auf eine ganz bestimmte Art und Weise beschaffen. Sind sie sich beispielsweise in der Schule begegnet, musste die Schule geplant, entworfen, gebaut werden.
6. Damit das geschehen konnte, mussten der Planer, der Architekt, die Maurer geboren werden usw.

- Sie können unendlich viele Abzweigungen in der Kausalkette verfolgen und werden bei keiner einzigen davon jemals an ein Ende kommen.
- In der Meditation tauchen Sie in das unendliche Meer des Seins ein, bewegen sich frei hierhin und dorthin, in jede Richtung.
- Sie begreifen, wie alles und jedes miteinander in Verbindung steht – und beginnen allmählich das große Wunder zu ahnen: dass alles, was jemals geschah, ein Teil von Ihnen ist und Sie selbst ein Teil von allem sind.
- Wäre nur eine Winzigkeit anders, gäbe es Sie nicht.
- Und gäbe es Sie nicht, wäre die Welt eine andere. Denn alles ist in der Tiefe eins.
- Sie können bei dieser Meditation verweilen, solange Sie möchten, und Sie können sie sooft durchführen, wie Sie wollen. Das Gefühl, mit dem Universum eins zu sein, wird immer stärker werden. Und dieses Gefühl der Einheit mit dem Universum ist ein wichtiger Schritt auf dem spirituellen Weg.

Mehr Energie gewinnen

Die Energie, um die es nun gehen wird, sollte nicht mit physikalischer Energie verwechselt werden. Vielmehr liegt die Energie der Chakras, der Aura, die Energie, die durch die Nadis fließt und dem Menschen das Gefühl gibt, lebendig zu sein, auf einer ganz anderen Ebene. Behalten Sie das immer im Auge, wenn Sie mit feinstofflicher Energie arbeiten.
Das ist nicht immer einfach, denn feinstoffliche und materielle Vorgänge laufen häufig gleichzeitig ab – beispielsweise Prana und der Atem. Dadurch besteht leicht die Gefahr, dass das eine mit dem anderen verwechselt wird.
Ein sehr ausdruckskräftiges Bild dafür, was Sie sich unter der feinstofflichen Energie vorstellen können, ist die Energie, die durch Musik übertragen wird – eine Energie, die in der Lage ist, das Herz ganz unmittelbar anzurühren.
Weder die physikalische Schwingung der Luft noch die messbare akustische Energie bewirken, dass Sie bei einer Musik weinen oder sich erhoben fühlen. Vielmehr handelt es sich um eine Energie, die auf einer vollkommen anderen Ebene wirkt.

Feinstoffliche Energie ist mit der Energie zu vergleichen, die durch Musik übertragen wird. Dabei werden Sie weder durch die physikalische Schwingung der Luft noch durch die messbare akustische Energie emotional berührt, sondern durch eine Energie, die auf einer anderen Ebene wirkt.

Die Energie der Musik rührt das Herz ganz direkt an.

Prana – die Urenergie des Lebens

Prana ist die Urkraft aller Naturerscheinungen, die subtile Energie, die die lebendige Essenz alles Stofflichen bildet. Prana ist das aktive Prinzip des Lebens. Alle Wesen leben in einem Meer von Prana und sind Tag und Nacht von dieser universellen Lebensenergie umgeben. Tatsächlich ist Prana im gesamten Kosmos enthalten; Prana ist in Wasser, Luft, Nahrung, Licht und Sonne – und so nehmen Sie ständig Prana auf, wenn auch meist unbewusst.

Prana ist für den Menschen außerordentlich wichtig: zum einen werden alle Zellen durch Prana überhaupt erst belebt, zum anderen ist Prana die Quelle aller seelischen und geistigen Energie. Während eine gute Prana-Versorgung ein hohes Maß an Vitalität, Lebensfreude, Ausgeglichenheit und Gesundheit gewährleistet, führt ein Mangel schnell zu körperlichen und seelischen Problemen. Nur wenn Prana ungehindert durch den Astralkörper – durch die Nadis und alle Chakras – fließen kann, ist der Mensch körperlich und seelisch im Einklang mit dem Universum.

Pranayama – die Kontrolle des Prana: Fließt Prana, die universelle Lebensenergie, ungehindert durch alle Nadis und Chakras, sind Sie körperlich und seelisch im Einklang mit dem Universum.

Im Yoga wird viel Wert darauf gelegt, die kosmische Lebensenergie bewusst aufzunehmen und zu speichern. Einige Yogis haben die absolute Kontrolle über ihr Prana erreicht. Dadurch sind sie in der Lage, besondere Fähigkeiten zu entwickeln und sich beispielsweise vollkommen unempfindlich gegen Schmerzen zu machen oder sich selbst und andere zu heilen.

Die Luft, die Sie atmen, ist in hohem Maß mit Prana angereichert – sofern es sich um einigermaßen unverschmutzte Luft handelt. Daher werden Atemübungen im Yoga häufig eingesetzt, um gezielt Prana aufzunehmen. Der Sanskritbegriff »Pranayama« leitet sich von *prana* – kosmische Urenergie – und *yama* – Kontrolle oder Ausweitung – ab. Bei den Pranayama-Techniken geht es also nicht so sehr um die Atmung an sich, sondern vielmehr um den richtigen Einsatz des Bewusstseins.

Die Kraft der Gedanken und insbesondere die Kraft der Vorstellung sind die besten Mittel, um Prana aufzunehmen und den Pranafluss im Körper anzuregen. Die Übersetzung von Pranayama lautet ja nicht »Atemübung«, wie oft fälschlicherweise behauptet wird, sondern »Kontrolle des Prana«.

Daher sind auch Visualisierungs- und Meditationstechniken, die dazu dienen, mehr Prana aufzunehmen, vollwertige Pranayama-Übungen. Zwar kann durch Atemübungen vermehrt Prana aufgenommen werden, allerdings nur dann, wenn das Atmen von einem unbewussten in einen bewussten Prozess verwandelt wird. Mechanische Atemübungen erhöhen lediglich die Sauerstoffzufuhr. Durch bewusstes, meditatives Üben ist es hingegen möglich, Kontakt zu den feineren Energien aufzunehmen und diese gezielt für die eigene Entwicklung einzusetzen.

»Durch Kontrolle des grobstofflichen Atems ist es möglich, das feinstoffliche Prana zu beherrschen. Beherrschung des Prana führt zur Beherrschung des Bewusstseins, das ohne Prana nicht wirken kann. Das subtile Prana ist eng mit dem Bewusstsein verbunden …«
Swami Sivananda

So wecken Sie Ihre Lebensenergie

Wenn Sie über viel Prana verfügen, können Ihre Nerven-, Hormon- und Immunsysteme optimal arbeiten. Ein hohes Maß an Prana ist gleichbedeutend mit einer ausgezeichneten Gesundheit, seelischer Gelassenheit und geistiger Klarheit. Ein Mangel an Prana kann sich dagegen in vielerlei körperlichen Beschwerden sowie in Form von depressiven Verstimmungen, beispielsweise Müdigkeit, Sorgen und Furchtsamkeit zeigen.

Die Prana-Kraftatmung

ÜBUNG

Die folgende Pranayama-Übung hilft Ihnen, auf klassische Art und Weise – mithilfe bewusster Atmung – innerhalb kürzester Zeit neue Kräfte zu gewinnen. Es handelt sich um eine rhythmische Atmung, wie Sie sie bereits in der Grundstufe kennen gelernt haben. Im Yoga werden Ein- und Ausatmen oft in bestimmten Rhythmen vollzogen, da der Körper dadurch viel Energie aufnehmen kann, während gleichzeitig das Gemüt zur Ruhe kommt.

Die Prana-Atmung hat drei Phasen – Einatmung, Atem-Anhalten und Ausatmung. Diese drei Phasen stehen im Verhältnis 4:16:8 – das heißt, dass Sie vier Sekunden einatmen, den Atem dann 16 Sekunden anhalten und schließlich acht Sekunden lang ausatmen. Das Ausatmen sollte kraftvoll gegen den Druck der zusammengepressten Lippen erfolgen, damit die Lungebläschen offen bleiben und sich die Lunge möglichst gut entleeren kann.

Das Anhalten des Atems ist eine der besten Möglichkeiten, um sehr viel Prana aufzunehmen. Das Atemanhalten dauert relativ lang – daher ist

Nur wenn Sie zu einem Meister Ihrer Lebensenergie werden, können Sie die spirituelle Dimension wirklich erfassen. Je mehr Prana Sie aufnehmen und speichern, desto schneller wird sich Ihr Energiekörper entwickeln.

diese Übung nicht für Anfänger geeignet. Noch längeres Atemanhalten ist nur nach jahrelanger Übung und unter Aufsicht eines erfahrenen Lehrers zu empfehlen, da es sonst unangenehme Nebenwirkungen haben kann.

Den Atem nur wenige Sekunden lang anzuhalten, wie es bei dieser Übung der Fall ist, ist vollkommen ungefährlich. Wenn Ihr Körper sehr sensibel auf eine erhöhte Sauerstoffzufuhr reagiert, kann es vorkommen, dass Ihnen ein wenig schwindlig wird. Das ist aber kein Anzeichen für einen schädlichen Vorgang – es kann nichts passieren. Versuchen Sie in einem solchen Fall die Übung weiterzuführen; oft verschwindet das Schwindelgefühl nach kurzer Zeit, und Sie fühlen sich – ganz im Gegenteil – besonders stark und kraftvoll. Wenn Ihnen das Gefühl aber unangenehm ist, sollten Sie sich zu nichts zwingen – achten Sie immer auf Ihre Grenzen.

- Sie können die Technik im Sitzen oder im Liegen durchführen.
- Schließen Sie die Augen, und entspannen Sie Körper und Geist. Atmen Sie ein paar Mal tief ein und aus. Beginnen Sie dann mit der Prana-Atmung.
- Atmen Sie vier Sekunden lang durch die Nase ein, halten Sie den Atem 16 Sekunden lang entspannt an, und atmen Sie dann acht Sekunden lang – kraftvoll durch die gegeneinander gepressten Lippen – aus. Bleiben Sie während der ganzen Übung vollkommen entspannt – auch im Gesicht.
- Wiederholen Sie den Atemzyklus 4:16:8 insgesamt 7-mal.
- Ebenso wichtig wie der Rhythmus ist Ihre Achtsamkeit. Visualisieren Sie, wie Sie mit jedem Atemzug Prana aufnehmen. Beim Atemanhalten spüren Sie, wie sich Prana in Ihrem ganzen Körper ausbreitet. Mit dem Ausatmen lassen Sie alles Belastende und Bedrückende los – visualisieren Sie, wie dunkle, negativ geladene Energie mit dem Ausatmen Ihren Leib verlässt.
- Nachdem Sie die Übung 7-mal wiederholt haben, sollten Sie sich noch etwas Zeit nehmen, um den Wirkungen nachzuspüren.

Sie können diese Technik übrigens auch im Alltag jederzeit zwischendurch anwenden. Führen Sie sie jedoch nicht öfter als 7-mal hintereinander durch. Die aktivierende Wirkung kann leicht zu stark werden und beispielsweise Einschlafprobleme verursachen.

Prana-Mudra

ÜBUNG

Bestimmte Finger- und Handstellungen – so genannte Mudras – dienen im Yoga dazu, wohltuende Bewusstseinszustände zu erzeugen. Die Prana-Mudra – abgebildet auf Seite 187 – wird mit beiden Händen in der gleichen Weise eingenommen. Hier wird die Haltung für eine Hand beschrieben – übertragen Sie sie einfach auch auf die andere Hand.

- Strecken Sie die Hand vor sich aus, so dass Sie auf Ihre Handfläche blicken können. Während Sie Zeige- und Mittelfinger gestreckt lassen, winkeln Sie Daumen sowie Ring- und kleinen Finger ab. Berühren Sie mit der Daumenkuppe sanft die Fingerkuppen von Ringfinger und kleinem Finger, wodurch diese drei Finger einen Kreis bilden.
- Nehmen Sie diese Fingerstellung mit beiden Händen ein. Legen Sie die Handrücken auf Ihre Oberschenkel, und bleiben Sie mindestens fünf Minuten lang in dieser Haltung.

Alles, was Sie dabei tun müssen, ist, sich zu entspannen und zu beobachten, was passiert. Am besten richten Sie Ihre Achtsamkeit zunächst auf die Stelle, an der die Daumen die Fingerkuppen berühren. Sie werden spüren, wie sich an dieser Stelle Energie sammelt und sich Ihr Körper von dort aus ganz von selbst mit Energie auflädt.

Die Prana-Mudra unterstützt den Pranafluss im Astralkörper, also in den Nadis, den Chakras und der Aura. Sie können sie gut im Alltag einsetzen, doch sollte die Übung immer bewusst durchgeführt werden.

Prana speichern

ÜBUNG

Das Sonnengeflecht ist die Stelle im Körper, in der am meisten Prana gespeichert wird. Das Sonnengeflecht – der Solarplexus – ist ein Nervengeflecht im Oberbauch, das in seiner Lage dem Nabelchakras entspricht. Die Bezeichnung »Nabelchakra« ist etwas irreführend, da sich das Manipura-Chakra ein wenig oberhalb des Nabels befindet – eigentlich wäre »Sonnengeflechts-Chakra« der bessere Name.

Das Element des Nabelchakras ist das Feuer – Symbol für die starke energetische Kraft, die den ganzen Körper von diesem Zentrum aus versorgt. Indem Sie Ihr Bewusstsein auf das Sonnengeflecht lenken, können Sie die aufgenommene Energie in Ihrem Körper speichern und sie dann – beispielsweise für Heilprozesse – einsetzen.

- Nehmen Sie eine Sitzhaltung ein, die Ihnen bequem ist, und schließen Sie die Augen.

ÜBUNG

- Legen Sie Ihre linke Handfläche auf die Magengrube – das Sonnengeflecht und das Nabelchakra befinden sich dicht unterhalb des Zwerchfells.
- Legen Sie die rechte Handfläche auf den linken Handrücken. Lassen Sie den Atem entspannt ein- und ausströmen.
- Lenken Sie Ihre Achtsamkeit nun auf Ihr Nabelchakra. Versuchen Sie, diese Quelle der Energie in Ihrem Körper aufzuspüren. Wenn Sie einen guten Kontakt hergestellt haben, beginnen Sie mit der folgenden Visualisierung:
- Stellen Sie sich vor, wie Sie mit jedem Einatmen kosmische Lebensenergie aus Ihrer Umgebung aufnehmen. Lassen Sie diese Lebensenergie – dieses Prana – als hellgelbes Licht in Ihr Nabelchakra und Ihr Sonnengeflecht strömen.
- Nutzen Sie das Ausatmen dazu, sich vorzustellen, wie sich die strahlend gelbe Lichtenergie im ganzen Nabelchakra verteilt und verstärkt und gleichzeitig immer heller wird.
- Verweilen Sie einige Minuten lang bei dieser Visualisierung. Spüren Sie, wie sich Ihr Körper allmählich mit neuer Energie füllt. Achten Sie darauf, was sich dabei in Ihren Gefühlen und Gedanken verändert. Beobachten Sie einfach, was geschieht, wenn Sie geduldig bei dieser Visualisierung bleiben.
- Lösen Sie dann langsam die Hände vom Oberbauch, und legen Sie sie auf die Oberschenkel. Beenden Sie die Übung, indem Sie die Augen wieder öffnen.

Unterstützen Sie mit Prana Heilungsprozesse. Mit der Zeit werden Sie immer mehr Gefühl für die kosmische Lebensenergie gewinnen und durch das Speichern und das bewusste Lenken von Prana sich und anderen helfen können.

Prana-Heilung

Je mehr Kontrolle Sie über Ihr Prana gewinnen, desto eher können Sie diese Kraft auch nutzen, um Heilungsprozesse zu unterstützen. Mit der Zeit wird es Ihnen immer leichter fallen, ein Gefühl für die kosmische Lebensenergie zu gewinnen. Sie können sich selbst oder anderen helfen, indem Sie Prana speichern und dann bewusst lenken.
Die Erfolge der Prana-Heilung sind oft erstaunlich. Allerdings sollten Sie anfangs nicht zu viel erwarten: Wenn es darum geht, energetische Kräfte therapeutisch einzusetzen, ist etwas Erfahrung nötig.

ÜBUNG

Prana-Selbstheilung

- Setzen oder legen Sie sich für diese Übung ganz entspannt hin.
- Die Übung »Prana speichern« von Seite 179 bildet die erste Phase der Prana-Heilung: Legen Sie also beide Hände wie beschrieben in Höhe Ihres Sonnengeflechts auf Ihren Oberbauch; stellen Sie sich vor, wie Sie einatmend Prana aufnehmen und dieses Prana im Nabelchakra speichern.
- Nehmen Sie sich einige Atemzüge Zeit, um Ihr ganzes Nabelchakra mit heilendem Prana aufzuladen. Sie verbinden diese Energie wieder mit der Visualisierung als strahlend hellgelbes Licht.
- Für die zweite Phase der Übung legen Sie die Hände entspannt auf den Oberschenkeln ab. Lassen Sie die Augen geschlossen. Konzentrieren Sie sich mit dem Einatmen auf die Energie, die sich in Ihrem Nabelchakra gesammelt hat. Mit dem Ausatmen schicken Sie dieses Prana in einen Bereich Ihres Körpers, dem Sie Kraft schicken wollen. Mit Hilfe Ihrer Vorstellungskraft können Sie das Prana in jeden Teil Ihres Körpers lenken – etwa in einen verstauchten Knöchel, einen entzündeten Hals oder zu einer schmerzenden Stelle Ihres Rückens.
- Nehmen Sie mit jedem Einatmen bewusst Kontakt zu der Kraft in Ihrem Nabelchakra auf; senden Sie diese Energie mit jedem Ausatmen zu einem erkrankten Organ oder einem geschwächten Körperteil.
- Wiederholen Sie diese Visualisierung mindestens fünf Minuten lang. Stellen Sie sich das Prana dabei als heilenden Lichtstrom vor, der von Ihrem Nabelchakra aus in den erkrankten Bereich fließt.
- Allmählich werden Sie spüren, wie die schwache Stelle in Ihrem Körper mit neuer Energie durchstrahlt wird. Durch die Übung setzen Sie einen starken Heilimpuls. Überlassen Sie den Rest Ihrem Körper. Bitten Sie Ihren inneren Arzt, Prana in bestmöglicher Weise für die Heilung Ihres Körpers zu nutzen, und bleiben Sie geduldig und gelassen. Sie lassen es geschehen.

Mit jedem Einatmen nehmen Sie Prana auf und speichern es in Ihrem Nabelchakra.

ÜBUNG

Prana-Heilung bei anderen

Selbstverständlich können Sie Prana nicht nur für die Selbstheilung nutzen, sondern auch, um die Heilung bei anderen Menschen zu unterstützen.

- Sammeln Sie dazu möglichst viel Prana in Ihrem Nabelchakra an. Nehmen Sie dazu die Übung »Prana speichern« von Seite 179 zu Hilfe.
- Lassen Sie dann eine Hand auf Ihrem Oberbauch liegen, und legen Sie die andere auf jenen Körperteil des Erkrankten, dem Sie Heilenergie geben wollen.
- Lassen Sie die kosmische Energie mit dem Ausatmen von Ihrem Sonnengeflecht aus in die geschwächte Körperstelle strömen. Bleiben Sie jedoch ganz entspannt, und arbeiten Sie nur mit Ihrer Vorstellung, nicht mit dem Willen.
- Da die kosmische Lebensenergie unerschöpflich ist, werden Sie bei dieser Technik kein Prana verlieren. Im Gegenteil – wenn Sie richtig vorgehen, werden Ihr Patient und Sie selbst gestärkt aus der Übung hervorgehen.

Für die Prana-Heilung legen Sie eine Hand auf den erkrankten Körperteil Ihres Partners, die andere ruht auf Ihrem Solarplexus.

Die Nadis öffnen

Prana, die kosmische Lebensenergie, versorgt Körper und Seele mit Vitalität und Kraft. Diese Energie bewegt sich jedoch nicht chaotisch durch den Astralkörper, sondern strömt in Bahnen. Diese subtilen Kanäle werden Nadis genannt, aus dem Sanskrit *nad* – fließen.
Die Yoga-Tradition geht davon aus, dass es mindestens 72 000 Nadis gibt; in einigen der Schriften wird ihre Zahl sogar mit 350 000 benannt. Die Nadis bilden ein feines Netzwerk von Leitbahnen, das sich über den ganzen Körper erstreckt.
Jedes einzelne Chakra bildet den Ausgangspunkt für Tausende von Nadis, die strahlenförmig, von den Chakras ausgehend, nach außen strömen. Hellsichtige Menschen aus verschiedenen esoterischen Traditionen haben diese Strahlen als Blütenform interpretiert. Daher werden die Chakras auch häufig als Blüten mit Blütenblättern dargestellt. Jedes Chakra bildet das Zentrum Tausender Nadis, so dass das Erwecken der Chakra-Energie immer auch einen reinigenden Effekt auf die Nadis hat.

Ida, Pingala und Sushumna, die drei Haupt-Nadis, verbinden die Chakras miteinander und sind für das Erwecken der Chakras von Bedeutung. Kann in ihnen die Energie frei fließen, können sich die Chakras entfalten.

Ida, Pingala und Sushumna

Für die Praxis sind die drei Haupt-Nadis von Bedeutung, denn nur sie spielen bei der Erweckung der Chakras eine größere Rolle. Die drei Haupt-Nadis, die die Chakras miteinander verbinden, heißen Ida, Pingala und Sushumna. Nur wenn die Energie ungehindert durch diese Hauptbahnen fließen kann, können sich die Chakras frei entfalten.
Ida ist der Kanal, durch den der negativ geladene Energiestrom fließt, und repräsentiert den weiblichen Pol und die Mondenergie. Ida hat seinen Ausgangspunkt im Wurzelchakra, an der Basis der Wirbelsäule, und endet im linken Nasenloch.
Pingala ist der positiv geladene Energiestrom, der der Sonnenenergie und dem männlichen Aspekt entspricht. Pingala entspringt ebenfalls dem Wurzelchakra, endet jedoch im rechten Nasenloch.
Ida und Pingala laufen an der Wirbelsäule entlang aufwärts und kreuzen sich dabei jeweils in den Chakras. So umkreisen sie spiralförmig den Hauptkanal Sushumna, der auf physischer Ebene dem Rückenmark ent-

spricht und direkt durch die Wirbelsäule strömt. Sushumna darf jedoch nicht mit dem Rückenmark gleichgesetzt werden – es handelt sich um eine feinstoffliche Energiebahn des Astralkörpers.

Ida und Pingala versorgen den Menschen mit der nötigen Energie, die er für sein weltliches Leben und das Meistern seiner weltlichen Aufgaben braucht. Im Gegensatz dazu ist Sushumna der Kanal, der für die spirituelle Entwicklung von besonderer Bedeutung ist.

Während Ida und Pingala den Menschen mit der nötigen Energie für sein weltliches Leben und seine weltlichen Aufgaben versorgen, ist Sushumna für die spirituelle Entwicklung von Bedeutung.

Solange Prana nur durch Ida und Pingala strömt, bleibt der Mensch in der Ebene von Raum und Zeit gefangen. Allerdings sind selbst diese beiden Kanäle meistens nicht vollständig geöffnet – wären sie es, würde sich allmählich, im Laufe vieler Jahre, Shushumna-Nadi selbstständig öffnen.

Durch Meditation, Yoga-Techniken und Chakra-Arbeit wird der Energiefluss im Sushumna-Nadi direkt angeregt, was zu höheren Bewusstseinszuständen führt. Der Sushumna-Kanal wird in Indien auch als »Brahma-Nadi« bezeichnet, da er zu Gott führt – Brahma ist der Name der höchsten Gottheit. Der Fluss der Prana-Energie durch den Sushumna-Kanal wird in seiner vollen Bedeutung erst deutlich, wenn man sich – auf der Meisterstufe – mit der Kundalini-Theorie beschäftigt. Doch zunächst werden Sie lernen, wie Sie Ihre Nadis ausgleichen können.

ÜBUNG

Nadi-Ausgleichsatmung

Nach der Yoga-Lehre ist die Energie, die durch Ida strömt, kühlend und beruhigend, während die Pingala-Energie wärmend und aktivierend ist. Eine zu starke Aktivität von Ida, dem negativen Energiepol, führt daher zu Müdigkeit, Lustlosigkeit, depressiven Verstimmungen und Kreislaufschwäche. Strömt die Energie hingegen zu stark durch Pingala, den positiven Pol, kann dies zu Nervosität, Gereiztheit, Schlaflosigkeit und Herzproblemen führen.

Durch die folgende Atemtechnik können Sie einen Ausgleich zwischen diesen beiden Polen schaffen.

- In sitzender Stellung atmen Sie dazu einige Minuten lang ausschließlich durch eines der beiden Nasenlöcher. Die Atmung durch das linke Nasenloch heißt Mondatmung, die durch das rechte Sonnenatmung:

• **Die Mondatmung:** Setzen Sie sich bequem und aufrecht hin. Schließen Sie die Augen, führen Sie die rechte Hand an die Nase, und verschließen Sie das rechte Nasenloch mit der rechten Daumenkuppe. Atmen Sie nun mindestens fünf Minuten lang gleichmäßig durch das linke Nasenloch ein und aus. Diese Atmung wirkt beruhigend. Wenn Sie unter Nervosität, Schlaflosigkeit oder Unruhe, an Entzündungen, Bluthochdruck, Herzklopfen oder Schmerzen leiden, sollten Sie die Mondatmung mehrmals täglich ausführen.

Die Energie, die durch Ida strömt, gilt in der Yoga-Lehre als kühlend und beruhigend, die Pingala-Energie dagegen als wärmend und aktivierend.

• **Die Sonnenatmung:** Auch die Sonnenatmung wird im Sitzen durchgeführt. Schließen Sie dabei die Augen, führen Sie die rechte Hand an die Nase, und verschließen Sie das linke Nasenloch mit dem Ringfinger und mit dem kleinen Finger der rechten Hand. Atmen Sie ausschließlich durch das rechte Nasenloch. Führen Sie die Sonnenatmung mindestens fünf Minuten lang durch. Diese Atmung wirkt aktivierend. Ganz besonders bei Müdigkeit, Erschöpfung, Niedergeschlagenheit und Ängstlichkeit sowie bei niedrigem Blutdruck und Schwindel, Kreislauf- oder Verdauungsschwäche ist diese aktivierende Atemweise hilfreich und sollte mehrmals täglich geübt werden.

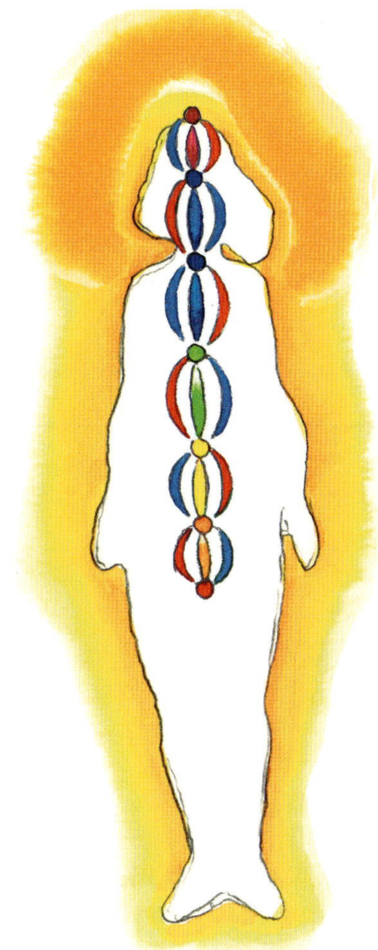

Die drei Hauptbahnen der Lebensenergie Prana heißen Ida, Pingala und Sushumna. Sie verbinden die sieben Hauptchakras miteinander.

Mudras

Mudras sind Hand- und Fingerhaltungen, die mit bestimmten Gefühlen einhergehen. Manche Mudras lindern Schmerzen, andere wirken beruhigend, wieder andere regen die Lebenskräfte an.

Der Begriff »Mudra« stammt aus dem Sanskrit und bedeutet Siegel oder Geste, auch »das, was Freude bringt«. Mudras sind fester Bestandteil der spirituellen Praxis, denn sie unterstützen die persönliche und geistige Entwicklung. Die Anwendung von Mudras wird auch als »Fingeryoga« bezeichnet – aus gutem Grund: Ähnlich wie die klassischen Yoga-Stellungen sind auch die symbolischen Handgesten mehr als rein äußerliche Körperhaltungen.

Jede Mudra ist Ausdruck eines bestimmten Bewusstseinszustands, kann diesen Zustand aber umgekehrt auch herbeiführen. Die Mudras harmonisieren Körper und Seele. Oft werden Mudras geübt, um den Energiefluss anzuregen, die Atmung zu vertiefen, die innere Reinigung zu beschleunigen, Nervosität oder Antriebslosigkeit abzubauen oder die Selbstheilungskräfte anzuregen.

Wenn Sie mit Mudras arbeiten, sollten Sie unbedingt einige Punkte beherzigen:

1. Richten Sie Ihre Konzentration auf die Kräfte, die durch die jeweilige Mudra angeregt werden.
2. Halten Sie die Mudra mindestens drei Minuten lang; besser sind fünf bis zehn Minuten oder bei einer Meditation auch länger.
3. Bringen Sie Ihren Atem zur Ruhe. Ihr Atem sollte während der Übung mühelos und frei strömen.
4. Lenken Sie Ihr Bewusstsein auf die Wirkungen, die die eingenommene Mudra auf Körper, Seele und Geist hat.

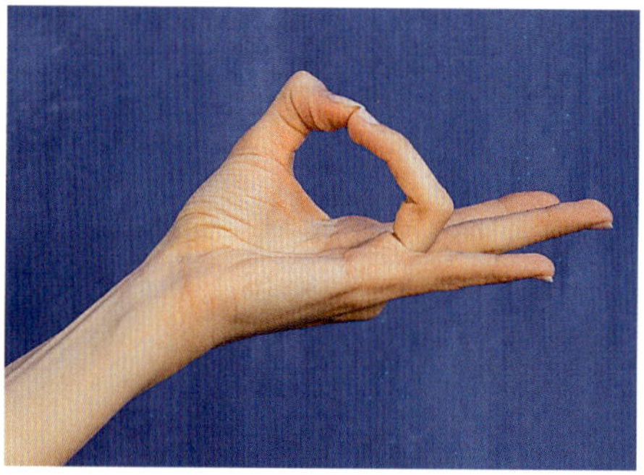

Prithvi-Mudra

Die Prithvi-Mudra erreichen Sie, indem Sie die Fingerkuppen von Daumen und Ringfinger aneinanderlegen. Diese Haltung hilft dabei, Mängel im Materiellen auszugleichen und den Geist für höhere spirituelle Ziele frei zu machen. Die Mudra aktiviert die Kraft des Erd-Elements, wirkt stabilisierend, festigend und schenkt Vertrauen und Sicherheit.

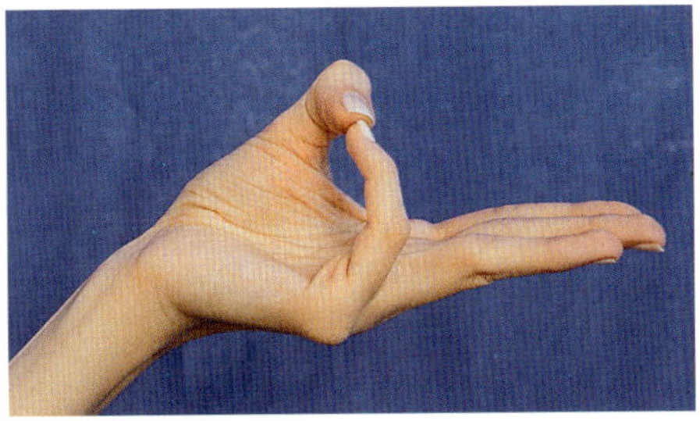

Varun-Mudra

Für die Varun-Mudra legen Sie die Fingerkuppen von Daumen und kleinem Finger aneinander. Diese Mudra fördert die Anpassungsfähigkeit und sorgt für einen gesunden Ausgleich der Energien in Körper und Geist. Sie aktiviert die Kraft des Wasser-Elements und verbessert die Flexibilität und die Fähigkeit, im Fluss zu bleiben, was auch geschieht.

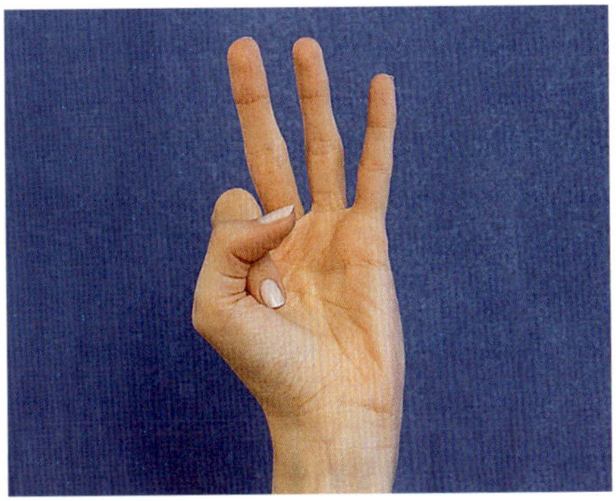

Vaayu-Mudra

Bei der Vaayu-Mudra winkeln Sie den Zeigefinger an, sodass die Fingerkuppe die Daumenwurzel berührt. Der Daumen liegt über dem zweiten Glied des Zeigefingers, und die anderen Finger werden gestreckt. Vaayu-Mudra verstärkt die kommunikativen Fähigkeiten – sowohl die Kommunikation mit anderen Menschen als auch mit der eigenen Seele und dem Universum profitieren davon. Mithilfe der Vaayu-Mudra gelingt es leichter, Unwesentliches loszulassen. Sie aktiviert die Kraft des Luft-Elements, gibt Leichtigkeit, vertieft die Atmung, entwickelt die Wandlungsfähigkeit und wirkt sich heilsam und belebend aus.

Prana-Mudra

Die Prana-Mudra bilden Sie, indem Sie die Fingerkuppen von Daumen, kleinem Finger und Ringfinger aneinanderlegen, während Mittel- und Zeigefinger gestreckt bleiben. Diese Mudra ist ein allgemeiner Energieverstärker. Insbesondere das Gehirn wird aktiviert. Die Prana-Mudra hilft, die Elemente Wasser, Erde, Feuer und Luft auszugleichen und richtig zu verteilen. Sie verstärkt die Eigenschwingung und schützt Körper und Seele vor negativen Einflüssen, was besonders in Krisenzeiten wichtig ist.

Linga-Mudra

Die Hände sind ineinander verschränkt, sodass sich die Daumen kreuzen. Richten Sie den unten liegenden Daumen nach oben, und führen Sie die Fingerkuppen des oben liegenden Daumens und des Zeigefingers derselben Hand ringförmig zusammen. Welcher Daumen oben liegt, bleibt Ihnen überlassen und ist ganz unterschiedlich. Sie werden feststellen, dass Ihnen eine Daumenposition natürlicher vorkommt. Diese sollten Sie dann auch verwenden. Probieren Sie jedoch auch die andere Position aus, und achten Sie auf den Unterschied. Diese Mudra wird es Ihnen leichter machen, Shiva und Shakti – das männliche und das weibliche Prinzip – zu vereinen. Die Linga-Mudra erhöht die Willens- und Durchsetzungskraft und fördert Qualitäten wie Selbstkontrolle, Selbstbewusstsein und Stabilität.

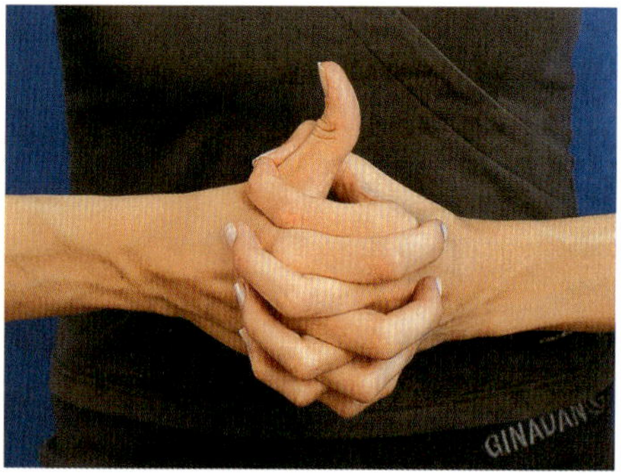

Pranayama für Fortgeschrittene

Pranayama-Übungen sind intensiv und nicht vollkommen gefahrlos. Das gilt jedoch vor allem dann, wenn Sie sehr ehrgeizig sind und fanatisch üben. Üben Sie immer mit Achtsamkeit, und hören Sie auf Ihre innere Weisheit. Ausdauer und Beharrlichkeit sind die Schlüssel zum Erfolg, versuchen Sie nichts zu erzwingen.

Sie haben schon in der Grundstufe Pranayama kennen gelernt. Nun werden Sie zu anspruchsvolleren, sehr wirksamen Übungen fortschreiten. Es wird oft davor gewarnt, Pranayama ohne einen guten Lehrer zu üben. Diese Warnung richtet sich jedoch vor allem an jene, die ihren Ehrgeiz nicht zügeln können und denken, Fanatismus und Leistungsbezogenheit seien ein Ersatz für Ausdauer, Beharrlichkeit und Achtsamkeit.

Üben Sie immer mit Achtsamkeit, und hören Sie auf Ihre innere Weisheit. Viel wichtiger als viele Wiederholungen und langes Atemanhalten sind Regelmäßigkeit und die Liebe zum Üben. Jede Übung sollte Ihnen weiterhelfen – und das geht langfristig nur, wenn Sie sich dabei auch wohl fühlen.

Achtung: Es versteht sich, dass Sie bei Erkrankungen, insbesondere der Lunge, des Herzens und des Kreislaufs, mit einem Arzt sprechen sollten, bevor Sie intensivere Übungen durchführen.

Die vier edlen Pranayamas

Kumbhaka, Kapalabhati, Kriya, Bhastrika, Suryabheda und Ujjayi – Atem- und Reinigungsübungen und -techniken der fortgeschrittenen Pranayama-Übungen.

Im Folgenden werden Sie vier, teilweise sehr intensive Pranayamas kennen lernen. Pranayama im engeren Sinne ist immer mit *kumbhaka* – Atemanhalten – verbunden. Die erste Übung, Kapalabhati, beinhaltet jedoch kein Kumbhaka, sondern ist im Grunde genommen eine Reinigungsübung – eine *kriya*. Dennoch wird Kapalabhati hier bei den fortgeschrittenen Pranayama-Übungen beschrieben, da sie eine sehr wichtige Übung ist, die mit dem Atem arbeitet – und eine Vorstufe zu einer der kraftvollsten Pranayama-Übungen, Bhastrika, die Sie im Anschluss kennen lernen werden. Danach wird Ihnen Suryabheda vorgestellt, eine kraftvolle Übung mit intensivem Atemanhalten mithilfe eines Bandha – Verschluss. Und zu guter Letzt lernen Sie mit Ujjayi, der Schnarchatmung, eine Pranayama, die der Hitze im Kopf entgegenwirkt.

1. Kapalabhati

Kapala-Bhati oder Feueratem bedeutet »Schädel-Leuchten«. Die Wirkungen von Kapalabhati sind auf mehreren Ebenen interessant. Zum einen wird der Gedankenfluss zum Stillstand gebracht – deswegen ist Kapalabhati eine Kriya –, zum zweiten wird das Bewusstsein verändert.

Atemübungen können den Gedankenfluss zum Stillstand bringen und das Bewusstsein verändern.

ÜBUNG

Es zeigen sich sogar Veränderungen in den Hirnstrommustern. Kapalabhati ist folglich in mehrfacher Hinsicht eine besonders gute Vorbereitung für die Meditation. Drittens wird das Blut mit Sauerstoff gesättigt, und der Kohlendioxydgehalt nimmt ab – deswegen ist Kapalabhati eine gute Vorbereitung für echte Pranayama-Übungen mit Kumbhaka, da der Atemreflex abgeschwächt wird und längeres Atemanhalten mühelos möglich wird.

- Setzen Sie sich in Ihrer bevorzugten Meditationshaltung mit geradem Rücken hin, schließen Sie die Augen, und atmen Sie 7-mal tief ein und aus. Bei der ganzen Übung wird ausschließlich durch die Nase geatmet. Dann beginnen Sie mit Kapalabhati.
- Atmen Sie mit einem starken Stoß aus. Ziehen Sie dabei den Bauch ein. Dann lassen Sie den Atem von selbst wieder einströmen. Wiederholen Sie das Ausstoßen des Atems und das Einströmenlassen 50-mal. Beginnen Sie mit 20 Wiederholungen, und steigern Sie im Laufe einiger Wochen die Wiederholungen. Bereiten Ihnen auch 50 Wiederholungen keine Schwierigkeiten, können Sie bis zu 100 machen.
- Atmen Sie dann wieder 7-mal tief ein und aus.
- Üben Sie Kapalabhati immer in drei Runden.

Bhastrika ist eine der kraftvollsten Pranayama-Übungen überhaupt. Dabei wird so viel Prana aufgenommen, dass sich sogar starke Blockaden in den Nadis nach einer Weile lösen.

ÜBUNG

2. Bhastrika

Bhastrika bedeutet Blasebalg. Diese Übung wird oft mit Kapalabhati verwechselt, es gibt jedoch zwei entscheidende Unterschiede. Erstens ist Bhastrika eine echte Pranayama, da sie Kumbhaka – Atemanhalten – beinhaltet, und zweitens erfolgt das Ausstoßen und Einatmen schneller aufeinander. Nach dem Ausstoßen des Atems wird durch aktives Entspannen und Absenken des Zwerchfells der Atem ruckartig wieder eingesaugt – der ganze Vorgang dauert nur etwa eine halbe Sekunde.

Die Übung hilft auf körperlicher Ebene unter anderem gegen Halsentzündungen, Erkältungen und Verdauungsschwierigkeiten, sie wärmt den Körper und bekämpft Trägheit. Von vielen Yoga-Meistern wird Bhastrika als die kraftvollste aller Pranayamas angesehen. Die Aufladung mit Prana ist so stark, dass auch starke Blockaden in den Nadis nach einer Weile vollständig gelöst werden.

- Sie beginnen genauso wie bei Kapalabhati. Die Atemstöße erfolgen jedoch rascher aufeinander. Wiederholen Sie das 15-mal. Steigern Sie das dann allmählich in Fünferschritten auf bis zu 50-mal.
- Nach dem letzten Atemausstoßen atmen Sie ganz tief ein und halten dann den Atem an, solange es bequem ist. Anfangs sind das vielleicht nur 30 Sekunden. Das ist vollkommen in Ordnung. Allmählich, aber nicht zu schnell, können Sie den Atem zwei oder gar drei Minuten anhalten. Aber entwickeln Sie keinen schädlichen Ehrgeiz dabei – es geht um das Aufladen Ihres feinstofflichen Leibs mit Prana, nicht um das Aufstellen von Rekorden.
- Während der Übung konzentrieren Sie sich auf Ihr Kronenchakra. Sie können dort eine Kugel aus reinem, weißem Licht visualisieren – möglicherweise tritt diese Visualisierung aber auch ganz von selbst auf.
- Wenn Sie wieder einatmen, lassen Sie das Licht in Ihrer Vorstellung wie Wasser über Ihren Körper strömen.
- Üben Sie Bhastrika drei Runden lang, 2- bis 3-mal am Tag.

Fortgeschrittene, echte Pranayama-Übungen beinhalten Kumbhaka – Atemanhalten. Halten Sie den Atem aber nicht aus falschem Ehrgeiz zu lange an, sondern achten Sie stets darauf, dass Sie sich dabei wohl fühlen.

3. Suryabheda

ÜBUNG

Achten Sie bei dieser Übung besonders darauf, das Atemanhalten nicht zu übertreiben, da sonst leicht Kopfschmerzen auftreten können. Diese Übung ist körperlich sehr wirksam: Sie hilft dabei, Darmparasiten loszuwerden, und bekämpft rheumatische Beschwerden. Außerdem ist sie ein erstaunlich wirksames Mittel gegen Schnupfen und Nebenhöhlenentzündungen.

- Sitzen Sie aufrecht, und schließen Sie die Augen. Schließen Sie nun Ihr linkes Nasenloch mit dem Ring- und Zeigefinger der rechten Hand. Atmen Sie langsam und geräuschlos durch das rechte Nasenloch aus. Die Ausatmung sollte so lang wie nur möglich sein – natürlich nur, solange Sie sich dabei wohl fühlen.
- Schließen Sie jetzt auch Ihr rechtes Nasenloch mit dem Daumen der rechten Hand, und halten Sie den Atem an. Gleichzeitig drücken Sie Ihr Kinn fest gegen die Brust. Dies nennt man einen *Bhanda* – einen »Verschluss«. Die Yoga-Schriften schreiben vor, den Atem zu halten, bis an den Haarwurzeln Schweiß austritt.

- Als Anfänger halten Sie den Atem jedoch nur so lange an, wie es Ihnen noch angenehm ist. Steigern Sie das Atemanhalten nur ganz allmählich.
- Nun lösen Sie die Bhanda, indem Sie Ihr Kinn wieder langsam heben. Öffnen Sie das linke Nasenloch, indem Sie den Druck der Finger lösen, und atmen Sie so langsam und geräuschlos wie möglich aus.
- Lassen Sie den rechten Arm sinken, und atmen Sie 3-mal normal ein und aus. Wiederholen Sie die Übung insgesamt 7-mal.

ÜBUNG

4. Ujjayi

Ujjayi hat viele positive Wirkungen und ist beispielsweise eine gute Übung gegen asthmatische Beschwerden, Herzkrankheiten und Verdauungsprobleme. In den Schriften wird sogar berichtet : »Der Übende wird schön von Angesicht« und »Ujjayi vernichtet Verfall und Tod«. Ujjayi wirkt auch der »Hitze im Kopf« entgegen – also hitzigen, triebgesteuerten Gedanken, die große Hindernisse auf dem spirituellen Weg darstellen. Diese Technik ist mit einem von manchen als peinlich empfundenen Geräusch verbunden. Deshalb heißt Ujjayi auch »Schnarchatmung«.

Von der Übung »Ujjayi« wird berichtet, sie vernichte Verfall und Tod und »der Übende wird schön von Angesicht«. Sie ist sehr wirkungsvoll auf dem Weg zu Licht, da sie hitzigen, triebgesteuerten Gedanken entgegenwirkt, die den spirituellen Weg behindern.

- Sie sitzen in einer aufrechten Meditationshaltung und schließen die Augen. Atmen Sie langsam, tief und gleichmäßig durch die Nase ein. Verschließen Sie dabei den Rachen mit der Glottis – dem Zäpfchen –, sodass eine Art »Schnarchen« zu hören ist. Dieses Geräusch sollte nicht zu laut und vollkommen gleichmäßig während des Einatmens zu hören sein. Es entsteht durch die Vibration des Zäpfchens.
- Wenn Sie vollständig eingeatmet haben, verschließen Sie beide Nasenlöcher: Zeigefinger und Ringfinger der rechten Hand pressen auf den linken Nasenflügel, der Daumen auf den rechten. Halten Sie den Atem, so lange es Ihnen nicht unangenehm ist.
- Lösen Sie dann den Druck der Finger auf den linken Nasenflügel, und atmen Sie durch das linke Nasenloch aus – diesmal geräuschlos.
- Wiederholen Sie die Übung: Atmen Sie mit dem Schnarchgeräusch ein, dann halten Sie den Atem an und atmen diesmal anschließend leise durch das rechte Nasenloch aus, indem Sie den Daumen vom rechten Nasenflügel lösen.
- Führen Sie Ujjayi sieben Runden lang aus.

Licht-Heilung

Wenn Sie einen gewissen Grad der spirituellen Entwicklung erreicht haben und Ihr Energiekörper stark mit Prana aufgeladen ist, können Sie die Lebensenergie auf andere Menschen übertragen und dadurch Heilprozesse auslösen. Yoga-Meister – ebenso wie spirituelle Meister anderer Kulturkreise – haben diese Fähigkeit.

Mitunter sind Körper oder Energieleib jedoch bereits so sehr in Mitleidenschaft gezogen, dass eine genaue Diagnose und ein direkter Eingriff nötig sind – sei es durch Medikamente der Schulmedizin, Mittel der Naturheilkunde oder gezielte Energieübertragung durch einen erfahrenen, gut ausgebildeten Prana-Heiler.

Werden Sie nicht übermütig, wenn Sie spüren, dass Sie in der Lage sind, durch Prana zu heilen. Denn Sie sollten sich bewusst sein, dass nicht Sie es sind, die heilen, sondern dass Prana die Selbstheilung erleichtert. Zweitens sollten Sie sich immer Ihrer Grenzen bewusst sein und verstehen, dass es Erkrankungen gibt, bei denen die ungezielte Übertragung von Prana allein nicht ausreicht. Und drittens besteht für denjenigen, der Prana überträgt, eine Gefahr, die nicht zu vernachlässigen ist: Energie fließt nicht nur in eine Richtung. Es kann geschehen, dass der Kranke zwar geheilt wird – aber dafür der Heiler krank wird.

Im Folgenden werden Sie daher nicht nur schrittweise und ausführlich damit vertraut gemacht, wie Sie Ihre Heilkräfte einsetzen können, sondern auch, wie Sie sich selbst vor negativen Energien schützen.

Yoga-Meister können Lebensenergie auf andere Menschen übertragen und dadurch Heilprozesse auslösen. Auch Sie sind dazu in der Lage, wenn Ihre spirituelle Entwicklung fortgeschritten und Ihr Energiekörper stark mit Prana aufgeladen ist. Die Übertragung von Prana allein reicht allerdings nicht für alle Erkrankungen aus.

Heilende Hände

Spirituelle Meister aller Kulturen zeigen die Fähigkeit, durch Handauflegen zu heilen. Dass Heilen oft mit Handauflegen verbunden ist, hängt damit zusammen, dass die Lebensenergie am leichtesten über die Handchakras übertragen werden kann.

Im Grunde sind die Handchakras so genannte Nebenchakras und von untergeordneter Bedeutung – für die Heilung sind sie jedoch besonders wichtig. Menschen, die die Fähigkeit haben, andere zu heilen, haben im Allgemeinen sehr gut entwickelte Handchakras. Bei großen

Heilern und Heiligen ist die Strahlkraft der Handchakras so groß, dass sie von sensiblen Menschen deutlich wahrgenommen werden kann.
Die Handchakras hängen mit dem Herzchakra zusammen. Aus dem liebevollen Herzen strömt die Kraft, die es der Hand ermöglicht, bewusst zu handeln und andere Menschen heilsam zu berühren und zu behandeln.
Jede Technik, die das Anahata-Chakra – das Herzchakra – anregt, verstärkt auch den Energiefluss in den Handchakras. Umgekehrt wirken sich Handchakra-Übungen auch positiv auf das Herzchakra aus.
Bereits indem Sie sich Ihrer Handchakras bewusst werden, beginnen Sie, heilende Kräfte zu entwickeln.

Die Handchakras

Bereits in vorgeschichtlichen Epochen spielte die Hand als Symbol eine wichtige Rolle. Schon auf eiszeitlichen Höhlenmalereien sind Hände mit spiralförmigen Mustern abgebildet.
Rituelle Handgesten gibt es in allen Priesterkulturen. In der indischen Mythologie zeigen Shiva-Abbildungen die indische Gottheit häufig mit strahlenden Handflächen.

Gut entwickelte Handchakras sind für die Heilung von besonderer Bedeutung. Über die Handchakras kann die Lebensenergie am leichtesten übertragen werden. Daher ist Heilen oft mit Handauflegen verbunden.

Die Hände symbolisieren sowohl die Fähigkeit, etwas in der Welt zu bewirken, etwas anzupacken und zu handeln, als auch die Gabe, andere Wesen zu berühren und zu heilen.
Die Handchakras sind die Bewusstseinszentren der Hände. Sie liegen mitten in den Handflächen. Wenn Sie mit Ihren Handchakras arbeiten, entwickeln Sie Kräfte, die nach außen wirken. Über die Hände berühren Sie die Welt. Die Hände bringen Geborgenheit, Zärtlichkeit und Fürsorge zum Ausdruck.
Jeder Mensch kann seine Handchakras und damit seine Heilkräfte entwickeln. Über die Hände kann Prana, die universelle Lebensenergie, bewusst gelenkt werden.
Als Vorbereitung für die Prana-Heilung sind Übungen, die die Energie der Handchakras anregen, sehr sinnvoll. Bereits wenn Sie Ihre Handflächen kräftig aneinanderreiben und sich dabei auf Ihre Handmitten konzentrieren, werden, ganz nebenbei, die Handchakras geweckt.

Die Handchakras wecken

Um die Heilkraft der Hände stärker zu entwickeln, müssen Sie Ihr Handbewusstsein schärfen. Dafür werden in der Chakra-Arbeit spezielle Übungen eingesetzt, die die Handchakras systematisch aktivieren.

Indem Sie das Bewusstsein für Ihre Hände sensibilisieren, können Sie Heilkräfte entwickeln.

Sensibilisierung der Hände

- Legen Sie Ihre Hände flach aufeinander. Richten Sie Ihre Konzentration auf die Berührung der Handflächen.
- Spüren Sie, wie die einzelnen Finger und die kleinen und großen Ballen der Hand sich berühren. An einigen Stellen wird der Kontakt deutlicher spürbar sein als an anderen.
- Lassen Sie die Hände nun sanft und langsam aneinander kreisen – üben Sie dabei nur sehr wenig Druck aus.
- Nehmen Sie die Hände dann allmählich ganz behutsam und sehr langsam auseinander. Versuchen Sie, die Hände nur so weit voneinander zu entfernen, dass Sie die Energie noch wahrnehmen können.
- Achten Sie auf Einzelheiten: Wo liegen die Grenzen? Wie weit können Sie die Hände auseinandernehmen, ohne den Kontakt zwischen den Handflächen zu verlieren?

Lichtball in den Händen

ÜBUNG

- Halten Sie die Hände im Abstand von wenigen Zentimetern auseinander; die Handflächen sind einander zugewandt. Schließen Sie die Augen.
- Öffnen und schließen Sie die Hände einige Male – dehnen Sie die Finger beim Strecken gründlich. Halten Sie die Hände schließlich wieder geöffnet vor dem Körper.

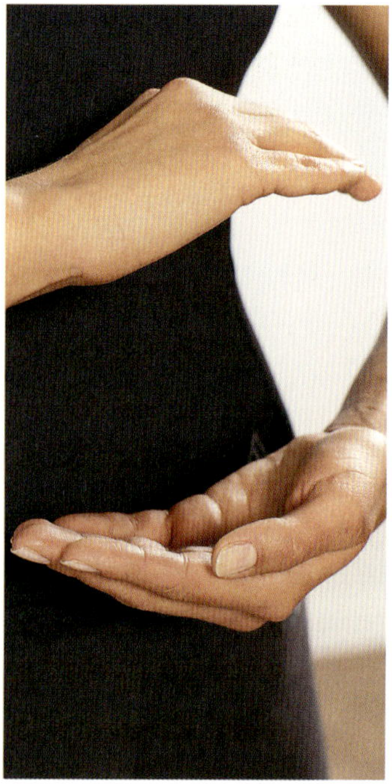

Stellen Sie sich einen Energie-Lichtball zwischen Ihren Händen vor, der immer größer und kraftvoller wird.

• Visualisieren Sie einen Lichtball zwischen Ihren Händen, der Wärme ausstrahlt. Wenn Sie die Wärme deutlich spüren, vergrößern Sie den Abstand der Handflächen. Lassen Sie dabei die Lichtkugel immer größer werden. Drehen sie den Energieball, indem Sie eine Hand nach oben, die andere nach unten wenden – doch immer so, dass die Handflächen zueinander weisen.

• Wie weit können Sie die Handflächen voneinander entfernen, ohne das Gefühl für den Wärme- und Energiestrom zu verlieren? Wenn Sie die Übung eine Zeitlang ausführen, werden Sie den Lichtball und die Strahlkraft Ihrer Handchakras immer deutlicher spüren können.

Die Handchakras mit Energie aufladen

ÜBUNG

Setzen Sie sich in Ihre bevorzugte Meditationshaltung, und schließen Sie die Augen. Atmen Sie ruhig und gleichmäßig.

• Heben Sie nun die linke Hand vor Ihren Kopf. Die Handfläche weist dabei zu Ihrer Stirn; der Abstand der Hand zur Stirn sollte etwa drei bis fünf Fingerbreit sein.

• Achten Sie auf Ihre Wahrnehmung. Möglicherweise spüren Sie zunächst nicht viel; vielleicht ein wenig Wärme. Das werden Sie nun ändern oder, falls Sie schon deutlichere Wahrnehmungen machen konnten, verstärken.

• Führen Sie Ihre Hand nun zu Ihrem Nabelchakra, und legen Sie sie wenige Fingerbreit oberhalb des Bauchnabels auf den Bauch. Ihre rechte Hand legen Sie auf die linke.

• Versuchen Sie Kontakt zum Nabelchakra aufzunehmen und einen Energiefluss von Ihren Händen zum Nabelchakra und vom Nabelchakra zu Ihren Händen zu spüren.

• Atmen Sie 7-mal langsam und tief ein und aus; spüren Sie dabei, wie Ihr Bauch sich beim Einatmen etwas nach außen wölbt, und stellen Sie sich vor, der Atem würde von Ihrem Bauch aus in Ihre Handflächen fließen.

• Spüren Sie dabei, wie warme, heilende Energie vom Nabelchakra aus in Ihre Hände fließt und von dort wieder zum Nabelchakra zurückströmt.

- Lösen Sie Ihre Hände nach sieben Atemzügen behutsam vom Bauch, und führen Sie die linke Hand noch einmal langsam vor Ihre Stirn. Spüren Sie den Unterschied zu vorher?
- Achten Sie darauf, wie Wärme von Ihrem Handchakra aus in Ihr Stirnchakra fließt. Diese Wärme hat noch weitere Qualitäten; der Energiefluss macht sich auch in Form eines Kribbelns oder eines leichten Druckgefühls bemerkbar.
- Manchmal kommt es bei dieser Übung zu Lichterfahrungen – das weist darauf hin, dass sich Ihr Stirnchakra von Blockaden befreit hat und sich das »dritte Auge« zu öffnen beginnt. Der wichtigste Aspekt dieser Übung ist jedoch, dass sie den Energiefluss in den Handchakras deutlich erhöht.

Wenn Sie die Handchakras mit Energie aufladen, halten Sie zu Anfang und am Ende der Übung Ihre linke Hand vor die Stirn, um die Wirkung zu spüren.

Aura-Heilung durch die Hände

Die Energie, die durch die Handchakras ausgestrahlt wird, ist der stofflichen Ebene noch recht nahe. Wenn Sie jedoch heilend auf die Aura eines Menschen wirken wollen, sind nicht die Energien der Handchakras, sondern die Energien aus Ihrer eigenen Aura entscheidend. Dennoch sind die Energien der Handchakras wichtig, um die Lebenskraft zu leiten und zu unterstützen.

Auf einer hohen, fortgeschrittenen Stufe der Heilung können viele Heiler auch ganz ohne ihre Hände auskommen: Sie schicken der Aura ihres Patienten direkt heilende Energien – einfach, indem Sie sich auf ihre eigene Aura konzentrieren. Die häufigste Technik besteht darin, seine Aura dabei so weit auszudehnen, bis sie sich mit der Aura des erkrankten Menschen verbindet und diese mit Lichtkräften durchdringt. Erfahrene Heiler können auf diese Weise sogar Fernheilungen über Tausende von Kilometern durchführen – nicht die Strecke ist dabei entscheidend, sondern das Bewusstsein, die Konzentration und die Vorstellungskraft.

Von einer fortgeschrittenen Möglichkeit, heilende Kräfte auszustrahlen, wird im Kapitel »Meisterstufe« noch die Rede sein. Die folgenden Techniken sind wesentlich einfacher. Dabei werden Sie die Hände einsetzen, um Energie, die aus Ihrer eigenen Aura strömt, zu kanalisieren.

ÜBUNG

Harmonisierende Aura-Massage

Die folgende Behandlung ist die traditionelle Methode, die Aura eines anderen Menschen zu harmonisieren. Durch die Aura-Massage führen Sie ganz von selbst an den Stellen Energie zu, die Energie benötigen, und lösen Blockaden an Stellen, an denen sich Energien zu sehr verdichtet haben. Dabei gilt natürlich weiterhin: Seien Sie sich stets Ihrer Grenzen und Ihrer Verantwortung bewusst.

Mindestens eine Stunde vor der Aura-Heilung sollten Sie und Ihr Partner nichts mehr essen. Unmittelbar vor der Behandlung trinken Sie dann beide eine Tasse heißes Wasser. Dadurch werden Gifte aus dem grob- und feinstofflichen Leib gelöst und ausgeschieden.

Nehmen Sie sich etwas Zeit, um Ihre Handchakras zu aktivieren und, wie zuvor beschrieben, mit Energie aufzuladen.

- Bitten Sie Ihren Partner, sich auf den Rücken zu legen, die Augen zu schließen, entspannt zu atmen und alle Gedanken und Sorgen loszulassen. Lassen Sie ihm genügend Zeit dafür.
- Legen Sie dann Ihre linke Hand auf Ihr Herzchakra, also in die Mitte Ihrer Brust.
- Ihre rechte Hand halten Sie über das Stirnchakra Ihres Partners. Die Hand ist so weit entfernt, dass Sie gerade noch die Aura Ihres Partners spüren können.
- Achten Sie unbedingt darauf, dass während der ganzen Behandlung Ihre rechte, aktive Hand in einem kleinen Abstand zum Körper Ihres Part-

Legen Sie zunächst Ihre linke Hand auf Ihr Herzchakra, und halten Sie Ihre rechte Hand in kleinem Abstand über die Aura Ihres Partners.

Im zweiten Teil der Übung wird die Massage auf der Körperrückseite fortgesetzt. Dazu liegt der Partner auf dem Bauch.

ners bleibt. Sie berühren ihn also nicht körperlich. Die Entfernung zwischen Ihrer Handfläche und dem Körper Ihres Partners kann wenige Fingerbreit bis mehrere Handbreit betragen.

- Sie werden ganz von selbst spüren, an welchen Stellen Sie näher heranmüssen und an welchen Sie den Abstand vergrößern können, ohne dass der Kontakt zur Aura verloren geht.
- Lassen Sie nun Ihre rechte Hand langsam kreisen, und bleiben Sie vollkommen achtsam. Spüren Sie, wie Sie die Aura-Energie Ihres Partners gleichmäßig über dem Kopf verteilen.
- Bewegen Sie Ihre rechte Hand nun sehr langsam und fließend nach unten – über Mund, Hals und Brustbein bis zur Mitte der Brust, also zum Herzchakra Ihres Partners. Führen Sie hier wieder einige Atemzüge lang kreisende Bewegungen durch.
- Lassen Sie Ihre Hand weiter nach unten gleiten, über Magen und Bauchnabel bis kurz unterhalb des Bauchnabels. Lassen Sie die Hand über dem Sakralchakra kreisen, und spüren Sie, wie Sie Blockaden in diesem Bereich durch die kreisenden Bewegungen auflösen.

WICHTIG: Während der gesamten Übung berühren Sie den Körper Ihres Partners nicht körperlich. Der Abstand zwischen Ihrer Handfläche und seinem Körper kann variieren, sollte aber zwischen zwei und 20 Zentimetern betragen. Dabei sollte der Kontakt zur Aura nie verloren gehen.

• Kreisen Sie mit Ihrer rechte Hand jetzt sehr langsam über dem Becken, den Oberschenkeln, Knien und Unterschenkeln bis hinab zu den Füßen und Zehen. Verweilen Sie, wenn Sie irgendwo Blockaden oder Energiemangel in der Aura bemerken, und streichen Sie hier mit Ihrer Handfläche einige Male über der Stelle kreisend auf und ab.

• Legen Sie nun Ihre rechte Hand auf Ihre linke – beide Hände liegen jetzt auf Ihrem Herzchakra. Sammeln Sie Ihre Energien, und atmen Sie einige Mal tief und entspannt.

Bitten Sie Ihren Partner, sich langsam auf den Bauch zu drehen, bevor Sie mit der Aura-Massage fortfahren.

• Führen Sie wieder die rechte Hand zur Aura Ihres Partners – die linke bleibt auf Ihrem Herzchakra liegen. Führen Sie die rechte Hand mit kreisenden Bewegungen langsam aufwärts – von den Fußsohlen über die Waden und Oberschenkel bis hin zum Gesäß.

• Halten Sie auf Höhe des Kreuzbeins – über dem Sakralchakra – sowie auf Höhe der Brustwirbelsäule – über dem Herchakra – kurz inne, und lassen Sie Ihre Hand hier etwas länger kreisen.

Sprechen Sie nach der Behandlung mit Ihrem Partner. Schildern Sie ihm, ob und an welchen Stellen Sie Energieblockaden wahrgenommen haben, und lassen Sie ihn beschreiben, wie er die Aura-Massage empfunden hat.

• Harmonisieren Sie die Aura-Energie Ihres Partners über den ganzen Rücken, die Schultern, den Nacken bis hinauf zum Hinterkopf.

• Beenden Sie die Aura-Massage, indem Sie Ihre Hand noch kurz über das Scheitelchakra Ihres Partners führen.

• Lassen Sie Ihrem Partner Zeit, um den Wirkungen der Behandlung noch eine Weile nachzuspüren. Entfernen Sie sich dabei einige Schritte von ihm, schütteln Sie die Hände sanft aus, und entspannen Sie sich im Sitzen oder Liegen.

• Als Schutz vor Energieverlust sollten Sie sieben Atemzüge durchführen. Atmen Sie dabei ausschließlich durch die Nase: Atmen Sie jeweils vier Sekunden lang ein und acht Sekunden lang aus.

• Abschließend sollten Sie sich mit Ihrem Partner intensiv austauschen. Dabei ist es weniger wichtig, darüber zu sprechen, ob und wo Sie Energieblockaden gespürt haben, als ihm die Gelegenheit zu geben, von seinen Erfahrungen zu berichten. Das ist für Ihre Entwicklung wichtig – denn so können Sie feststellen, ob die Energieübertragung auch wirklich angekommen ist.

Die Aura schützen

Bei der Aura-Heilung – ebenso wie bei jeder anderen Energieübertragung – nehmen die Energiekörper zweier Menschen engen Kontakt miteinander auf.

Diese Kontaktaufnahme der Energiekörper ist nicht auf Heilung oder auf den bewussten energetischen Austausch beschränkt, sondern trifft auch auf Partnerbeziehungen zu, ebenso auf Menschen, die andere pflegen. Das Gleiche gilt auch für Psychologen und Seelsorger. Der energetische Austausch führt dazu, dass sich die Energien aneinander angleichen.

Für die Licht-Heilung ist das von ganz besonderer Bedeutung. Wenn Sie jedoch ohne Aura-Schutz – das bedeutet, ohne Ihre eigene Aura entsprechend zu schützen – einen Menschen behandeln, der eine schwere Krankheit oder ein bedeutendes seelisches Leiden mit sich trägt, wird sein Leiden gewiss gelindert werden – doch um den Preis, dass Sie einen Teil seiner Bürde auf sich nehmen.

Es gibt viele Kulturen, in denen genau das als Aufgabe des Heilers betrachtet wird: Er, der Heilende, nimmt die Leiden anderer auf sich. Das ist allerdings eine sehr schwere Aufgabe. Schamanen und Medizinmänner asiatischer und amerikanischer Völker gehen diesen Weg – sie nehmen bewusst die Leiden anderer auf sich und leiden daher selbst.

Auch im westlichen Kulturkreis gibt es Menschen, die diesen Weg gehen – jedoch gehen sie ihn in den meisten Fällen nicht bewusst. Das gilt für die meisten Heil- und Pflegeberufe; und das gilt auch für Lehrer. Ganz besonders trifft das auf solche Lehrer zu, die in engen physischen oder psychischen Kontakt mit ihren Patienten oder Schülern treten. Sie berichten häufig davon, dass sie sich durch den Kontakt ausgelaugt und leer fühlen. Manchmal entwickeln sie sogar dieselben Krankheitssymptome wie ihre Klienten, Patienten oder Schüler.

Diese negativen Effekte sind jedoch vermeidbar, wenn Sie vor einer Behandlung Ihre Aura schützen. Dazu stehen Ihnen einige wirkungsvolle Übungen zur Verfügung.

Schützen Sie Ihre Aura, bevor Sie die Aura eines anderen heilen. Denn bei der Aura-Heilung nimmt Ihr Energiekörper mit dem zu Behandelnden engen Kontakt auf. Ist dieser körperlich oder seelisch schwer krank, besteht dabei die Gefahr, dass Sie einen Teil seiner Last auf sich nehmen.

ÜBUNG

Grundlegende Schutzübung für die Aura

Diese Übung blockiert den Energiefluss nicht. Sie filtert ihn lediglich, damit nicht versehentlich negative Energien übertragen werden. Dies ist eine einfache Aura-Schutzübung, doch sie ist ideal, wenn Sie mit einem Partner üben und nicht mit schwer körperlich oder seelisch kranken Menschen arbeiten.

- Sie stehen mit leicht gebeugten Knien. Der Rücken ist dabei aufrecht, die Beine stehen etwa schulterbreit auseinander. Diese Haltung sollte

Bei der Aura-Schutzübung strecken Sie die Arme seitlich aus, sodass sie parallel zum Boden sind und die Handflächen nach oben weisen.

sich so angenehm wie möglich anfühlen und Ihnen obendrein die Möglichkeit geben, dass die Energien frei fließen können.

- Breiten Sie die Arme seitlich aus, bis sie sich parallel zum Boden befinden. Ihre Handflächen weisen nach oben.
- Atmen Sie ein, und heben Sie dabei die Arme einige Zentimeter an. Beim folgenden Ausatmen drehen Sie dann die Handflächen nach unten und senken die Arme mit einer schnellen Bewegung um einige Zentimeter.

Mit dem Ausatmen senken Sie die Arme und drehen dabei die Handflächen nach unten. Dabei atmen Sie ruhig und gleichmäßig.

• Beim Einatmen drehen Sie die Hände wieder nach oben und heben die Arme. Führen Sie diese Flügelschlag-Bewegung 7-mal aus.
• Dann führen Sie die Hände zu Ihrem Herzchakra, legen sie über dem Herzchakra auf die Brust und lassen sie dort drei Atemzüge lang liegen. Konzentrieren Sie sich dabei auf die Kraft der universellen Liebe, die vom Herzchakra aus in Ihren ganzen Körper strömt.
• Wiederholen Sie die gesamte Übung 3-mal. Ihre Aura ist nun bereits zu einem gewissen Grad gegen negative Einflüsse geschützt.

ÜBUNG

Der goldene Aura-Mantel

Wenn Sie als Heiler tätig sind, braucht Ihr Energieleib einen besonders starken Schutz. Die folgende Schutztechnik ist sehr gut dafür geeignet, Ihre Aura zu schützen. Gleichzeitig bleiben Sie durchlässig für die Lebensenergie, wenn Sie andere Menschen – auch solche mit schwereren Problemen und Krankheiten – behandeln.
Sie können die Übung auch in geschlossenen Räumen durchführen, doch am wirkungsvollsten ist sie, wenn Sie unter freiem Himmel üben. Lüften Sie den Raum, in dem Sie gegebenenfalls üben, gründlich, bevor Sie mit der Schutzübung beginnen
• Stehen Sie aufrecht, mit mindestens schulterbreit auseinandergestellten Beinen. Achten Sie darauf, dass Ihre Füße vollen Kontakt mit dem Boden haben und Ihre Knie nicht völlig durchgedrückt, sondern leicht gebeugt sind.
• Schließen Sie Ihre Augen, und lassen Sie Ihre Arme entspannt neben dem Körper hängen. Weiten Sie die Schultern ein winziges Stück, sodass die Achselhöhlen frei sind. Dadurch fließt die Energie noch freier.
• Führen Sie die Hände vor Ihr Herzchakra in der Mitte der Brust, und verschränken Sie sie. Ihre Handballen berühren die Brust; die Innenseite der verschränkten Hände bilden eine hohle Halbkugel vor dem Herzchakra. Senken Sie den Kopf ein wenig, und gehen Sie in dieser Haltung vollkommen nach innen.
• Konzentrieren Sie sich ganz und gar auf Ihr Herzchakra. Lassen Sie die Gedanken ruhig werden, und sammeln Sie Ihre Kräfte im Hier und Jetzt, in Ihrem Herzen.

Durch den Schutz Ihrer eigenen Aura schützen Sie letzten Endes auch den, dem Sie durch Aura-Heilung helfen wollen.

Beim goldenen Aura-Mantel legen Sie zunächst die Hände über Ihr Herzchakra.

- Heben Sie den Kopf nun ein wenig, und öffnen Sie die Augen, sodass Sie ganz leicht schräg nach oben blicken.
- Lösen Sie langsam die vor der Brust verschränkten Hände, und führen Sie sie nach oben. Die Finger sind dabei geschlossen und zeigen zum Himmel, die Handflächen weisen zueinander. Ihr Kopf folgt der Bewegung.
- Die Bewegung endet, wenn die Arme über dem Kopf stehen und sich die Hände am Handgelenk berühren.

- Die Hände bilden nun eine Art Kelch, der zum Himmel hin offen ist. Ihr Blick ist nach oben gerichtet, und Ihr Kopf ist leicht in den Nacken gelegt.
- Visualisieren Sie goldene Strahlen, die aus dem Himmel auf Sie herabstrahlen – und die Sie direkt mit Ihren Fingerspitzen und Handflächen in dem Kelch den Ihre Hände bilden, aufnehmen.
- Atmen Sie tief und langsam ein und aus. Beim Einatmen nehmen Sie die goldenen Lichtstrahlen mit den Händen auf; mit dem Ausat-

In Phase zwei des goldenen Aura-Mantels öffnen Sie die Arme zum Kosmos.

men stellen Sie sich vor, wie die heilende Energie aus dem Kelch überfließt und sich von oben nach unten über den ganzen Körper verteilt.

- Bleiben Sie sieben Atemzüge lang bei dieser Imagination. Stellen Sie sich vor, dass Sie in goldenem Licht baden und wie immer mehr von dem goldenen Licht an Ihrer Aura haften bleibt.
- Versuchen Sie anschließend, vor Ihrem inneren Auge das Bild eines goldenen Mantels entstehen zu lassen, der Arme, Kopf und Körper vollkommen in goldenes Licht taucht.
- Abschließend senken Sie die Arme, schließen nochmals die Augen und spüren den Wirkungen nach.

Die Verantwortung des Heilers

Wenn Sie alle bisherigen Übungen und Ratschläge in Ihrem Leben umgesetzt – und nicht nur gelesen – haben, haben Sie jetzt schon eine hohe Stufe auf dem spirituellen Weg gemeistert.

Die Fähigkeit, Prana zu übertragen, ist sehr wertvoll und gibt Ihnen die Möglichkeit, Leiden anderer Menschen durch Handauflegen zu lindern. Das ist ein großes Geschenk, das jedoch Demut und Bescheidenheit verlangt.

Dass Sie Prana übertragen können und Menschen anschließend gesund werden, macht Sie noch nicht zum Arzt oder Heiler. Heilen durch Prana-Übertragung ist keine Heilkunst. Denn nicht derjenige, der Prana überträgt, heilt – die Lebensenergie ganz allein bringt das zustande.

Es ist wichtig, dass Sie dessen vollkommen bewusst sind, wenn Sie so weit sind, dass Sie Prana übertragen können. Dann werden Sie mit der notwendigen Weisheit vorgehen, und es kann zu verblüffenden Heilungen kommen. Wenn Prana übertragen wird, bekommt das Energiesystem desjenigen, dem Sie Prana geben, einen Energieschub – seine Chakras und Nadis werden durchlässiger, und sein innerer Arzt, der beste Heiler von allen, kann seine Aufgabe leichter erfüllen.

Seien Sie sich über die Verantwortung stets im Klaren, handeln Sie immer bewusst und achtsam – auch das gehört zum spirituellen Weg.

Der Prana-Gebende, der über die Fähigkeit verfügt, mehr Prana zu speichern und es durch seine Hände zu lenken, hilft, die Selbstheilung in Gang zu setzen. Er ist deswegen aber kein Heiler, und er kann auch keinen Arzt oder Heilkundigen ersetzen. Er ersetzt keine eingehende Untersuchung und Diagnose.

Der Lehrer

Ein Meister kann seine Fähigkeiten ganz gezielt einsetzen und wird sich möglicherweise zum spirituellen Lehrer berufen fühlen.

Meisterstufe – der Lehrer

Als »Meister« wird derjenige bezeichnet, der seine Fähigkeiten so weit entwickelt hat, dass er in der Lage ist, sie gezielt und selbstverständlich einzusetzen – und der daher auch häufig die Berufung zum spirituellen Lehrer spürt.

Spätestens auf dieser Stufe der spirituellen Entwicklung wird aus der Möglichkeit, die Begrenzung der grobstofflichen Sinne zu überschreiten, eine Gewissheit. Allerdings lauert auch die Gefahr, sich selbst zu überschätzen und zu glauben, die eigene Entwicklung sei bereits abgeschlossen. Dies ist jedoch ein Irrglaube, denn letztlich ist die persönliche Entwicklung niemals abgeschlossen.

Hat man die Meisterstufe erreicht, besteht die Gefahr, sich zu überschätzen. Doch die eigene Entwicklung ist niemals abgeschlossen.

Das Öffnen des dritten Auges, Kundalini-Kraft und Erleuchtung

Thema dieses Abschnittes ist das Lehren im weitesten Sinne. Mit dem zunächst folgenden Test ermitteln Sie Ihre seelische Ausstrahlung. Dadurch werden Sie einen Eindruck davon gewinnen, wie sehr es Ihnen im derzeitigen Stadium gelingen könnte, Ihre Kenntnisse und Fähigkeiten wirksam in die Welt zu tragen.

Danach geht es um das Überschreiten der Welt der grobstofflichen Sinne. Welcher Sinn nimmt Feinstoffliches, die Aura oder Intuitionen wahr? Mit welchem Sinn erkennen Sie die Energie der Chakras? Zu diesem Thema werden Sie eine Übung zum Öffnen des dritten Auges kennen lernen.

Als nächstes erfahren Sie, was es mit Karmaheilung auf sich hat und wie Sie Krankheiten, Energieblockaden und Unreinheiten im feinstofflichen Körper die Grundlage entziehen können.

In den weiteren Abschnitten werden Sie mehr und mehr mit dem Geheimnis der Kundalini-Kraft vertraut gemacht, und Sie werden Möglichkeiten kennen lernen, mit denen Sie diese Kraft ohne Gefahren (!) wecken können. Zum Schluss erfahren Sie, was mit »Erleuchtung« wirklich gemeint ist – und wie Ihr Weg Sie schließlich zu der großen Befreiung führt.

TEST: Ihre seelische Ausstrahlung

Manche Menschen stehen häufig im Mittelpunkt, obwohl es ihnen fernliegt, sich selbst dorthin zu stellen. Mit psychologischen Begriffen ist schwer zu erklären, woran das liegt; die Tatsache an sich ist jedoch offensichtlich. Dabei hat dies wenig mit dem Aussehen oder anderen äußerlichen Attributen zu tun. Es gibt Menschen, die unscheinbar – oder sogar hässlich – sind und dennoch sofort positive Aufmerksamkeit auf sich ziehen.

Das, was man unter Ausstrahlung versteht, bedeutet genau das, was das Wort aussagt: Es ist die Strahlkraft – die Aura –, die die anderen bemerken.

In dem folgenden Test erfahren Sie, ob Ihre Ausstrahlung bereits so ist, dass Sie als spiritueller Lehrender erfolgreich handeln können. Beantworten Sie dazu einfach die folgenden Fragen.

1. Werden Sie öfters von Unbekannten angesprochen – die Hilfe suchen, nach dem Weg fragen, oder die einfach gern ein Gespräch mit Ihnen anfangen?
2. Haben Ihnen Menschen schon einmal gesagt, dass sie Sie bewundern?
3. Stehen Sie öfters im Zentrum der Aufmerksamkeit, auch wenn Sie es gar nicht darauf anlegen?
4. Haben Sie den Eindruck, dass manche Menschen Sie nachahmen, Ihnen nacheifern oder Sie zu kopieren versuchen?
5. Vermuten Sie, dass es mehr Menschen gibt, die Sie einen »guten Freund« nennen, als Sie selbst gute Freunde haben?
6. Bevorzugen Sie eine Gesprächsrunde gegenüber einem Gespräch zu zweit?
7. Können Sie Menschen leicht zum Lachen bringen?
8. Haben Sie den Eindruck, Menschen zu beeinflussen – ohne dass Sie das wollen?
9. Haben Sie eine leitende Position in Ihrem Beruf?
10. Standen Sie als Kind oft im Mittelpunkt – beispielsweise als Klassensprecher?

Auswertung

Zählen Sie für jede mit »Ja« beantwortete Frage einen Punkt, und füllen Sie für jeden Punkt im Auswertungsbild auf Seite 212 ein Segment der Spirale aus. Beginnen Sie beim Ausfüllen der Segmente von innen. Dieses Schaubild wird Ihnen zeigen, wie stark Ihre Persönlichkeit aus dem Zentrum heraus nach außen strahlt und wirkt.

Beispiel: Wenn Sie zum Beispiel fünfmal mit »Ja« geantwortet haben – und Sie die fünf inneren Felder beispielsweise blau ausgefüllt haben –, sollte Ihr Auswertungsbild so aussehen, wie in dem nebenstehenden Beispiel zu sehen ist.

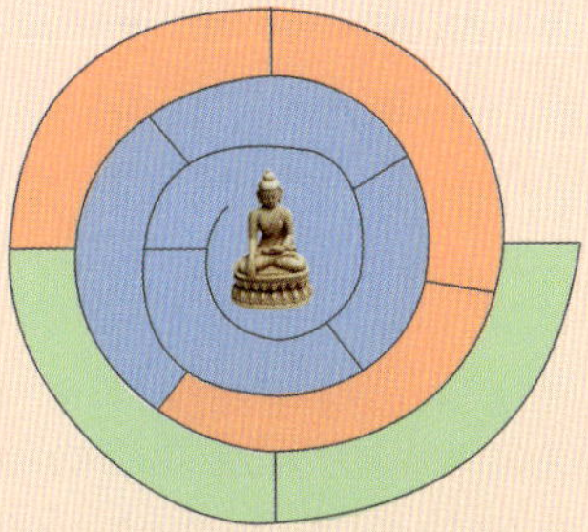

Sehen Sie sich die Grafik auf Seite 212 an, die Sie zu Ihrem ganz persönlichen Auswertungsbild machen werden. Gleich auf Anhieb sehen Sie, dass die Segmente der Spirale verschiedene Farbtöne haben. Die unterschiedlichen Farben symbolisieren unterschiedliche Entwicklungsstufen:

Grau – der Selbstzentrierte
Gelbtöne – der Introvertierte
Rottöne – der Extrovertierte
Grüntöne – der Charismatische

Sie werden, wenn Sie Ihr Auswertungsbild ausfüllen, sogleich erkennen, auf welchem Niveau Sie sich befinden. Verdeutlichen Sie sich obendrein, dass Sie und Ihre Persönlichkeit in der Mitte stehen. Dann werden Sie sehr rasch bemerken, dass sich in der Spirale das Wirken immer weiter von den persönlichen Bedürfnissen und Vorurteilen entfernt. Genau das ist eine der wichtigen Voraussetzungen für einen spirituellen Lehrer oder für einen Heiler.

Selbstverständlich sind diese Kategorien nur Anhaltspunkte und keine Urteile. Ein solcher Kurztest kann Ihrer komplexen Persönlichkeit niemals gerecht werden. Nützen Sie die folgenden Beschreibungen also lediglich als Ausgangspunkte für eine Selbstreflexion.

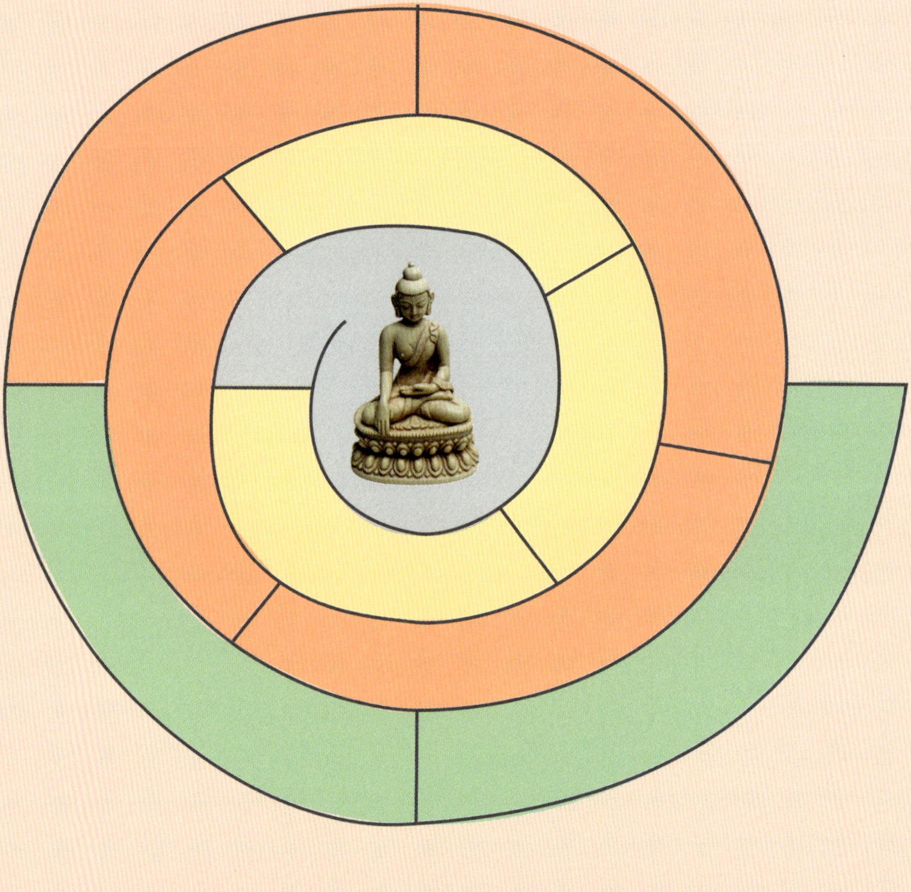

Der Selbstzentrierte

Sie haben zur Zeit noch wenig von dem, was man »Ausstrahlung« nennt. Begreifen Sie das jedoch nicht als Werturteil. In Ihrer Persönlichkeit mögen die wunderbarsten Schätze schlummern – es gelingt Ihnen nur noch nicht, sie nach außen wirken zu lassen.

Wenn Sie als Lehrer, zumal als spiritueller Lehrer, arbeiten wollen, werden Sie nicht viel bewirken können. Sie sind noch zu sehr mit sich selbst beschäftigt.

Möglicherweise denken Sie durchaus an Ihre Mitmenschen und daran, wie Sie sie fördern und das Beste in ihnen zum Vorschein bringen können. Doch Sie gehen noch zu sehr von sich selbst aus, um das auch umzusetzen. Beobachten Sie sich einmal kritisch und offen – Ihnen selbst zuliebe.

Selbstzentriert, introvertiert, extrovertiert oder charismatisch? Das Testergebnis liefert Ihnen Anhaltspunkte dafür, auf welcher Entwicklungsstufe Sie sich befinden.

Der Introvertierte

Ihre Ausstrahlung entspricht etwa dem Durchschnitt. Das ist nichts Schlechtes – doch um erfolgreich als Lehrer zu wirken, reicht das noch nicht aus.

Vielleicht hören Sie das nicht gern, weil Sie sich sehr wünschen, als Lehrender tätig zu sein. Doch was Sie wünschen, bezieht sich zum großen Teil auf Sie selbst. Das ist in Ordnung, denn vom Inneren ausgehend beginnt die Entwicklung.

Ein Lehrer sollte diese Entwicklung jedoch noch ein Stück weiter betrieben haben. Es mag Ihnen durchaus wichtig sein, anderen in ihrer Entwicklung beizustehen – doch Sie wechseln noch zu sehr zwischen Innen- und Außenorientierung. Ihr größtes Hindernis besteht wahrscheinlich darin, dass Sie Ihre persönlichen Erfahrungen noch zu sehr verallgemeinern.

Der Extrovertierte

Sie haben eine Wirkung auf andere Menschen und wissen das wahrscheinlich auch. Wenn Sie anderen Menschen bei der Entfaltung ihrer Spiritualität und bei ihrem Wachstum helfen, können Sie viel bewirken. So gut dies auch ist, so stehen dem aber auch wichtige Aufgaben gegenüber. Zum einen sollten Sie vermeiden, Ihre Schwierigkeiten und Probleme auf andere zu übertragen. Das passiert nur zu leicht, denn es ist manchmal schwierig, im Auge zu behalten, dass andere Menschen ganz andere Lern- und Lebenserfahrungen haben und einen anderen Weg als Sie selbst gehen müssen.

Ziel allen Lehrens ist es, sich selbst überflüssig zu machen

Handeln Sie als Lehrender also besonders achtsam, und bleiben Sie sich stets bewusst, dass Sie fehlbar sind, auch wenn andere Sie sehr bewundern.

Der Charismatische

Sie sind ein spiritueller Lehrer – auch wenn Sie das gar nicht wissen oder überhaupt nicht sein wollen. Ihre Persönlichkeit hat jedoch so viel Ausstrahlung, dass Sie – ohne es zu wissen oder zu wollen – Menschen in Ihren Bann ziehen.

Ihre Aufgabe ist es nun, sehr verantwortungsvoll mit Ihren Fähigkeiten umzugehen und sich ständig bewusst zu machen, dass das Ziel allen Lehrens sein sollte, sich selbst überflüssig zu machen.

Wirken Sie deshalb bewusst darauf hin, dass Ihre Schüler allmählich unabhängig von Ihnen werden.

Wenn Sie als Lehrender wirken, sollten Sie sich stets darüber im Klaren sein, dass Sie fehlbar sind, auch wenn andere Menschen Sie bewundern.

Die Welt der Sinne überschreiten

Die Welt, die Sie sehen, hören, riechen, schmecken und anfassen können, ist nicht alles. Es gibt mehr als das, was Sie mit Ihren Sinnen erfassen können. Ein Teil dieses vermeintlich Übersinnlichen ist jedoch keineswegs übersinnlich, sondern die Menschen sind lediglich ungeübt.
Alle Menschen verfügen über mehr als die bekannten fünf Sinne: über den Gleichgewichtssinn – im Innenohr –, die Propriozeption – die Wahrnehmung, die einen über die Lage seiner Gliedmaßen informiert und ermöglicht, auch mit geschlossenen Augen beispielsweise die Finger zusammenzuführen – und die Innenwahrnehmung – die einen beispielsweise den Herzschlag fühlen lässt, um nur einige zusätzliche Sinne zu nennen. Für diese und noch weitere Sinne gibt es bestimmte Nervenbahnen und Rezeptoren.

Der Mensch hat mehr als fünf Sinne. Ob er dafür empfänglich ist oder nicht, hängt ganz davon ab, wie geübt er darin ist und wie sehr er seine Sinne verfeinert und seine Sinneswahrnehmung intensiviert hat.

Die Wahrnehmungsfähigkeit kann sehr unterschiedlich ausgeprägt sein und hängt ganz davon ab, wieviel Übung der Mensch darin hat. Vergleichen Sie das einfach mit der Musik. Wenn Sie beispielsweise wenig mit Musik zu tun haben, fällt es Ihnen vermutlich schwer, die verschiedenen Instrumente eines Orchesters herauszuhören. Und das nicht etwa, weil Sie keine guten Ohren haben, sondern lediglich, weil es Ihnen an der entsprechenden Übung fehlt.
Viele Übungen dieses Buches dienen der Verfeinerung Ihrer Sinne. Bereits die Übung der Achtsamkeit macht Ihre Sinneswahrnehmungen intensiver, klarer und vielfältiger.
Doch welcher Sinn nimmt Feinstoffliches wahr? Mit welchem Sinn nimmt man die Aura wahr? Im Allgemeinen sagt man, man sähe die Aura. Kann man die Aura tatsächlich sehen? Oder scheint das nur so, und die Menschen haben nur keinen anderen Namen für diese Wahrnehmung? Mit welchem Sinn nehmen Sie Intuitionen wahr? Welcher Sinn gibt Ihnen darüber Auskunft, wie stark die Energie ist, die die Chakras ausstrahlen?
Alle diese Sinne können Sie insofern als »übersinnlich« bezeichnen, als dass sie nicht von Nervenzellen und physiologischen Rezeptoren abhängig sind. Sie wirken auf einer ganz anderen Ebene.

Sie haben in diesem Buch bislang bereits gelernt, Ihre vorhandenen Sinne zu verfeinern – und Sie sind über die Welt der grobstofflichen Sinne hinausgegangen.

Auf der Meisterstufe werden diese Sinne immer wichtiger und geben Ihnen immer klarere Eindrücke. Die größten Yoga-Meister können mitunter sogar ganz ohne grobstoffliche Sinne auskommen. Das ist jedoch nicht das Ziel: Denn die großartige Gesamtheit der Welt können Sie eher erfassen und würdigen, wenn Sie sie mit allen Sinnen wahrnehmen und erfahren.

Das dritte Auge

Das dritte Auge ist das womöglich wichtigste feinstoffliche Sinnesorgan auf dem spirituellen Weg. Ist es geöffnet, können Sie damit die Aura eines anderen wahrnehmen, seine Gedanken und Gefühle lesen und in Vergangenheit und Zukunft blicken. Gehen Sie mit diesen Fähigkeiten verantwortungsvoll um.

Das dritte Auge wird häufig mit dem Stirnchakra gleichgesetzt. Um allerdings genau zu sein, ist es eine besondere Funktion des Stirnchakras. Das dritte Auge ist eines der am besten erforschten feinstofflichen Sinnesorgane – und vielleicht das wichtigste auf dem spirituellen Weg.

Die Wahrnehmungen des dritten Auges werden – und das sagt bereits der Name – vom menschlichen Verstand als gesehene Wahrnehmungen begriffen. Doch dadurch wird verschleiert, wozu das dritte Auge wirklich imstande ist. Ist das dritte Auge vollständig geöffnet, können Sie damit:

- die Aura anderer Menschen sehen,
- in den Körper hineinblicken,
- Gedanken und Gefühle anderer Menschen lesen,
- feinstoffliche Zentren und Abläufe sehen,
- Vorgänge erkennen, die auf unendlich kleiner oder unendlich großer Skala ablaufen,
- durch die Zeit, in Vergangenheit und Zukunft blicken,
- Wesen auf höheren Seinsebenen erkennen.

Bei all dem handelt es sich also um Wahrnehmungen, die nach den allermeisten Definitionen »übersinnlich« sind. Und doch sind diese Wahrnehmungen selbstverständlich *nicht* übernatürlich – sie zeigen nur weitere Aspekte der Natur, Aspekte die nicht materiell, sondern geistig sind.

Das dritte Auge öffnen

Das innere Auge ist ein besonders wichtiges Organ für den spirituellen Weg. Möglicherweise haben Sie bereits Erfahrungen mit übersinnlichen Wahrnehmungen gemacht. Denn wenn die Chakras weitgehend offen und störungsfrei sind, kommt es oft von selbst zu einer Öffnung des dritten Auges.

Mit der folgenden Übung soll diese Öffnung erleichtert werden. Das innere Auge ist nicht etwa einfach offen oder geschlossen – es gibt viele Abstufungen der Öffnung. Wenn Ihr inneres Auge noch nicht vollständig geöffnet ist, werden Sie auf jeden Fall von dieser Übung profitieren.

- Sitzen Sie in einer stabilen Meditationshaltung, schließen Sie die Augen, und atmen Sie 7-mal tief ein und aus.
- Führen Sie drei Runden Kapalabhati aus, wie auf Seite 189 beschrieben.
- Konzentrieren Sie sich auf Ihr Stirnchakra. Visualisieren Sie, wie Sie beim Atmen Energie durch das Stirnchakra aufnehmen. Beim Einatmen strömt blendendes Licht in Ihr Stirnchakra – das sich dabei nach vorne zum dritten Auge öffnet. Beim Ausatmen erweitert sich die Öffnung des dritten Auges. Atmen Sie wieder 7-mal tief aus und ein.
- Öffnen Sie nun die Augen, und richten Sie sie auf ein Objekt, das Sie so platzieren, dass Sie es, ohne die aufrechte Kopfhaltung zu verändern, gut sehen können. Dieses Objekt kann eine Buddha- oder Götterstatue sein, eine Kerze – oder ein Alltagsgegenstand.
- Wiederholen Sie drei Runden Kapalabhati. Lassen Sie Ihre Augen dabei geöffnet und auf das Objekt gerichtet.
- Nun schließen Sie Ihre Augen und konzentrieren sich auf Ihr drittes Auge. Versuchen Sie, trotz geschlossener Augen, weiterhin das zuvor betrachtete Objekt zu sehen. Atmen Sie wie zuvor 7-mal, und versuchen Sie dabei, beim Einatmen die Energie aufzunehmen und beim Ausatmen das dritte Auge noch weiter zu öffnen. Achten Sie darauf, wie sich das auf die Wahrnehmung – mit geschlossenen Augen – des Objektes vor Ihnen auswirkt.

Sie können und sollten die Übung häufig wiederholen. Wenn Sie intensiv üben, sollten Sie allerdings die Atemstoßzahl bei Kapalabhati verringern und nur 15 bis 30 Atemstöße ausführen.

Bei dieser Übung stellen Sie sich vor, dass beim Einatmen blendendes Licht in Ihr Stirnchakra strömt – das sich dabei nach vorne zum dritten Auge öffnet. Beim Ausatmen wird das dritte Auge weiter geöffnet.

Der Meister-Heiler

Auf der vorigen Stufe, der Stufe des Adepten, haben Sie gelernt, Ihr Prana zu lenken und Menschen, deren Energien blockiert sind, dabei zu helfen, ihre Selbstheilungskräfte zu wecken.

Jetzt werden Sie einen wesentlichen Schritt weiter gehen und ein machtvolles Werkzeug kennen lernen – ein Werkzeug für fortgeschrittene Heiler. Dazu werden Sie erfahren, auf welche Weise Sie eine besondere Verbindung zwischen den vier höchsten Chakras herstellen können, und wie Sie durch diese Verbindung einen Heilkanal öffnen können, der vor schädlichen Energien und vor Energieverlust geschützt ist.

Der Lichtkanal ist eine besondere Verbindung der vier höchsten Chakras. Er ist ein Heilkanal, durch den Sie ohne Schutzmaßnahmen für Ihre Aura heilendes Prana übertragen können. Ist der Lichtkanal geöffnet, können Sie Prana direkt über Ihr Kronenchakra aufnehmen und dadurch einen starken Energiezuwachs erfahren.

Die beschriebenen Übungen, die diesen Lichtkanal öffnen, sind nicht ganz einfach und erfordern von Ihnen wirkliche Hingabe. Wenn Sie jedoch ernsthaft die Berufung in sich spüren, als spiritueller Heiler zu wirken, werden Sie dies gern in Kauf nehmen. Auf jeden Fall ist dies ein wichtiger Schritt auf Ihrem spirituellen Weg.

Natürlich ist die Öffnung des Lichtkanals in jedem Fall auch ein Schritt zu einem tieferen Verständnis der feinstofflichen Ebene – und das ist für jeden spirituellen Lehrer und jeden Meister auf dem spirituellen Weg von Bedeutung.

Der Lichtkanal

Wenn dieser Kanal geöffnet ist, werden Sie in der Lage sein, heilendes Prana zu übertragen, ohne Schutzmaßnahmen für Ihre Aura durchführen zu müssen.

Darüber hinaus brauchen Sie, wenn der Lichtkanal geöffnet ist, die Energie nicht mehr durch Ihre Handchakras zu leiten. Mit etwas Übung werden Sie über diesen Kanal schließlich sogar Fernheilungen durchführen können.

Im Allgemeinen nehmen Sie am meisten Prana über die Atmung auf. Nach der Öffnung des Heilkanals wird Prana jedoch direkt über Ihr Kronenchakra aufgenommen. Sie werden dadurch einen großen Zuwachs an Energie spüren.

Methoden der Visualisierung

Während es manchen Menschen leicht fällt, zu visualisieren, haben andere damit Schwierigkeiten. Das hat wenig mit der spirituellen Entwicklung zu tun – doch je höher Sie sich spirituell entwickeln, desto stärker wird auch Ihre Fähigkeit werden, zu visualisieren. Wenn es Ihnen bisher schwergefallen ist, wird es Ihnen allmählich einfacher gelingen.

Für die Urlicht-Visualisierungen gibt es unterschiedliche Methoden, die es auch Menschen mit schwach ausgeprägter visueller Vorstellungskraft ermöglichen, mit einiger Übung die Urlichter zu sehen.

- Üben Sie direkt vor dem Einschlafen; wenn Sie sehr erschöpft sind, werden meist automatisch Bilder vor Ihrem inneren Auge erscheinen.
- Entspannen Sie sich, und versuchen Sie nicht, etwas zu erzwingen.
- Stellen Sie sich vor, dass ein Laserstrahl auf Ihr Auge trifft – wenn Sie ein gutes Visualisierungsvermögen haben, kann es sein, dass Sie dabei bereits eine Urlicht-Erfahrung machen.
- Suchen Sie sich irgendeine farbige Fläche oder einen farbigen Punkt. Sie werden merken, dass Farben immer auftauchen, selbst wenn man bei geschlossenen Augen zunächst nur ein dunkles Grau oder schmutziges Schwarz wahrnimmt. Konzentrieren Sie sich auf diese Farbe, und verdichten Sie sie.
- Versuchen Sie, in die Farbe hineinzufliegen.
- Lassen Sie sich in die Farbe hineinfallen.
- Stellen Sie sich vor, eine Mauer oder eine Wolke zu durchbrechen, hinter der Sie zum Urlicht gelangen.
- Versuchen Sie, die Farbwahrnehmung mit jeder Vorstellung, die Ihnen einfällt, zu verstärken. Früher oder später wird es zu einer Urlicht-Erfahrung kommen. Und dann werden Sie es wissen. Das Urlicht, gleich welche Farbe es hat, ist stets überwältigend intensiv, klar und schön. Das spüren Sie – selbst wenn es nur für den Bruchteil einer Sekunde aufleuchtet. Bleiben Sie geduldig.

Bei der folgenden Übung ist es sehr wichtig, dass sie mit Visualisierungen keine Schwierigkeiten haben, denn Sie werden versuchen, so genannte Urlichter zu visualisieren. Hier finden Sie einige Methoden, die Ihnen die Urlicht-Visualisierungen erleichtern werden.

ÜBUNG

Die erste Öffnung des Lichtkanals

- Sitzen Sie in Ihrer bevorzugten Meditationshaltung, und schließen Sie die Augen.
- Beginnen Sie zunächst wieder mit drei Runden der Pranayama-Übung Bhastrika, wie ab Seite 190 beschrieben.
- Atmen Sie danach ruhig und entspannt, und halten Sie die Visualisierung der weißen Lichtkugel über Ihrem Kronenchakra aufrecht.
- Wenn Sie einatmen, sollte der Lichtball Energie aufnehmen und an strahlender Intensität zunehmen.
- Beim Ausatmen bewahren Sie die Energie und atmen lediglich die verbrauchte Luft aus. Führen Sie das sieben Runden durch.
- Atmen Sie nun sieben weitere Runden tief und gleichmäßig.
- Visualisieren Sie dabei, wie das konzentrierte Licht in Ihr Kronenchakra sinkt und dabei immer strahlender und weißer wird.
- Atmen Sie sieben weitere Runden, und lassen Sie das Licht weiter zum Stirnchakra sinken. Dabei verändert das Licht seine Farbe und wird dunkelblau.
- Bei den nächsten sieben Atemrunden sinkt das Licht zum Kehlchakra, wo es strahlend hellblau leuchtet.
- Atmen Sie wiederum sieben Runden. Während dieser sieben Runden sinkt das Licht in Ihr Herzchakra und wird dabei leuchtend dunkelgrün.
- In der letzten Folge von sieben Atemzügen strömt das Licht in Ihre Arme und bis in Ihre Hände.
- Gleichzeitig heben Sie beide Arme zu beiden Seiten des Körpers nach oben, bis sich die Handflächen mit dem letzten Einatmen über dem Kopf begegnen.
- Mit dem folgenden Einatmen lassen Sie die Arme wieder sinken und spüren der Übung nach.

Machen Sie diese Übung »Die erste Öffnung« mindestens über den Zeitraum von einer Woche lang täglich.

Die beschriebene Visualisierung sollte Ihnen vollkommen mühelos gelingen. Erst wenn das tatsächlich der Fall ist, können Sie mit der nachfolgend beschriebenen Urlicht-Meditation auf Seite 222 fortfahren, die den Heilkanal öffnet.

Die Übungen zum Öffnen des Lichtkanals sind nicht einfach und erfordern wirkliche Hingabe. Doch sie sind ein wichtiger Schritt auf dem spirituellen Weg.

Ihr inneres Auge kann nicht geblendet werden – und doch scheint das Urlicht zu blenden, so hell und strahlend ist es.

Die vier Urlichter

Die nachfolgende Urlicht-Meditation öffnet den Heilkanal, indem die oberen vier Chakras durch einen konzentrierten Energieimpuls angeregt werden, Prana durch den Sonderkanal strömen zu lassen. Eigentlich ist es nicht ein einzelner Kanal, sondern ein Bündel von Nadis. Doch das ist nicht weiter von Bedeutung.

Das Licht dieser Visualisierungen ist von ganz besonderer Eigenart. Es ist von so strahlender Qualität, dass Sie es sofort erkennen werden, wenn Sie eine Urlicht-Quelle erreichen. Das Licht scheint zu blenden – obwohl Ihr inneres Auge gar nicht geblendet werden kann. Dabei geht jedes dieser Lichter mit einer tiefen Emotion und mit dem Staunen über die Schönheit des Lichtes einher.

Wenn Sie eine Urlicht-Quelle erreichen, werden Sie das sofort erkennen, denn das Licht ist strahlend hell und scheint zu blenden. Dabei geht jedes dieser Lichter mit einer tiefen Emotion einher.

Die Übung hat einen sehr hohen Schwierigkeitsgrad. Es kann eine ganze Weile dauern, bis es Ihnen gelingt, auch nur eines der Urlichter zu visualisieren. Lassen Sie sich davon nicht beirren. Gehen Sie auf Ihrem spirituellen Weg weiter, bleiben Sie beharrlich beim Üben der anderen Übungen, und lassen Sie den Versuch, die Urlichter zu visualisieren, zu Ihrem täglichen Begleiter werden. Allein der Versuch, die Urlichter zu visualisieren, ist eine hervorragende Übung.

ÜBUNG

Die Urlicht-Meditation

- Sie sitzen mit geschlossenen Augen in Ihrer bevorzugten Meditationshaltung und lassen Ruhe in Ihren Geist einkehren.
- Leiten Sie die Übung zunächst mit drei bis fünf Runden der Pranayama-Übung Bhastrika ein, die ab Seite 190 beschrieben wird. Atmen Sie schließlich ruhig und entspannt weiter, und lassen Sie dabei den Atem frei fließen.
- Richten Sie Ihre Konzentration auf Ihr Herzchakra, und legen Sie beide Hände über das Herzchakra. Achten Sie darauf, dass dabei die rechte über der linken Hand liegt.
- Rufen Sie das grüne Urlicht vor Ihr inneres Auge, und lassen Sie es in Ihrem Herzchakra aufleuchten.
- Bewegen Sie Ihre Hände nun hinauf zum Halschakra, und lassen Sie das hellblaue Urlicht im Halschakra aufleuchten.
- Ihre Hände wandern nun weiter zu Ihrem Stirnchakra. Lassen Sie dort das dunkelblaue Urlicht aufleuchten.
- Jetzt legen Sie beide Hände auf Ihr Kronenchakra und lassen das weiße Urlicht dort aufleuchten.
- Wenn Sie ohne Unterbrechung bis hierhin gelangt sind, werden Sie nun ein seltsames Gefühl erleben: Sie werden spüren, wie sich in Ihnen mit einem Mal eine Öffnung – wie ein Trichter – auftut. Der Trichter öffnet sich nach oben ins Universum, und Sie werden spüren, wie Sie von Energie durchflutet werden. Das fühlt sich unglaublich befreiend und wunderbar an.

Diese Wahrnehmung wird nach einigen Sekunden oder Minuten wieder von der normalen Wahrnehmung überlagert – doch Sie werden das Gefühl sofort wieder wachrufen können, wenn Sie sich darauf konzentrieren.

In Ihnen ist nun der Heilkanal geöffnet – das bedeutet, Sie können Ihre Heilkräfte allein durch Konzentration lenken, sogar über Entfernungen hinweg.

Machen Sie sich mit diesem neuen Gefühl und dieser neuen Fähigkeit vertraut, und gehen Sie verantwortungsvoll mit dieser Kraft, die Ihnen geschenkt wurde, um.

Während der Urlicht-Meditation lassen Sie die Urlichter im Herz-, Hals-, Stirn- und Kronenchakra aufleuchten. Beim Kronenchakra angelangt, werden Sie spüren, wie sich in Ihnen eine Öffnung nach oben ins Universum auftut, durch die Sie von Energie durchflutet werden.

Karma-Heilung

Heilung kann auf ganz unterschiedlichen Ebenen ansetzen: auf der Ebene der feinstofflichen Energie, auf der Ebene der Absichten oder auf der Ebene des Handelns. Diese Trennung ist in gewisser Weise künstlich – wie bei einem Haus, das mehrere Türen hat und bei dem es keine Rolle spielt, durch welche Sie in das Haus eintreten.

Eine weitere Tür zur Heilung ist der direkte Einfluss auf die karmische Energie. Die Gesundheit eines Menschen ist immer von dem freien Fluss der feinstofflichen Energie in seinem Körper abhängig. Deshalb können Sie, indem Sie die Chakras oder die Aura reinigen, Heilprozesse auslösen. Oder Sie geben konzentrierte Prana-Energie und befreien auf diese Weise den feinstofflichen Körper von Blockaden.

Über die geistige Ebene können Sie Heilprozesse in Gang setzen, indem Sie Gedanken und Gefühle und damit die Absichten klären. Das entspricht in mancher Hinsicht der Vorgehensweise der westlichen Psychotherapie. Schließlich können Sie ebenso auf der materiellen Ebene ansetzen und schädliches Handeln durch positives ersetzen.

Bei der Karma-Heilung werden Krankheiten, Energieblockaden und Unreinheiten im feinstofflichen Körper die Grundlagen entzogen, indem die Wurzel des Übels daran gehindert wird, zu wachsen.

Bei der Karma-Heilung wird nicht nur der Mensch geheilt – gleichzeitig werden Heilprozesse im großen Ganzen ausgelöst.

In Ausnahmefällen – etwa im Falle einer lebensbedrohlichen Krankheit – kann ein Meisterheiler den Leidenden in sein voriges oder weiter zurückliegende Leben begleiten und jeweils am Zeitpunkt der Entstehung schlechten Karmas die Entstehung verhindern oder abmildern.

Karma-Heilung ist ein weiterer Weg. Karma-Heilung bedeutet, Krankheiten, Blockaden der Energie und Unreinheiten im feinstofflichen Körper die Grundlage zu entziehen, indem die Wurzel des Übels daran gehindert wird, überhaupt zu wachsen. Karma-Heilung ist mehr als Heilung eines Einzelnen – es ist immer auch das Auslösen von Heilprozessen im großen Ganzen.
Das ist nicht einfach und nur Meister-Heilern zugänglich. Um das Karma eines Menschen zu verändern, ist es nötig, in die Vergangenheit zu reisen. Erinnern Sie sich an die Rückführungs-Meditation ab Seite 156? Karma-Heilung ist solch eine Rückführung in Begleitung eines erfahrenen Meisters. Indem der Meister-Heiler einen Leidenden in seine vorige oder weiter zurückliegende Reinkarnationen begleitet, kann er jeweils an dem Zeitpunkt der Entstehung schlechten Karmas ansetzen – und die Entstehung verhindern oder abmildern.
Eine solche Karma-Heilung ist ein langwieriger Prozess, der über das gewöhnliche Heilen weit hinausgeht. Deshalb wird sie nur dann eingesetzt, wenn eine schwere Krankheit das Leben bedroht – oder um einem Meisterschüler auf seinem spirituellen Weg den Schritt auf eine höhere Seinsebene zu ermöglichen.

Die Vergangenheit heilen

Wenn Sie mit der Rückführungs-Meditation vertraut sind und den Lichtkanal geöffnet haben, können Sie erste Versuche machen, Karma-Heilung bei sich selbst in Gang zu setzen.

- Sie reisen in der Meditation in Ihre Vergangenheit zurück, soweit es Ihnen möglich ist.
- Dann kehren Sie Schritt für Schritt zur Gegenwart zurück – achtsam verfolgen Sie dabei, wo schlechtes Karma entstanden ist. In diesen Momenten greifen Sie als Heiler ein. Sie heilen die Vergangenheit.
- Wellenförmig wird sich die Veränderung bis in Ihre Gegenwart fortpflanzen – nach jeder Sitzung werden Sie in gewisser Weise ein neuer Mensch sein.
- Gehen Sie ganz langsam vor, und übereilen Sie nichts. Je weiter in der Vergangenheit ein heilender Eingriff liegt, desto mehr Energie werden

Sie aufwenden müssen. Doch die Wirkung wird ebenfalls umso größer sein. Gehen Sie immer nur ein kleines Stück voran, und kehren Sie dann wieder ins Hier und Jetzt zurück.

- Nehmen Sie sich immer ausreichend Zeit, um die Veränderungen zu integrieren und in Ihr Bewusstsein vordringen zu lassen, bevor Sie einen Schritt weiter gehen.

Hier noch ein wichtiger Hinweis: Mit Karma-Heilung bei anderen Menschen sollten Sie erst dann beginnen, wenn Sie Ihr eigenes Karma geheilt haben. Wenn Sie soweit sind, benötigen Sie keine weiteren Anleitungen – Ihre Erfahrungen gehen weit über das hinaus, was mit Worten vermittelt werden kann.

Kundalini

Kundalini bedeutet Schlangenkraft. Hinter diesem Begriff verbirgt sich ein Geheimnis, das die spirituelle Entwicklung und den tieferen Sinn des menschlichen Daseins berührt. Die Weisen des alten Indien prägten das Bild von der Kundalini, der zusammengerollten Schlange, die an der Basis der Wirbelsäule im Wurzelchakra des Menschen schläft. Wird Kundalini geweckt, steigt sie entlang der Wirbelsäule im Sushumna-Kanal aufwärts. Dabei werden nach und nach alle Chakras sowohl aktiviert als auch miteinander verbunden. Wenn Kundalini das Scheitelchakra erreicht hat, ist sie an ihrem Ziel angelangt.

»Durch Asanas, Pranayama, Mudras und Meditation wird Hitzeenergie erzeugt und der Kundalini unmittelbar zugeführt. Nur durch langdauernde Übung kann Sushumna von allen Unreinheiten befreit werden.«
Swami Vishnudevananda

Selbstverständlich ist diese Beschreibung lediglich eine Metapher. Der wichtigste Aspekt der Kundalini-Theorie liegt jedoch auf der Hand: Es geht um die Ent-Wicklung – genauer gesagt, um die spirituelle Entwicklung des Menschen. Dabei gilt die Schlange seit jeher als Symbol für die geistige Beweglichkeit und das enorme Entwicklungspotenzial des Menschen.

Beim unentwickelten Menschen schläft die Schlange. Sie ist zusammengerollt und ist also noch nicht entwickelt. Die schlafende Schlange – also die schöpferische Energie des Menschen – muss erst erweckt werden. Wenn sie sich in Bewegung setzt, wandert sie im Sushumna-Kanal von unten nach oben, von der materiellen in die spirituelle Welt. Das Wurzelchakra, in dem sie ruht, ist das Chakra, das am engsten mit der grobstofflichen Welt verbunden ist; das Kronenchakra – das Ziel der Kundalini – ist das Chakra, das am engsten mit der feinstofflichen Welt in Verbindung steht. Das Aufsteigen der Kundalini wird von starken Gefühlen begleitet.

»Wenn die Kundalini durch Sushumna aufsteigt und dabei von Chakra zu Chakra wandert, erfährt der Yogi jegliche Art von Erkenntnis, Kräften und Wonnen.« Swami Vishnudevananda

Wenn Menschen sich jahrelang der Meditation oder anderen geistigen Methoden widmen, so nicht zuletzt deshalb, weil sie dabei außergewöhnliches Glück und Zufriedenheit erleben, die durch weltliche Freuden nicht erreicht werden können.

Diese angenehmen Bewusstseinszustände treten auf, wenn die Kundalini-Energie sanft und vorsichtig erweckt wird. Der Energiefluss, der dabei durch das Sushumna-Nadi strömt, regt auch Ida und Pingala an. Die Folgen sind gute Gesundheit, starke Abwehrkräfte und die Befreiung von Schmerzen und vielen körperlichen Beschwerden.

Darüber hinaus wird die schöpferische Lebenskraft angeregt und mit dem kosmischen Bewusstsein verbunden. Das individuelle Selbst soll mit dem Göttlichen vereint werden. Findet diese Vereinigung statt, wird dies als Erleuchtung erfahren. Im Yoga wird der Zustand höchster Erkenntnis als »Samadhi« bezeichnet; er entspricht weitgehend der *unio mystica* der westlichen Mystik, der Verschmelzung von Mensch und Gott.

Die zusammengerollte Schlange ist das Symbol für die potenziell in jedem Menschen vorhandene, aber noch nicht entwickelte Urkraft.

Die Schlangenkraft wecken

Es gibt viele Möglichkeiten, die spirituelle Reise anzutreten und sich auf die Suche nach dem wahren Selbst zu machen. Sie können sich einem spirituellen Meister anvertrauen, Sie können spirituelle Wege – wie Yoga – gehen, Sie können meditieren oder mit den Chakras und der Aura arbeiten. Das – im Westen bedauerlicherweise häufig nur als eine Art »indische Gymnastik« praktizierte – Hatha-Yoga dient, ebenso wie Pranayama oder die Chakra-Arbeit, dazu, den Astralkörper zu reinigen und den Fluss der Prana-Energie anzuregen.

Die Kundalini direkt zu wecken, ist eher problematisch. Es gibt jedoch sehr intensive Yoga-Techniken, die ganz gezielt mit der Kundalini-Energie arbeiten. Dazu gehören die Pranayamas mit besonders langem Atemanhalten.

Achtung: Diese Übungen sollten Sie keinesfalls alleine, sondern nur unter Aufsicht eines erfahrenen Lehrers oder nach langer Erfahrung durchführen – und selbst dann sind sie nicht ganz ungefährlich, wenn Sie sich nicht auf spiritueller Ebene auf das Erwecken der Kundalini vorbereiten. Denn es bedarf einer gewissenhaften Vorbereitung, um von der plötzlich losgelassenen Energie nicht überwältigt zu werden. Die in diesem Buch beschriebenen Übungen fördern das Erwecken der Kundalini auf ungefährliche Art und Weise. Durch heilende Arbeit an der Aura, durch das Reinigen des feinstofflichen Leibes und durch das Auflösen von Blockaden in den Nadis und Chakras wird der Fluss der Energie auf natürliche Weise frei, und Kundalini-Shakti wird sich allmählich auf natürliche Weise in Bewegung setzen – sanft und ohne Gewalt.

Die Kundalini sollte nicht direkt geweckt werden. Selbst nach intensiver langer Vorbereitung kann dies nicht ungefährlich sein. Die Übungen dieses Buches sind allerdings unbedenklich und fördern das Erwecken der Kundalini auf ungefährliche Weise.

Hier noch eine Warnung: Wenn Sie sich intensiver mit Praktiken befassen wollen, die unmittelbar das Erwecken der Kundalini zum Ziel haben, sollten Sie dies nur nach einer langen und sehr gründlichen Vorbereitungszeit tun. Mindestens ein Jahr, besser aber mehrere Jahre lang, sollten Sie regelmäßige Reinigungsübungen durchführen, intensiv, aber nicht fanatisch Yoga-Asanas und Pranayamas üben und weder Alkohol, noch Fleisch, noch Rauschmittel zu sich nehmen.

Mindestens ebenso wichtig ist, dass Sie sich von seelischen Giften wie Neid, Selbstsucht oder Gier befreien, und die fünf Yamas und fünf Niyamas beachten, die ab Seite 29 beschrieben sind.

Sollten Sie versuchen, die Kundalini durch extreme asketische Übungen oder gewaltsame Atemtechniken zu wecken, können Sie Schäden an Körper und Seele erleiden. »Nur ein Narr weckt eine Schlange, indem er sie auf den Schwanz tritt.« Es ist tatsächlich möglich, die Kundalini-Energie durch besonders intensive Übungen durch blockierte Chakras nach oben zu zwingen. Dabei kommt es jedoch zu sehr unangenehmen und teilweise gefährlichen Nebenwirkungen wie Hitzewallungen und Fieber, Verdauungsstörungen, Herzproblemen, chronischer Erschöpfung, Angstzuständen und geistiger Verwirrung. Dies alles sind deutliche Zeichen dafür, dass Energien wachgerufen wurden, die vom Übenden nicht mehr kontrolliert werden. Sehen Sie unbedingt davon ab!

Vorsicht: Durch das gewaltsame Nach-oben-Zwingen der Kundalini-Energie kann es zu Hitzewallungen, Fieber, Verdauungsstörungen, Herzproblemen, chronischer Erschöpfung, Angstzuständen und geistiger Verwirrung kommen. Sehen Sie unbedingt davon ab!

Weitaus sinnvoller ist es, zunächst alle Chakras in einen ursprünglichen harmonischen Zustand zu bringen, der schließlich – wenn die Harmonie erreicht ist und ausreichend Energie zur Verfügung steht – das Erwachen der Kundalini zur natürlichen Folge hat. Haben Sie Geduld. Wenn Sie alle Übungen, die Sie bisher in diesem Buch vorfanden, wirklich gemeistert haben und den spirituellen Weg ernsthaft gehen, wird die Kundalini von selbst erwachen.

Indem Sie liebevoll mit sich selbst umgehen und Ihren Weg geduldig, aber unbeirrt gehen, schaffen Sie die besten Voraussetzungen für ein harmonisches spirituelles Erwachen.

ÜBUNG

Die Kundalini erwacht

Diese Übung richtet sich an Menschen, die auf dem spirituellen Weg sehr weit fortgeschritten sind. Sie sollten mit Ihren feinstofflichen Energien vertraut sein, Ihre Chakras gereinigt haben und sich, wie oben beschrieben, gründlich vorbereitet haben. Eine gute Vorbereitung durch – insbesondere geistige – Reinigung, Yoga und Chakra-Arbeit macht die Übung erst wirklich wirksam.

Die Übung ist verhältnismäßig gefahrlos. Seien Sie sich trotzdem darüber im Klaren, dass Sie möglicherweise sehr intensive Erfahrungen machen und dass unverarbeitete Inhalte unbewussten Geistes auftauchen können. Das in der Kundalini-Literatur beschriebene »Ausbrechen eines inneren Vulkans« wird hingegen, wenn Sie die Übung nicht maß-

los übertreiben, nicht auftreten – Sie spüren die sanft erwachende Kundalini-Energie höchstwahrscheinlich durch ein warmes, energetisierendes – und in aller Regel sehr angenehmes – Kribbeln, das von der Basis Ihrer Wirbelsäule zum Kronenchakra hin aufsteigt.
Die Übung besteht aus verschiedenen Schritten. Nehmen Sie sich eine Stunde Zeit für die Übung – und seien Sie gut ausgeruht: Es kann körperlich ziemlich anstrengend werden!

Vorbereitung

- Stehen Sie aufrecht, aber so bequem wie möglich. Die Füße stehen etwa schulterbreit auseinander, und die Knie sind nicht durchgedrückt. Schließen Sie die Augen, und atmen Sie 7-mal tief ein und aus.
- Schütteln Sie ein paar Minuten Arme, Beine und Körper – sodass Sie möglichst locker werden.
- Atmen Sie wieder 7-mal tief ein und aus. Beim Einatmen stellen Sie sich vor, wie Prana von der Basis der Wirbelsäule nach oben strömt und beim Ausatmen nach unten fließt.

Sanftes Wachrütteln

- Atmen Sie während der folgenden Bewegungen gleichmäßig und tief, ohne den Atem- oder Bewegungsfluss zu unterbrechen. Ihre Aufmerksamkeit ruht im Wurzelchakra und wird sich zunehmend der Energie bewusst, die aufwärts strebt. Dieses Aufwärtsstreben sollten Sie weder unterdrücken noch aktiv fördern. Bleiben Sie bei einer beobachtenden Haltung.
- Beginnen Sie, Ihr Becken kreisen zu lassen. Zuerst langsam und abwechselnd nach rechts und links kreisend – und schließlich immer schneller. Versuchen Sie, feste Muster zu vermeiden. Anfangs initiieren Sie die Bewegung – doch dann überlassen Sie die Bewegung immer mehr Ihrer Intuition. Bleiben Sie mindestens 20 Minuten dabei. Wenn Sie wollen, können Sie die Übung mit Musik unterstützen.
- Machen Sie eine kleine Pause, und atmen Sie wieder 7-mal tief ein und aus, wobei Sie sich beim Einatmen bewusst werden, wie Prana von der Basis der Wirbelsäule nach oben strömt, beim Ausatmen, wie es nach unten fließt.

ÜBUNG

Die Kundalini streicheln

- Beginnen Sie nun wieder, sich zu bewegen. Schließen Sie die Augen, wenn Ihnen das möglich ist, ohne das Gleichgewicht zu verlieren.
- Im Gegensatz zu vorhin, sind die Bewegungen nun ganz klein. Stellen Sie sich vor, dass Sie die Wirbelsäule in eine wellenförmige Bewegung bringen. – Lassen Sie diese Wellen zunächst klein sein und dann größer werden. Versuchen Sie die Wellenlänge zu finden, auf die die Energie am besten anspricht.

Die Wirbelsäule kann sich nicht wirklich in Wellenbewegung versetzen. Es sollte sich jedoch so anfühlen. Was sich bewegt, sind kleine Muskeln, die nicht ohne Weiteres der willkürlichen Kontrolle unterliegen, aber durch die Imagination der Wellenbewegung aktiviert werden – und es bewegt sich natürlich Prana.

ÜBUNG

Die drei Tore

Wahrscheinlich werden Sie irgendwann spüren können, wie Prana nach oben steigt. Es kribbelt angenehm.

An drei Stellen werden Sie Widerstände spüren. Durchbrechen Sie diese Widerstände nicht, sondern lassen Sie sanft Prana eindringen. Wenn es an der Zeit ist, werden diese Tore immer durchlässiger, bis die Energie schließlich weiterfließen kann.

Es ist durchaus möglich, dass Sie in der Zeit nach der Übung noch weitere – angenehme – Nachwirkungen spüren. Achten Sie in der folgenden Nacht auf Ihre Träume – oft werden Sie dort noch weitere Einsichten gewinnen.

Die drei Tore – oder Knoten – werden bereits in der Hatha Yoga Pradipika und den Yoga Upanishaden erwähnt:

- Das Brahma-Tor, das die Basis der Wirbelsäule hütet. Öffnet sich dieses Tor, beginnt die Kundalini aufzusteigen.
- Das Vishnu-Tor, das das Herzzentrum hütet. Wenn sich dieses Tor öffnet, beginnt die Energie, den ganzen Menschen zu durchdringen. Es treten Wärmeempfindungen und andere körperliche Phänomene auf, die jedoch, wenn das Tor nicht mit Gewalt durchbrochen wird, stets angenehm sind.
- Das Rudra-Tor, das das Stirnzentrum hütet. Öffnet sich dieses Tor, kann die Kundalini-Kraft in Scheitelzentrum und von dort aus in die Aura strömen. Diese Öffnung wird als transzendente Erfahrung erlebt und im engeren Sinne als »Kundalini-Erwachen« bezeichnet.

Ob sich bei der Übung ein Tor geöffnet hat oder nicht, ist von der Entwicklung abhängig. Versuchen Sie nie, eines der Tore mit Gewalt zu öffnen. Sie können dadurch nichts gewinnen – aber einen natürlichen, sehr befriedigenden Transformationsprozess in eine unangenehme, angsterfüllte Erfahrung verwandeln. Lassen Sie die Energie frei fließen. Ihre innere Weisheit weiß ganz genau, was wichtig ist.

In die Stille gehen

ÜBUNG

Sie werden spüren, wenn es an der Zeit ist, wieder zur Ruhe zu kommen. Noch einmal: Dass sich eines der Tore öffnet, ist nicht wichtig!
Bringen Sie die Bewegung allmählich zur Ruhe. Spüren Sie der Übung eine Weile im Stehen nach – dann lassen Sie sich in eine Meditationshaltung nieder und beobachten, wie sich Ihr Körper nun anfühlt. Bleiben Sie mindestens 15 Minuten lang dabei.
Legen Sie sich dann auf den Rücken, und führen Sie eine Tiefenentspannung durch. Lassen Sie sich Zeit – mindestens 15 Minuten.
Kehren Sie langsam in den Alltag zurück, und vermeiden Sie mindestens eine Stunde lang Aktivitäten, die besondere Aufmerksamkeit erfordern, wie beispielsweise Autofahren.

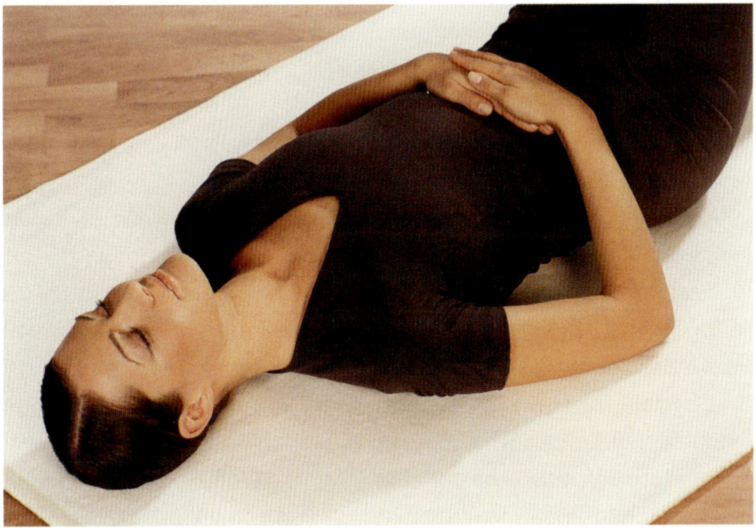

Zum Ausgang der Übung »Die Kundalini erwacht« legen Sie sich auf den Rücken und machen eine Tiefenentspannung.

Erleuchtung – die große Befreiung

Das höchste spirituelle Ziel ist die Erleuchtung. Im Buddhismus wie auch im Hinduismus ist das auch das erklärte Ziel. Doch im Grunde ist diese Erfahrung eines höchsten inneren Lichtes universell.

Alle Kulturkreise und alle Religionen kennen diese Überschreitung des Ich. Bei den Christen waren es Mystiker wie Meister Ekhart, die die Einheit mit Gott suchten, im Islam streben die Sufis die absolute Liebe zu Gott an, im Daoismus ist es die Einheit mit dem Dao.

Die Versuche, die Erleuchtungserfahrung zu beschreiben, ähneln sich auf geradezu verblüffende Weise – und all diesen Beschreibungen ist gemeinsam, dass sie hilflos versuchen, das Unaussprechbare zu sagen.

Erleuchtung durch beharrliches Üben

Für den Erleuchteten ist die Trennung zwischen seinem Ich und der Welt aufgehoben. Er ist von unendlichem Mitgefühl und vollkommener Heiterkeit durchdrungen.

Der Erleuchtete hat sein gesamtes Potenzial zur vollen Entfaltung gebracht und die Trennung zwischen seinem Ich und der Welt aufgehoben. Er ist von unendlichem Mitgefühl und vollkommener Heiterkeit durchdrungen.

Erleuchtung ist nichts, was man *macht*. Es gibt also keine Technik, die zur Erleuchtung führt. Und doch – beharrliches Üben bringt Erleuchtung mit sich. Das scheint ein Widerspruch zu sein. Zwar ist Erleuchtung etwas, das plötzlich eintritt – und doch geschieht es nicht einfach so. Übung ist keineswegs unnötig.

Vergleichen Sie dies mit manchen Rätselaufgaben – die Einsicht kommt plötzlich, auf einmal. Ohne dass Sie jedoch zuvor nach der Lösung gesucht hätten, hätten Sie sie nicht gefunden. Der Weg führt nicht zum Ziel. Er ist das Ziel.

Viele Menschen haben die Vorstellung, Erleuchtung sei wie ein Ding: Sie sei vorhanden oder nicht. Das ist jedoch ein Irrtum. Stellen Sie sich zur Verdeutlichung ein Zimmer vor, das in absolute Dunkelheit gehüllt ist: Ein Streichholz kann kurz aufleuchten, ein Blitzlicht den Raum für den Bruchteil einer Sekunde erhellen, der Schalter für eine Lampe wird umgelegt und erhellt das Zimmer, solange die Energie fließt, eine Kerze erhellt den Raum mit flackerndem Licht. Nur der vollkommen Erleuchtete kann das Fenster öffnen und das strahlende Sonnenlicht hereinlassen. Dennoch findet bei allen anderen Arten, Licht in den dunklen Raum zu lassen – die verschiedenen Wegen und Erkenntnisstufen entsprechen –, Erleuchtung statt.

Samma Padhana – vier wirksame Helfer auf dem Weg zur Erleuchtung:
1. Unheilsames aufsteigen vermeiden.
2. Unheilsames, das aufgestiegen ist, vertreiben.
3. Heilsames aufsteigen lassen.
4. Heilsames, das aufgestiegen ist, bewahren.

Samma Padhana – die vier wahren Bemühungen

Weder noch so bemühtes Tun, noch jahrelange Meditation, intensive Atemübungen oder das Erwachen der Kundalini führen automatisch zur vollständigen Erleuchtung. Trotzdem kann man sich der Erleuchtung nähern. Das rechte Üben, Achtsamkeit, das rechte Handeln und Meditation machen Erleuchtungserfahrungen sehr viel wahrscheinlicher.
Der erfolgversprechendste Weg sind vielleicht die vier Bemühungen, die Samma Padhana:
1. Vermeiden, Unheilsames aufsteigen zu lassen. Das heißt, Ärger, Aggressionen, Ängste, Sorgen, Neid usw. im eigenen Geist schon im Augenblick des Entstehens vermeiden.
2. Das Unheilsame, das aufgestiegen ist, vertreiben. Das heißt, negative Gedanken und Emotionen, die einem bewusst werden, sogleich besänftigen und aus dem Geist verbannen.
3. Das Heilsame aufsteigen lassen. Das heißt, positive Gefühle, Gedanken und Handlungen kultivieren.
4. Das Heilsame, das aufgestiegen ist, bewahren. Das heißt, das Gute durch beständiges Üben am Leben erhalten und alle inneren Kräfte auf das Positive, Lichte richten.
Wie beim Ziehen von Pflanzen in einem Garten sollten die Samen nicht an Stellen gesät werden, wo Unkraut gedeiht. Wenn Unkraut wächst, wird es gejätet. Die Pflanzen werden bewässert und gedüngt. Und die Schößlinge durch gute Pflege am Leben erhalten.
Gehen Sie unbeirrbar, ruhig, voll Heiterkeit und Mitgefühl mit sich selbst und allen anderen Wesen den Weg ins Licht. Befreien Sie sich von dem, was Sie beschwert. Die große Befreiung ist die Befreiung Ihres wahren Selbst, die Befreiung aus dem Kreislauf der Wiedergeburten, die Befreiung von jeder Angst und Sorge. Und eines Tages wird das Licht vollkommener Heiterkeit alles durchdringen.

Literatur

Avalon, Arthur: *Die Schlangenkraft*. O.W.Barth bei Scherz, München 2003
Chang, David: *Das große Buch der Massagetechniken*. Bassermann, München 2006
Dürckheim, Karlfried von: *Hara – Die Erdmitte des Menschen*. O.W.Barth bei Scherz, München 2005
Govinda, Kalashatra: *Chakra-Praxisbuch. Spirituelle Übungen für Gesundheit, Harmonie und innere Kraft*. Südwest, München 2009
Govinda, Kalashatra: *Atlas der Chakras*. Südwest, München 2005
Govinda, Kalashatra: *Tantra – Geheimnisse östlicher Liebeskunst*. Südwest, München 2007
Govinda, Kalashatra: *Aura Praxisbuch. Mit allen Sinnen verborgene Energien wecken*. Südwest, München 2005
Govinda, Kalashatra: *Tantra Massage. Die hohe Kunst der erotischen Berührung*. Südwest, München 2010
Govinda, Kalashatra: *Chakra Heilmeditation. Zur Harmonisierung der persönlichen und spirituellen Entwicklung*. Südwest, München 2009
Govinda, Kalashatra: *Chakra-Mudra-Karten. Spirituelle Energie im Alltag nutzen*. Lotos, München 2007
Govinda, Kalashatra: *Chakra Praxis 1-7. Yogaübungen - Heilmeditationen - Tiefenentspannung* [Audiobook]. Goldmann, München 2009
Iyengar, B.K.S.: *Licht auf Yoga: Yoga Dipika. Das grundlegende Lehrbuch des Hatha-Yoga*. O.W.Barth bei Scherz, München 2005
Leadbeater, C.W.: *Die Chakras*. Aquamarin, Grafing 2004
Paramhans Swami Maheshwarananda: *Die verborgenen Kräfte im Menschen: Chakras und Kundalini*. Ibera, Wien 2002
Patanjali: *Die Wurzeln des Yoga*. O.W. Barth bei Scherz, München 2005
Schwarz A.; Schweppe R.: *Karma - die Gebrauchsanleitung*. Lotos, München 2007
Seitz, A. K: *Kundalini-Yoga*. Rowohlt, Reinbek 1999
Swami Radha Sivananda: *Das Geheimnis des Hatha-Yoga. Symbolik - Deutung – Praxis*. Schirner, Darmstadt 2006
Swami Sivananda: *Yoga für Körper und Seele*. Dorling Kindersley, München 2009

Impressum

Redaktion:
santé redaction
Projektleitung:
Sven Beier
Redaktionsleitung:
Karin Stuhldreier
Gesamtproducing:
Veronika Moga, München
Bildredaktion:
Dietlinde Orendi
Umschlag:
R. M. E. Eschlbeck / Kreuzer / Botzenhardt
Layout:
Veronika Moga, München
Druck und Bindung:
Alcione, Trento

Printed in Italy

ISBN 978-3-517-08613-2

817 2635 4453 6271

Hinweis für unsere Leser

Die Informationen in diesem Buch sind von dem Autor und dem Verlag sorgfältig erwogen und geprüft, dennoch kann eine Garantie nicht übernommen werden. Eine Haftung der Autorin bzw. des Verlags und seiner Beauftragten für Personen-, Sach- und Vermögensschäden ist ausgeschlossen.

Bildnachweis

AKG, Berlin: 223; Alamy, UK: 6 (imagebroker); Corbis, Düsseldorf: 20 (Fadil); digital vision/RF: 51 (Javier Pierini); dpa Picture alliance, Frankfurt: 208 (imagestate/HIP), 214 (Report); gettyimages, München: 73 (Bridgeman), 142 (Gallo Images/Travel Ink); istockphoto/RF: 120 (Carmen Martinez Banus), 148 (Rick Hyman), 165 (Paul Fleet), 175 (Dimitry Rukhlenko), 221 (Tilmann von Au); Jahreszeitenverlag, Hamburg: 189 (Jan Rikkers); Laif, Köln: 11 (The NewYorkTimes/Redux); Mauritius, Mittenwald: 29 (Rene Mattes), 46 (Pacific Stock), 151 (Westend61), 159 (Minden Pictures); panthermedia/RF: 125 (Rodolphe D.); Stockbyte/RF: 17; Südwest Verlag: U1 (Daphne Patellis), 39, 40, 44, 68, 69, 70, 71, 75, 76, 77, 78, 79, 81, 82, 83, 84, 85, 87, 88, 89, 90, 91, 94, 95, 96, 97, 100, 101, 102, 103, 104, 105 u., 106, 107, 108, 181, 182, 187 u., 195, 196, 197, 231 (Ingolf Hatz), 55, 226 (Sabine Lauf), 67, 73 o., 80, 86, 93, 98, 105 o. (Anja Schwarz), 132, 133, 134, 135, 136, 137, 185 (Roger Kausch), 186, 187 o. und Mi., 188, 198, 199, 202, 203, 205, 206 (Nicolas Olonetzky)
Alle Illustrationen, außer die im Bildnachweis erwähnten, stammen von Veronika Moga

FSC
www.fsc.org
MIX
Papier aus verantwortungsvollen Quellen
FSC® C021956

Verlagsgruppe Random House FSC-DEU-0100
Das für dieses Buch verwendete FSC-zertifizierte Papier *Profimatt* wird von Sappi Deutschland im Werk Ehingen produziert.